1일 1강
도덕경 강독

1일 1강 도덕경 강독

1판 1쇄 발행 2022. 9. 7.
1판 2쇄 발행 2022. 10. 26.

지은이 박재희

발행인 고세규
편집 박보람 디자인 조명이 마케팅 고은미 홍보 이한솔
발행처 김영사
등록 1979년 5월 17일(제406-2003-036호)
주소 경기도 파주시 문발로 197(문발동) 우편번호 10881
전화 마케팅부 031)955-3100, 편집부 031)955-3200 | 팩스 031)955-3111

값은 뒤표지에 있습니다.
ISBN 978-89-349-6160-4 03140

홈페이지 www.gimmyoung.com 블로그 blog.naver.com/gybook
인스타그램 instagram.com/gimmyoung 이메일 bestbook@gimmyoung.com

좋은 독자가 좋은 책을 만듭니다.
김영사는 독자 여러분의 의견에 항상 귀 기울이고 있습니다.

1일 1강 도덕경 강독

道德經

노자가 전하는 나답게 사는 길

박재희 지음

김영사

| 저자의 말 |

무정無正 – 정답은 없다

'정답은 없다. 그러니 타인의 삶에 함부로 끼어들거나, 간섭하지 마라. 네가 옳다고 생각하는 것이 그른 것일 수 있고, 내가 좋다고 생각하는 것이 잘못된 것일 수 있다. 함부로 지적하거나 훈계하지 마라. 사랑한다면 그저 지켜보는 것만으로도 충분하다. 간섭하지 않을 때 오히려 세상은 저절로 돌아간다.' 정답에 익숙한 우리에게 참 낯선 말입니다. 노자는 말합니다. '정답은 없다無正. 지금 정답이라고 생각하는 것이 오답이 되고正復爲奇, 지금 좋다고 하는 생각하는 것이 나쁜 것이 된다善復爲妖. 사람들은 이 원리를 모르고 길을 잃고 헤매고 있구나人之迷! 길을 잃고 헤맨 시간이 오래되었구나其日固久!'

혼돈의 세상이 질서의 세상으로 변하자 세상은 정답을 만들기 시작했습니다. 정답은 다양한 모습으로 인간의 삶에 하나의 질서를 줄기차게 요구해 왔습니다. 종교, 이념, 윤리, 도덕 같은 것으로 개인에게 정답을 요구하기도 하고, 애국, 충성, 효도, 예절 같은 것으로 옷을 갈아입기도 하였습니다. 민족, 인종, 출신, 지역 같은 모습으로 변신했었고, 훈계, 지시, 주의, 뒷공론 같은 형식으로도 인간의 개인적 삶에 부단히 끼어들어 간섭하였습니다. 노자는 이런 질서의 세계가 얼마나 한 개인의 삶을 짓밟고 무너트릴 수 있는지 잘 알고 있었습니다. **노자는 정답이 없는 세상을 꿈꾸었습니다. 모든 사람이 각자 자신의 정답을 갖고 사는 세상**이 오기를 갈망하였습니다. 내가 지금 먹고 있는 음식이 세상에서 가장 맛있는 음식이고, 내가 입고 있는 옷이 세상에서 가장 예쁜 옷이고, 내가 사는 이곳이 세상에서 가장 편안한 곳이고, 내가 즐기는 오늘의 일상이 세상에서 가장 즐거운, 소국과민小國寡民의 세상을 노자는 그리워했습니다. 군왕은 권력은 가지고 있으나 통치하지 않고, 방어력은 갖고 있으나 전쟁은 일어나지 않고, 문명의 도구는 있으나 그 도구에 인간이 종속당하지 않는, 그런 평화의 세상을 노자는 이상적 세계라고 생각하였습니다.

노자가 제기하는 문제는 질서라는 가면을 쓰고 개인의 자유를 억압하는 사적 권력이었습니다. 권력은 개인의 자유를 최대한 보장하는 도구로만 기능해야 합니다. 공기와 물처럼 자신의 모습을 드러내지 않고 자신의 역할을 묵묵히 수행하는 부쟁不爭의 덕德을 발휘할 때 비로소 권력은 영원히 순기능을 발휘할 수 있습니다. 노자가 살던 시대에는 권력이 더욱 거대해지고 강해지던 시대였습니다. 농업의 획기적인 발전을 거쳐 얻어진 남은 농산물과 농민들의 수탈을 통해 군대는 더욱 강해지고, 전쟁은 더욱 빈번하게 일어나던 시기입니다. 권력의 강화와 영토의 확장을 위하여 더 큰 질서와 이념이 요구되던 시대에 노자는 개인의 자유와 평범한 일상의 회복이라는 사회적 이슈를 던졌습니다. 모든 인간은 세상의 주인으로 살아야 할 당위성이 있으며, 어떤 권력도 인간의 삶에 끼어들어서는 안 된다는 것입니다.

도덕경의 5개 주제

노자《도덕경》은 시대를 거치면서 다양한 방식으로 기록되고 편집됐습니다. 도경道經과 덕경德經 두 권으로 편집된 적도 있고, 81장으로 나누어 편집되기도 하였습니다. 대나무 죽간竹簡에 기록하기도 하고 비단으로 만든 백서帛書 형태로 만들어지기도 하였습니다. **그 시대에 맞는 다양한 편집 방식과 도구로 기록된 노자《도덕경》**을 오늘날 우리가 요구하는 방식으로 새롭게 편집하는 것은 그리 낯설거나 이상한 일이 아닙니다. 이번 책에서는 왕필王弼이 주석을 단 81장을 5개의 주제로 나누어 그 안에 담는 방식으로 편집했습니다. 주제와 내용을 소개하면 다음과 같습니다.

첫 번째 주제는 무위無爲입니다. 노자의 철학은 불간섭주의와 자율입니다. 최대한 국가와 권력의 개입을 줄이고 백성들의 개인적 자율을 보장해 주는 정치가 노자의 무위無爲 정치입니다. **무위는 하지 않는 것이 아니라, 할 수 있는데도 하지 않는 것입니다.** 무위의 세상은 강요하지 않는 설득력不言之教, 간섭하지 않는 지도력無爲之事으로 구동되는 세상입니다. 무위는 모든 인간은 그 자체로 아름답고 고귀하다는 사실을 전제로 합니다. 무위無爲의 결과는 자연自然입니다. 강요하지 않을 때 세상은 저절로 돌아갑니다.

두 번째 주제는 성인聖人입니다.《도덕경》에 31번 걸쳐 나오는 성인은 무위無爲를 실천하는 지도자입니다. 철학적으로 성찰된 성인은 도道의 속성을 잘 이해하고 실천하는 사람입니다. 도의 속성인 무위無爲를 실천하여 세상을 자연自然스럽게 구동되도록 하는 높은 수준의 정치 지도자가 성인입니다.

세 번째 주제는 반反입니다. 노자는 거꾸로反가 우주의 근본 운동방식이라 말합니다. 강强한 것보다는 약弱한 것, 센剛 것보다 부드러운柔 것이 더 경쟁력이 있다는 것입니다. 나를 낮추면 거꾸로 높아지고, 드러내지 않으면 저절로 빛이 납니다. 밝은 것은 어둡게 보이고, 겉으로 밝게 보이는 것은 어두운 것이라는 반전을 강조하고 있습니다.

네 번째 주제는 도道입니다. 한 가지 언어로 정의할 수 없는 우주의 진리는 우리가 본받아야 할 삶의 주제입니다. 도는 세상의 모든 것을 통합하고 안아주는 존재입니다. 모든 색을 합하면 검은색이 되듯이, 도는 검음으로 세상을 품어주니 현빈玄牝이라고 합니다. 다양성을 인정하고 비움을 통해 채움을 만들어내는 도의 속성은《도덕경》의 중요한 주제입니다.

다섯 번째 주제는 덕德입니다. 도가 인식의 영역이라면 덕德은 실천의 영역입니다. 도를 실천하는 지도자의 덕을 현덕玄德이라고 합니다. 덕의 핵심은 드러내지 않는 덕, 부쟁지덕不爭之德입니다. 자신이 베푼 덕을 드러내지 않을 때 그 덕은 영원히 빛나는 덕으로 남을 수 있습니다.

새로운 도덕경의 해석을 기다리며

《도덕경》 오천 글자를 어떻게 편집할 것인가는 노자를 번역하는 중요한 관점입니다. 그동안 위魏나라 왕필王弼의 81장 편집이 가장 보편적인 편집 방법이었습니다. 저는 이전에 출간한《1일 1강 논어 강독》에서도 기존 20편 편집 방법을 탈피하여 9개 주제로 498개 문장을 다시 분류하여 편집하고 번역하였습니다. 이런 시도가 기존 편집 방법에 익숙한 독자에게 낯선 것일 수 있지만, 새로운 관점으로《도덕경》을 해석하는 시도라는 측면에서는 의미가 있다고 할 것입니다.

저의 전공은 노장철학이고 박사 논문 주제는 〈황로도가黃老道家의 정치사상〉이었습니다. 그래서 가장 빨리 번역하고 싶은 책이 노자《도덕경》이었지만 가장 많이 읽은 고전이《도덕경》이었기에 쉽게 용기를 내어 번역하기가 어려웠습니다. **가장 잘 알고 있는 것이 가장 쓰기 어렵기 때문입니다.** 이제 3년간의 본격적인 준비를 마치고 책을 내려고 합니다. 다시 읽어보면 아쉽고 부끄러운 것이 눈에 띄지만 이러다가는 평생 책을 못 낼 것이란 생각에 용기를 내어 책을 내게 되었으니, 노자를 공부하는 독자들에게 조금의 도움이 되었으면 좋겠습니다. 아울러 독자들의 지적과 제언을 기대합니다. 동양철학을 전공한 이후로 평생 다른 길로 가본 적이 없다는 것은 한편으로는 장점이지만 또 다른 한편으로는 우물 안에 갇힌 단점일 수도 있습니다. 혹시라도 익숙한 것에 발목이 잡혀 더 큰 것을 못 보고 있는 것은 아닌지 염려가 됩니다.

이 책이 만들어지기까지 참 많은 선연善緣이 있었습니다. 우선 고인이 되신 부모님과 형제 가족은 늘 저에게 영감과 용기를 주시는 힘의 원천입니다. 20여 년간 함께 공부하며 토론하고 있는 울산재 학반들과 장락서원, 석천학당 학반들은 고전이 강의실을 넘어 세상과 소통할 수 있는 통로였습니다. 함께 《도덕경》을 읽으며 책 속의 지식이 아닌 삶 속의 지식으로 전환될 기회를 주었습니다. 늘 응원하고 도움을 주는 김영사 고세규 사장과 편집부, 꼼꼼한 교정으로 책을 더욱 빛나게 해준 김정현, 윤원철, 황성원 학반學伴에게도 감사를 드립니다.

런던 켄티시 타운에서 石泉

2022년 8월

차례

2부

성인聖人 - 무위를 실천하는 사람

3부

반反 - 거꾸로 가라!

4부

도道 – 인간과 하늘의 길

5부

덕德 - 드러내지 않는 빛

| 1부 |

무위

無爲

하지 않음의 힘

노자 철학을 하나의 개념으로 정의하기란 쉽지 않습니다. 그러나 꼭 해야 한다면 저는 무위無爲를 꼽겠습니다. '하지 않음을 통해 무엇을 하게 만드는 방법'이 무위입니다. 말하지 않았는데 상대방이 동의하고, 강요하지 않았는데 상대방이 스스로 하게 합니다. 우주의 존재 방식은 무위입니다. 해와 달의 교차, 사계절의 변화, 산천초목의 탄생, 성장, 소멸에 누구도 간섭하거나 끼어들지 않습니다. 모두가 저절로 그렇게 되는 것입니다. 이것이 우주의 원리 도道입니다. 그 도의 원리를 세상사에 적용하여 실천하는 방법이 무위無爲입니다. 그 무위를 실천하는 사람이 성인聖人입니다. 무위를 실천하고도 자신의 공을 드러내지 않음이 덕德입니다. 무위의 구동 방식은 거꾸로反입니다. 이 책은 이렇게 무위와 연관하여 다섯 개의 주제로 노자《도덕경》을 재분류했습니다.

무위자연無爲自然

'하는爲 것'보다 '억지로 하지 않는無爲 것'이 더욱 강력한 힘을 발휘할 수 있습니다. 무위無爲와 함께 붙여 쓰는 단어가 자연自然입니다. 무위자연無爲自然, 글자 그대로 해석하면 **하지**爲 **않았는데**無 **저절로**自 **그렇게**然 **된다**는 의미입니다. 언뜻 이해되지 않습니다. 하지 않았는데 어떻게 저절로 되냐는 의문이 생깁니다. 아무런 행위도 하지 않았는데 오히려 저절로 잘 돌아간다는 역설, 우리가 알고 있는 기본 상식과는 정반대입니다. 어떤 일을 제대로 마치고 완성하려면 적극적으로 열심히 노력해야 하는데, 하지 않는 것이 오히려 더 잘 되는 방법이란 노자의 논리입니다.

《도덕경》 3장의 마지막 구절 **위무위즉무불치**爲無爲則無不治는 노자의 무위자연 정치철학을 잘 풀어서 설명하고 있습니다. '하지 않음을 했는데 다스려지지 않음이 없다.' 자세히 풀면 어떠한 인위적 행위를 하지 않았는데 오히려 세상은 더 잘 다스려治진다는 것입니다. 노자가 꿈꾸었던 세상은 자율과 평화의 세상입니다. 백성은 자신의 현재 모습을 사랑하고, 개인의 욕망을 채우기 위해 백성의 삶에 간섭하는 권력자가 없는 자율적 세상이 노자가 바라던 정치적 이상입니다. 전쟁과 부역 때문에 백성이 힘들지 않고, 권력자의 욕망을 위해 백성이 희생당하지 않는 세상을 노자는 이상 국가로 삼았습니다. 인의예지仁義禮智도 백성의 본성을 국가가 통제하기 위한 도덕률이라고 비판하는 노자입니다. 도덕 틀을 만들어 백성에게 강요하고, 그 강요에 따르지 않으면 철저하게 백성을 억압하고 짓밟는 권력의 속성을 노자는 강력하게 비판하고 있습니다. 지식과 물질에 발목 잡히지 않고, 든든히 배를 채우고 몸을 건강하게 유지하며 사는 것이 노자의 이상 국가입니다. 지식인들이 앞장서서 세상 사람들을 교화한다고 규정을 만들고 법규를 만들어내면 오히려 백성은 더욱 힘들어질 뿐입니다. 오히려 간섭 없이 있는 그대로 지켜보고, 최소한의 규제로 백성의 자율적 삶을 보장하는 것이 무위입니다.

노자는 권력자에게 아무래도 껄끄러운 대상이었을 것 같습니다. 권력을 쥔 자의 측면에서 보면 권력을 행사하는 것이 기본 속성인데, 그것을 절제하라는 무위의 경고가 달갑게 받아들여지지는 않을 것 같습니다. 권력의 자리에서 최대한 권력 행사를 줄이고, 소박하고 단순하고 단아하게 처신하라는 노자의 경구는 오늘날 어떤 의미를 지닐까요? 나는 인생에서 얼마나 무위의 삶을 실천할 수 있을까요? 현대사회에서도 무위의 철학이 실현될 수 있을까요? 《도덕경》에 나오는 무위에 관한 장을 뽑아 읽어보겠습니다.

3장
무위로 세상을 경영하라

不尚賢(불상현) 똑똑한 사람을 우대하지 않아야,
使民不爭(사민부쟁) 백성이 경쟁하지 않는다.

不貴難得之貨(불귀난득지화) 구하기 힘든 보화를 귀하게 여기지 않아야,
使民不爲盜(사민불위도) 백성이 도둑질하지 않는다.

不見可欲(불현가욕) 욕심낼 만한 물건을 내보이지 않아야,
使民心不亂(사민심불란) 백성의 마음이 혼란스럽지 않다.

是以(시이) 그래서
聖人之治(성인지치) 성인이 다스리는 정치는

虛其心 實其腹(허기심 실기복) 백성의 마음을 비우고 그들의 배를 든든히 채우는 정치
弱其志 强其骨(약기지 강기골) 백성의 욕망을 줄이고 그들의 몸을 단단하게 하는 정치
常使民無知無欲(상사민무지무욕) 늘 백성을 선입관과 탐욕에서 벗어나게 하는 정치
使夫智者不敢爲也(사부지자불감위야) 똑똑하다고 하는 자들이 감히 나서지 않게 하는 정치
爲無爲則無不治(위무위즉무불치) 그런 무위의 정치를 하면 저절로 좋은 세상이 된다.

상(尙) 숭상하다 / 화(貨) 보물 / 복(腹) 배

불상현不尙賢

지식을 우대하지 말라!

세상 사람이 똑똑해지려고 경쟁하는 것은 지도자가 똑똑한 사람을 우대하고 숭상해서입니다. 백성이 도둑질하는 이유는 물질적 욕망을 채우기 위함입니다. 백성의 마음이 혼란스럽고 어지러운 것은 갖고 싶은 것을 갖지 못해서입니다. 이런 경쟁과 도둑질, 우울함을 없애기 위해서 지도자가 해야 할 일이 있습니다. **똑똑한 사람賢 우대하지尙 않기, 얻기得 힘든難 보화貨를 귀貴하게 여기지 않기, 욕심欲낼 만한 물건 내보이지見 않기를 실천해야 합니다.** 사람의 물질에 대한 욕망과 지식에 대한 탐닉은 노자가 살던 시대에 유행했습니다. 인간의 기본 생존 조건과는 상관없는 물질적 사치와 지적 우월감이 팽배했기에 사람은 욕망과 우월감을 채우기 위해 경쟁하고 빼앗는 것이 일상이 되었습니다.

노자의 이런 지적은 오늘날 우리의 모습과 크게 다르지 않습니다. 명품 같은 더 좋은 물질에 대한 욕망이 크고, 학벌과 지식으로 우월감을 느끼는 요즘에 노자가 다시 태어난다면 이렇게 말할 것입니다. **'국가에 명문대학을 없애야 합니다. 그래야 청소년이 더는 경쟁에 시달리지 않습니다. 명품과 사치의 물건을 최대한 줄여야 합니다. 그래야 사람들이 그것을 얻기 위해 자신의 노동력을 무리하게 팔지 않고, 양심을 속이는 일을 하지 않습니다.'**

양심을 속이고, 과도한 노동으로 자신의 인생을 돌보지 않는 이유 중 하나는 남보다 더 잘 먹고 잘살려는 욕망입니다. 자본주의 자유시장 경제체제에서 너무나 당연한 일이지만, 그런 욕망이 우울증, 피로, 자기 학대, 열등감을 만들어내는 원인이 될 수 있습니다. 최소한의 물질적 조건에 만족하며, 지식이나 머리가 아닌 소박한 지혜로 사는 것이 오히려 더 행복한 삶일 수 있습니다.

위무위즉무불치爲無爲則無不治

무위 정치를 하면 저절로 좋은 세상이 된다

성인聖人은 무위를 실천하는 지도자입니다. 성인이 다스리는 정치는 백성의 기본 생존을 보장해주는 정치입니다. **마음心과 욕망志을 비우고, 배腹를 채우고實 몸骨을 단단하게强 하는 정치**, 지식知과 욕망欲의 그물에서 벗어나는 정치를 합니다. 특히 자신의 지식을 무기로 세상에 부담을 주는 지식인智과는 다른 정치를 합니다. 지식인은 지식으로 무장한 사람입니다. 지식을 상대방에게 과시하고, 지식으로 우월감에 가득 찬 사람입니다. 이런 사람이 세상을 위해 무슨 일을 한다고 나서면 백성은 더욱 많은 규제에 시달리게 될 것입니다.

공무원의 야근을 줄여야 기업 환경이 좋아진다는 주장이 있습니다. 똑똑한 고시 출신 공무원이 야근을 할수록 많은 문서를 만들어내고, 그 문서 안에는 각종 규제와 법규가 가득 들어 있을 수밖에 없다는 것입니다. 그러니 공무원이 일찍 퇴근해야 오히려 국민의 부담을 더는 결과를 가져올 수 있다는 것입니다. 극단적인 논리지만 한편으론 이해가 갑니다. 차라리 아무 일도 안 하면 더 좋은 결과가 있을 텐데 나서서 어떤 일을 벌여서 사람을 힘들게 하냐는 논리입니다.

무위는 아무것도 하지 말라는 것이 아니라 하지 않음을 하라는 것입니다. 하는 것도 하는 것이지만, 하지 않는 것 역시 '하는' 행위의 방법입니다. 잔소리하는 것도 '하는' 것이지만, 잔소리하지 않는 것도 '하는' 것입니다. 지도자가 백성에게 '하지 않아야 할 것을 하지 않는 것'이 무위無爲입니다. 욕망, 명예, 이기심, 번거로운 일, 지식적 접근을 하지 않는 것이 정치 지도자의 무위입니다. 무위 정치의 결과는 자율과 평화입니다.

2장
성공에 머물지 마라

천 하
天下 세상에

개 지 미 지 위 미
皆知美之爲美 모든 사람이 아름답다고 알고 있는 아름다움,

사 악 이
斯惡已 다른 면에서 보면 추악함일 뿐

개 지 선 지 위 선
皆知善之爲善 모든 사람이 좋다고 알고 있는 훌륭함,

사 불 선 이
斯不善已 다른 면에서 보면 못난 것일 뿐

고
故 그러므로

유 무 상 생
有無相生 있음과 없음은 상대적 존재 방식

난 이 상 성
難易相成 어려움과 쉬움은 상대적 생성 방식

장 단 상 교
長短相較 길고 짧음은 상대적 비교 방식

고 하 상 경
高下相傾 높음과 낮음은 상대적 높이 방식

음 성 상 화
音聲相和 음악과 소리는 상대적 화음 방식

전 후 상 수
前後相隨 앞과 뒤는 상대적 거리 방식

시이성인 是以聖人	그래서 성인인 지도자는
처무위지사 處無爲之事	강요하지 않는 무위의 일 처리를 한다.
행불언지교 行不言之敎	간섭하지 않는 불언의 지도력을 발휘한다.
만물 萬物	만물을
작언이불사 作焉而不辭	만들었으나 말하지 않고
생이불유 生而不有	살렸으나 소유하지 않고
위이불시 爲而不恃	베풀었으나 자랑하지 않는다.
공성이불거 功成而不居	공을 이루어도 집착하지 말라!
부유불거 夫唯不居	성공에 집착하지 않으니
시이불거 是以不去	그래서 성공이 떠나지 않는다.

교(較) 비교하다 / 경(傾) 기울다 / 시(恃) 자랑하다 / 거(居) 머물다, 집착하다

선악미추善惡美醜

선악과 미추의 경계는 있는가?

아름다움美과 추악함惡, 그 경계는 확실할까요? 다이아몬드는 아름답지만, 그 다이아몬드가 광산에서 채굴되어 유통되는 과정을 들여다보면 피로 얼룩진 추악함이 있습니다. 향기롭게 마시는 커피 한 잔에 불공정 무역과 부당 노동, 환경 파괴의 추악함이 있습니다. 건강식품으로 알려진 아보카도 한 개를 수확하는 데 68리터의 물이 들어가고, 그 지역 주민은 물 부족으로 신음합니다. 선善함은 좋다는 것입니다. 우리가 좋다고善 생각하는 것의 이면에는 좋지 않음不善이 공존하고 있습니다. 선善과 불선不善은 동전의 양면처럼 동시 공존하는 가치입니다. 노숙자에게 적선하는 것이 좋은 일이라면, 그 이면에는 노숙자가 평생 노숙자로 살 수밖에 없는 환경을 만들어주는 나쁜 일일 수도 있습니다. 노자는 도道의 양면성을 거듭 강조합니다. 꽈배기처럼 꼬여 있는 모습의 도道는 어느 한 면으로 설명되거나 정의되어서는 안 됩니다. 이런 도의 존재 방식을 이해해야 지도자가 어떻게 세상을 이끌어나갈지를 알 수 있습니다.

마당놀이로 유명했던 극단 중에 미추美醜라는 곳이 있습니다. 아름다움美과 추악醜惡함은 동시에 존재한다는 철학을 가진 이름입니다. 크고 웅장한 무대에서 공연하는 오페라만 아름다운 예술이 아니라 마당에서 관중과 함께 호흡하며 서민의 애환을 보여주는 마당극 역시 아름다움이라는 것을 극단 미추는 우리에게 보여주었습니다.

원자력이 세상에 도움을 주지만 세상을 파괴하는 도구이기도 하고, 군대가 국민을 지켜주는 조직이지만, 침략의 주체로 활약하기도 합니다. 세상에 어떤 존재든 극단적으로 아름답다거나 선하다고 정의할 수 없습니다. 그래서 지도자가 어느 한쪽의 가치만으로 통치하면 나쁜 결과를 낳을 수도 있습니다. 지도자는 자신이 믿고 확신하는 선악의 가치관을 주장하며 세상을 대해서는 안 됩니다. 이것이 무위를 실천하는 지도자, 성인聖人의 통치 방식입니다.

음성상화音聲相和

음악과 소리는 상대적인 화음 방식

《도덕경》은 시詩입니다. 되도록 글자 수와 운율을 맞추려고 노력한 흔적이 보입니다. 따라서 《도덕경》의 번역 역시 시처럼 하는 것이 좋습니다. 시를 산문처럼 번역한다면 본래 갖고 있던 맛이 떨어질 것입니다. 그래서 최대한 시처럼 번역을 시도했습니다. 글자의 수와 운율을 맞추려고 했습니다. 그것이 《도덕경》의 맛을 제대로 느끼는 번역 방식이라고 생각합니다.

도의 상대적 존재 방식을 네 글자의 단구短句로 표현하고 있습니다. 있음有과 없음無, 어려움難과 쉬움易, 길고長 짧음短, 높고高 낮음下, 음악音과 소리聲, 앞前과 뒤後의 상대적인 개념은 모두 존재의 양면입니다. 없음이 있어야 있음이 있고, 쉬움이 있어야 어려움이 존재합니다. 긴 것은 짧은 것의 비교이고, 낮음은 높음을 전제로 합니다. 음音은 정제된 음악sound, 성聲은 자연의 소리noise로 구분했습니다. 사람은 악기가 내는 정제된 음악이 아름답다고 하지만, 자연의 소리에도 아름다움이 깃들어 있습니다. 이런 상반된 것들은 홀로 존재할 수 없습니다. 상반된 대상을 통하여 자신의 정체성이 확실해집니다. 자연에서 들리는 소리, 비가 쏟아지며 양철 지붕을 때리는 소리, 산속에 멧돼지가 울부짖는 소리, 물이 흘러 바위를 돌아 흐르는 소리, 자연의 소리는 정제되지 않았지만, 그 안에 아름다움을 찾을 수 있습니다. 다양한 악기가 일정한 비율의 음가를 이용해 내는 음악 소리 역시 아름다움입니다. 이런 자연의 소리와 악기를 통해 내는 음악은 저마다의 화음和音 방식이 있으며, 어떤 것이 더 아름답다고 규정할 수 없습니다.

나의 행복이 타인의 불행일 수도 있습니다. 아무리 내가 노력하여 얻은 것이라도 이면에 있을 타인의 희생을 생각해야 합니다. **나만이 선이라는 편견에서 벗어나야 합니다. 나의 행복 저편에 한숨짓고 있는 사람을 볼 수 있을 때 비로소 눈이 바로 떠진 것입니다.** 식탁에 오른 기름진 육류 뒤에 보이지 않는 아픔까지 볼 수 있다면 도道의 안목이 생긴 것입니다.

불언지교不言之教

말하지 않는 설득의 힘

《도덕경》을 읽다가 **시이성인是以聖人**이라는 문구가 나오면 드디어 노자가 하고 싶은 말을 한다고 생각하십시오. 《도덕경》의 패턴 중 하나가 어떤 자연의 원리나 세상의 이치를 말하고, 그것을 근거로 **그래서 성인은 이렇게 해야 한다**로 이어지는 것입니다. '미추의 구분은 없다. 선악 역시 절대적이지 않다. 세상은 양면성을 띠고 존재한다. 있음과 없음, 어려움과 쉬움, 길고 짧음, 높고 낮음, 음악과 소리, 앞과 뒤는 모두 상대적이다. 그러니 **성인聖人 지도자는 어떤 특정한 믿음이나 가치를 가지고 백성을 이끌려고 해서는 안 된다**.' 지도자가 '이것은 좋아, 나빠'라는 어떤 특정한 생각이나 믿음을 갖고 백성을 대했을 때 결국 분열과 갈등이 일어나게 됩니다. 특정 종교만 정의고 기타 종교는 사이비 이단이라는 생각으로 탄압하고 무시하기도 합니다. 이념이나 신념이 프레임이 되고, 그 프레임이 폭력과 강압으로 발전하게 됩니다.

불언지교不言之教는 최대한 자신의 주장을 줄이고 상대방이 스스로 선택할 수 있게 하는, 말하지 않고 설득시키는 방식입니다. 사람은 스스로 자신을 설득하기 전까지는 상대방에게 완벽하게 설득당하지 않습니다. 가정의 가장이 사사건건 가족 구성원의 일에 간섭하고, 자기 생각을 주입하려고 한다면 당장은 가장의 생각이 먹힐지 몰라도 긴 시간을 두고 보면 반드시 문제가 발생합니다. 오히려 가족 구성원의 의견을 존중하고, 타이르기 전에 스스로 깨닫게 하고, 최대한 간섭하지 않고, 자율적으로 자기 삶을 살아나갈 수 있도록 해주는 것이 노자가 말하는 가장의 가정 운영 방식입니다.

노자가 원하던 것은 영원한 성공입니다. '성공했으면 성공에 머물지 말고 성공에서 한 발짝 물러나라! 그것이 너의 성공을 영원히 유지하는 방법이다! 성공功成에 머물지 않을 때不居 오히려 그 성공이 내게서 떠나지 않는다不去'는 반전反轉의 논리는 노자가 자주 사용하는 패턴입니다. 만들었으나作 만들었다고 말辭하지 않고, 살렸지만生 소유有하려 하지 않고, 베풀었으나爲 자랑하지恃 않는 것이 결국 반전하여 더 좋은 결과를 가져올 것입니다.

12장
배를 채우는 정치

오 색 영 인 목 맹
五色令人目盲 다섯 가지 화려한 색은 인간의 눈을 멀게 한다.

오 음 영 인 이 롱
五音令人耳聾 다섯 가지 아름다운 소리는 인간의 귀를 먹게 한다.

오 미 영 인 구 상
五味令人口爽 다섯 가지 맛있는 음식은 인간의 입을 상하게 한다.

치 빙 전 렵 영 인 심 발 광
馳騁畋獵令人心發狂 말 달리고 사냥하는 것은 인간의 마음을 미치게 한다.

난 득 지 화 영 인 행 방
難得之貨令人行妨 얻기 힘든 보화는 인간의 행동을 방종하게 한다.

시 이 성 인
是以聖人 그래서 성인 지도자는

위 복 불 위 목
爲腹不爲目 배를 위한 정치를 하지 눈을 위한 정치를 하지 않는다.

고
故 그러므로

거 피 취 차
去彼取此 저 허상을 버리고 이 실제를 추구한다.

맹(盲) 눈이 멀다 / 롱(聾) 귀가 먹다 / 상(爽) 부패하다 / 치(馳) 말 달리다 / 빙(騁) 말을 몰다 / 전(畋) 사냥하다 / 렵(獵) 사냥하다 / 방(妨) 거리끼다

위복불위목爲腹不爲目

웰컴 투 동막골

〈웰컴 투 동막골〉이란 영화가 있습니다. 한국전쟁이 한창이던 때 태백산 줄기 어느 깊은 산골에 미국 전투기 조종사가 추락 후 찾아들고, 남한군과 북한군이 우연히 만납니다. 동막골 사람들은 총도, 수류탄도 본 적이 없었습니다. 그들에게는 이념이라는 것도 없고, 네 편, 내 편도 없었습니다. 남한군이든 북한군이든 미군이든 그 마을 사람들에게는 모두 똑같은 사람이었을 뿐입니다. 그곳의 촌장은 어떻게 마을 사람들이 그렇게 촌장의 말을 잘 따르냐는 북한군 장교의 질문에 이렇게 대답합니다. **"뭘 좀 잘 먹이는 거지!"** 노자가 꿈꾸는 세상이 바로 동막골입니다. 어떤 이념이나 사상을 통해 마을 사람을 이끌어가는 것이 아니라, 그들의 배를 채우는 것이야말로 가장 아름다운 통솔력입니다. 정치는 눈이 아닌 배를 채우는 일입니다.

무위 정치는 관념이나 프레임에 갇혀 있지 않습니다. 자본과 물질의 중독을 경계합니다. 이데올로기를 만들어 백성을 전쟁터로 내몰지 않습니다. 법규와 규칙을 만들어 백성의 자유를 속박하지 않습니다. 백성의 배를 채우고, 뼈를 튼튼히 하는 정치를 합니다. 백성의 소박한 삶을 존중하고, 자유로운 삶을 추구합니다. 권력의 속성으로 보면 권력자가 도저히 할 수 없는 정치 형태입니다. 권력은 행사하려는 속성이 있습니다. 권력의 행사를 통해 사적인 이익을 추구하고, 탐욕을 채우는 속성입니다. 그런 달콤한 권력의 유혹을 견뎌내는 지도자를 만나기는 쉽지 않습니다.

소리, 맛, 색, 사냥, 보화는 인간의 욕망을 중독시키는 것입니다. 이런 것들에 중독되고 나면 더 높은 강도의 것을 추구합니다. 더 맛있고, 더 예쁘고, 더 아름답고, 더 신나고, 더 멋있는 것을 추구하면 결국 인간의 본성을 잃어버립니다. 배를 채우는 음식이 아닌 머리를 채우는 음식이 되고, 생존을 위한 삶이 아닌 관념을 위한 삶으로 전도됩니다. 우리가 사는 이 시대 역시 이런 욕망의 중독에 빠져 있습니다. 저彼 관념의 욕망을 버리고 이此 실질적인 삶을 살아야 합니다.

18장
무위 정치의 종말

대 도 폐 大道廢	대도가 무너지자
유 인 의 有仁義	인의가 생겼다.
지 혜 출 智慧出	지혜가 출현하자
유 대 위 有大僞	위선이 생겼다.
육 친 불 화 六親不和	가족이 불화하자
유 효 자 有孝慈	효도와 자애가 생겼다.
국 가 혼 란 國家昏亂	국가가 혼란하자
유 충 신 有忠臣	충신이 생겼다.

폐(廢) 무너지다 / 위(僞) 위선 / 자(慈) 자애

대도폐유인의大道廢有仁義

대도의 종말과 인의의 출현

무위 정치가 잘 실현되던 시대를 대도大道의 시대라고 합니다. 인의예지仁義禮智 같은 윤리도 필요 없고, 법령과 규칙도 필요 없는 세상입니다. 지도자는 간섭하지 않고, 백성은 자유롭게 자신의 삶을 살아갑니다. 그런데 대도의 세상이 무너지면서 인의仁義 도덕이 출현했습니다. **사랑과 정의라는 사회적 규범이 생겨난 것은 그만큼 사회가 자율성을 잃고 혼란해졌다는 것입니다.** 공자의 인의는 노자의 비판 대상입니다. 비록 의도는 훌륭하다고 해도 그 결과는 백성을 묶는 규범으로 변질變質될 수 있기 때문입니다. 사랑한다는 인仁의 마음이 지나치면 강요가 되기도 합니다. 정의를 바라보는 관점이 치우치면 폭력으로 변할 수 있습니다. 인의가 이끌어가는 세상은 또 다른 규범으로 백성을 얽매이게 할 수 있습니다.

지식이 과도하면 폭력이 됩니다. 지식으로 상대방을 속이기도 하고, 상대방을 마음대로 움직이기 때문입니다. 사기를 치거나 거짓을 행하는 사람은 모두 지식을 권위로 만들어 상대방에게 군림하여 눈을 홀리게 만듭니다. 무위의 세상에서 지식은 중요하지 않았습니다. 자신의 의사를 전달할 수 있을 정도의 문자 지식과 세상의 변화를 인지할 수 있는 소박한 지혜만이 필요했습니다. 그런데 과도한 지식의 축적과 행사가 결국 거짓과 위선의 세상을 만들어냈습니다. 무위의 시대에는 가족과 이웃이 모두 화목하게 지냈습니다. 그런데 욕망과 탐욕으로 가족 간에 친목이 깨지고 세대 간에 갈등이 생기면서 효도와 자애라는 사회적 규범이 나오기 시작했습니다. 충신忠臣은 국가가 혼란해지면서 출현한 개념입니다. 자율의 질서가 무너지고 사회가 혼란해지면서 신하가 임금을 죽이는 일이 벌어졌습니다. 이런 혼란의 시대에 끝까지 마음을 변치 않는 충신이라는 인간형이 만들어진 것입니다. 사회가 혼란하지 않았으면 충신이라는 말도 없었을 것입니다.

무위 정치가 행해졌던 대도의 세상이 종말을 고하고 인의와 효도, 충신 같은 인위적 개념이 출현하여 시대는 바야흐로 혼란과 무질서의 세계로 전환됐다는 것이 노자의 주장입니다.

19장
무위의 다섯 가지 실천

절성기지 絶聖棄智	성인의 지혜를 끊어버리면
민리백배 民利百倍	백성의 이익이 백 배가 된다.
절인기의 絶仁棄義	인의의 윤리를 끊어버리면
민복효자 民復孝慈	백성은 효도와 자애로 돌아간다.
절교기리 絶巧棄利	기교와 이익을 끊어버리면
도적무유 盜賊無有	도적이 없어진다.
차삼자 此三者	이 세 가지로는
이위문부족 以爲文不足	표현이 부족하다.
고영유소촉 故令有所屬	그래서 몇 가지를 더 붙이면,
견소포박 見素抱樸	소박을 추구하고 실천하라!
소사과욕 少私寡欲	사욕을 줄이고 덜어내라!

견소포박見素抱樸

소박한 삶으로의 복귀

무위無爲 정치가 실현되는 세상은 자유의 세상입니다. 사람은 욕망, 명예, 지식, 앎, 일, 이기심으로부터 해방되어 자유로운 삶을 살아갑니다. 백성은 윤택한 삶을 누리고, 효도와 자애로 세대 간에 갈등이 없습니다. 길에 물건이 떨어져 있어도 아무도 줍지 않고 남의 물건을 도둑질하는 사람도 없습니다. 이런 세상을 살아가는 사람들이 진정한 자유인입니다.

◦ 무위無爲의 자유自由 ◦

1. 무욕無欲: 욕망으로부터 자유
2. 무명無名: 명예로부터 자유
3. 무지無知: 지식으로부터 자유
4. 무사無事: 잡일로부터 자유
5. 무사無私: 이기심으로부터 자유

이런 세상을 만들려면 지도자부터 변해야 합니다. 첫째, 자신이 성인이고 백성을 이끌어나가는 영웅이라는 생각을 버리고, 우월한 지식으로 백성을 대해서는 안 됩니다. 그러면 백성은 더욱 윤택한 삶을 누릴 수 있습니다. 둘째, 인의의 도덕으로 세상을 인도하려는 의도를 버려야 합니다. 지도자가 옳고 그른 것을 자의적으로 판단하면 세상은 한쪽으로 치우치게 됩니다. 인의예지 같은 덕목으로 교화하려는 의도를 버리면 백성은 저절로 서로 존중하고 배려하는 사람이 될 것입니다. 셋째, 교묘한 기술과 이익을 끊어야 합니다. 기술과 이익에 대한 욕망은 도둑질의 동기가 됩니다. 문명의 이기가 인간의 욕망을 부추겨 타인의 것을 빼앗는 행동을 격발시키게 됩니다. 넷째, 소박한 삶을 살아야 합니다. 다섯째, 사욕을 줄이고 욕망을 절제해야 합니다. 이 다섯 가지의 혁명적 실천이 세상을 더욱 높은 수준으로 변화시킬 수 있습니다.

43장
무위의 유익함

천하지지유 天下之至柔	천하의 가장 부드러운 것이
치빙천하지지견 馳騁天下之至堅	천하의 가장 단단한 것을 부린다.
무유입무간 無有入無間	형체가 없는 것은 틈이 없는 곳에도 들어간다.
오시이 吾是以	나는 이것으로
지무위지유익 知無爲之有益	무위의 유익함을 안다
불언지교 不言之敎	말하지 않는 가르침
무위지익 無爲之益	간섭하지 않는 유익함
천하희급지 天下希及之	세상 사람이 실천하는 자가 드물구나.

무위지유익無爲之有益

하지 않음의 힘으로 성과를 내라!

물의 속성은 무위無爲와 닮았습니다. 부드럽고 약하지만 강하고 센 것을 이기는 물의 속성은 부드럽게 상대방을 이끄는 무위의 모습입니다. 물은 폭우가 되어 가파른 계곡에서 흐르면 집채만 한 바위도 떠오르게 합니다. 물은 상대방을 억지로 바꾸려 하지 않고 자신의 모습을 주장하지 않기에 엄청난 설득의 힘을 만들어냅니다. 지극히 부드럽지만至柔 지극히 강한至堅 바위와 쇠를 마음대로 주무르는 속성이 물의 속성입니다. 치빙馳騁은 말을 몰아 달리는 것입니다. 부드러움이 오히려 강함을 마음대로 부린다는 뜻입니다. 부드러운 물이 강한 쇠와 돌멩이를 마음대로 주무르듯이 무위는 상대방을 설득하고 세상을 변화시킵니다. 주장이 강하고, 상대방을 힘으로 몰아붙이는 사람은 결국 부드럽게 상대방을 대하는 사람에게 지게 됩니다. **세상을 움직이는 힘은 강함이 아니라 부드러움입니다.**

무유無有는 자신의 모습을 어떤 모습有이라고 규정하지 않는 물의 비유입니다. 물은 자신의 모습을 주장하지 않기에 어떤 공간으로도 들어갈 수 있습니다. 심지어 공간이 없는無間 곳에도 물은 들어갑니다. 이런 물의 속성을 노자는 지도자의 무위無爲의 일 처리 방식과 비교하고 있습니다. 자신의 의견을 주장하지 않아도 상대방이 저절로 나의 의견에 동의하는 상황을 만들어내는 힘이 무위의 힘입니다. 말하지 않았는데도不言 상대방은 저절로 교화敎됩니다. 강요하지 않았는데도無爲 상대방은 저절로 움직입니다. 무위는 유익하고 놀라운 결과를 만들어냅니다.

'인간은 설득되지 않는 존재'라고 생각합니다. 억지로 강요해서 내 말을 따르게 하는 결과는 잠시뿐입니다. 자발적인 선택이 아니기에 오래가지 않습니다. 자발적 선택과 동의가 가장 지속적인 힘을 갖습니다. 말하지 않고, 강요하지 않고 하게 만드는 힘이 무위의 힘이며 유익함입니다. 이것이 도의 속성이며, 이런 도의 속성을 실천하는 사람이 성인입니다. 성인은 무위의 실천자이며, 도의 수행자입니다.

17장
산소 같은 지도자

태상하지유지 太上下知有之	최고의 지도자는 백성이 존재감만 느끼는 사람
기차친이예지 其次親而譽之	그 아래 지도자는 백성이 사랑하고 칭찬하는 사람
기차외지 其次畏之	그 아래 지도자는 백성이 두려워하는 사람
기차모지 其次侮之	그 아래 지도자는 백성이 욕하는 사람
신부족언 信不足焉	믿음이 부족하여
유불신언 有不信焉	불신이 생기는 것.
유혜기귀언 悠兮其貴言	깊구나! 이 말을 소중하게 간직하라!
공성사수 功成事遂	공을 이루고 일이 잘 풀리면
백성개위아자연 百姓皆謂我自然	백성이 모두 내가 잘나서 그렇게 되었다고 말하게 하라.

예(譽) 칭찬하다 / 외(畏) 두려워하다 / 모(侮) 업신여기다 / 수(遂) 성취하다

하지유지 下知有之

산소 같은 지도자가 가장 아름답다

지도자의 네 가지 유형을 말하고 있습니다. 상식적으로 최고의 지도자는 모든 이가 사랑親하고 존경譽하는 지도자입니다. 그러나 그런 지도자보다 더 위 단계의 지도자가 있습니다. 있다는 존재감만 느끼게 하고 칭찬의 대상이 되지 않는 지도자입니다. 지지율이 90퍼센트가 넘다가도 곤두박질하면 10퍼센트 밑으로 떨어지는 것이 인기입니다. 인기 있는 지도자가 되려고 사람의 입맛에 맞는 행동을 하며 자신의 업적과 능력을 과시하는 사람은 반드시 자멸의 길을 걸을 수도 있음을 알아야 합니다. **노자가 말하는 최상太上의 지도자는 산소 같은 지도자입니다.** 있는 듯 없는 듯하지만 없으면 숨을 쉴 수 없는 참 고마운 지도자, 평소에는 느낄 수 없지만 그래도 늘 꾸준히 나의 생명에 도움을 주는 지도자입니다. 백성이下 있다有는 존재감만 느끼게知 해주는 지도자가 최고의 지도자입니다. 그다음次이 사랑받고 존경받는親譽 지도자입니다. 세 번째 등급은 폭력과 힘으로 군림하는 지도자입니다. 앞에만 서면 두려워畏 떨게 만드는 지도자입니다. 최하의 등급은 돌아서면 욕侮하며 업신여기는 지도자입니다.

산소와 물은 인간의 생존에 필수입니다. 그런데 인간에게 자신의 공을 과시하거나 자랑하지 않습니다. 오히려 없는 듯 자신의 모습을 드러내지 않습니다. 노자는 이런 지도자를 최고의 지도자라고 제안합니다. 자신의 이름을 드러내지 않고無名 청정淸靜한 마음으로 다른 사람을 대하는 사람이 진정 오랫동안 그 자리에 있을 지도자입니다.

칭찬과 명예는 때로는 인생을 힘들게 합니다. 타인의 시선과 평가에 매이면 사리 분별이 어두워집니다. 과감하게 고리를 끊고 자유를 찾아야 합니다. 칭찬은 나에게 받는 칭찬이 으뜸입니다. 내가 보기에 좋아야 좋은 것입니다. 산소처럼, 물처럼 자신의 모습을 드러내지 않고 유유자적 살아가는 사람, 누군가에게 반드시 칭찬받고 반드시 고마운 사람이 되기보다는 옆에 있어도 거북하지 않고, 싫증 나지 않는 사람 정도로만, 딱 거기까지만 되기를 기원해봅니다.

아자연我自然

내가 잘해서 잘된 거야

언젠가 청소년 여자 국가대표 축구팀이 세계를 제패하고 돌아왔을 때 열린 환영 공연을 본 적이 있습니다. 사회자가 어느 선수에게 이번 승리에 누가 가장 큰 일을 했냐고 물어봤을 때 뜻밖의 답을 하여 사람들이 웃었습니다. 모두가 자신들, 선수들의 공으로 이런 승리를 얻었다는 것입니다. 보통 이런 질문에 감독님의 지도와 헌신적인 노력이 있었기에 이런 승리를 얻었다고 이야기할 텐데 자신 있게 자신들의 노력과 실력으로 승리했다는 선수의 대답에 그 감독이야말로 산소 같은 지도자가 아닐까 생각해본 적이 있습니다. 선수들이 '모두皆 자신我이 잘해서 그렇게自 되었다然'라고 말하는 모습이 인상 깊었습니다. 그렇습니다. **최고의 지도자는 영웅이 되어서는 안 됩니다. 백성을 영웅으로, 주인공으로 만들어야 합니다.** 물이 세상을 이롭게 해주지만 자신의 공을 자랑하지 않고 오히려 남이 싫어하는 낮은 곳으로 흐르기에 도道에 가장 부합된다는 노자의 생각을 이 장에서도 읽을 수 있습니다. 공을 이루고功成 일을 완수事遂하여 자신은 그 공에 머물지 않습니다. 백성이 모두 자신의 공이라고 생각하게 해주는 지도자의 모습, 참으로 산소 같은 지도자입니다.

성공한 지도자가 자신의 공을 조직 구성원에게 돌리고, 자신은 그 공에 머물지 않을 때 최고의 지도자가 될 수 있다는 노자의 철학에서 참 깊은 의미를 읽을 수 있습니다. **'모두가 너희들이 잘해서 그렇게 된 거야!'** 이런 말을 하는 지도자라면 정말 훌륭한 지도자입니다. 그리하여 구성원 누구나 **'내가 잘해서 이렇게 된 거야!'**라고 말하게 하세요. 세상에서 내가 가장 예쁘고, 잘나고, 멋있다고 말하게 하세요! 세상의 주인은 바로 나고, 내 몸짓, 말, 눈빛까지도 사랑하게 만드세요. 그런 사람이 참 좋은 지도자입니다.

48장
무위는 날마다 버리는 것

위 학 일 익
爲學日益 배움의 행위는 날마다 더하는 것

위 도 일 손
爲道日損 도의 실천은 날마다 덜어내는 것

손 지 우 손
損之又損 덜어내고 또 덜어내서

이 지 어 무 위
以至於無爲 더는 덜어낼 것이 없는 무위에 상태에 이르러라!

무 위 이 무 불 위
無爲而無不爲 무위의 정치는 세상을 저절로 돌아가게 할 것이다.

취 천 하 상 이 무 사
取天下常以無事 천하를 얻으려면 항상 일을 벌이지 말아야 한다.

급 기 유 사 부 족 이 취 천 하
及其有事不足以取天下 일을 벌이기 시작하면 천하를 얻는 데 모자람이 있을 것이다.

익손益損

채움과 비움의 두 날개

채움益과 비움損, 이 두 가지는 마치 새의 양 날개와 같아서 어느 하나만 강조되어서는 안 됩니다. **노자는 채움을 전제로 비움을 강조한 사람입니다.** 성공하고 그 성공에서 물러나는 것이지, 성공의 노력도 하지 않고 무조건 물러나서는 안 된다는 것입니다.

비움이 있으려면 채움이 있어야 합니다. 채움은 익益, 비움은 손損입니다. 음식을 먹고 비워야 인간이 생존할 수 있습니다. 돈을 벌고 잘 써야 비로소 돈의 이용利用이라 할 수 있습니다. **채움은 배움學을 통해 가능하고, 비움은 도道의 실천을 통해 가능합니다. 배움을 통해 새로운 지식과 지혜를 채우고, 도의 실천을 통해 오래된 지식을 덜어내고, 편견과 선입견으로 굳어진 지식을 파내야 합니다.** 지식의 순환과정입니다.

노자는 비움을 부정하지 않습니다. 채움을 경멸하지 않습니다. 다만 비움 없는 채움, 중단 없는 채움을 경계하는 것입니다. 기업을 일구고 돈을 벌어 성공한 기업가에게 부족한 것은 과감한 비움입니다. 과감하게 번 돈을 나누고, 사회를 위해 쓰는 일은 자신의 들인 노력과 열정이 아까워서라도 쉽지 않을 것입니다. 그러나 비움이라는 신의 한 수를 통해서 그 기업가의 성공이 영원히 계속될 수도 있습니다.

비움을 계속하다 보면 더 비울 것이 없는 최적의 상태에 이르게 됩니다. 이것을 무위無爲의 상태라고 합니다. **무위는 빼고損 또又 빼서損 더는 뺄 수 없는 상태입니다.** 욕심을 줄이고, 명예욕을 버리고, 벌인 일을 정리하고, 이기심을 내려놓고, 선입견을 부쉈을 때 도달하는 최적의 단계를 무위라고 합니다. 이런 상태에 이르면 결국 세상은 저절로 구동된다는 것입니다. 도를 실천하여 덜어내고 또 덜어내어 최적의 상태인 무위에 이르면 오히려 세상은 아무 문제없이 잘 돌아갈 것입니다. **비움의 실천은 도道의 실천이고, 도의 실천은 최적화와 경량화입니다.** 자율과 효율은 큰 상관관계가 있습니다. 자율적으로 돌아갈 때 높은 효율을 기대할 수 있는 것입니다.

무사취천하無事取天下

일 벌이지 않아야 천하를 얻는다

노자의 본심이 드러나는 문장입니다. 취천하取天下, 천하를 얻는 것이 결국 노자가 원하는 것이었습니다. 노자가 살던 시기는 통일이 가장 중요한 염원이었습니다. 공자나 맹자는 통일을 외치고, 묵자나 한비자도 통일에 대한 염원을 비추고 있습니다. 통일은 분열을 극복하고, 전쟁을 멈추고, 대결과 갈등의 시대를 종결하는 의미를 지닙니다. 문제는 누가 어떻게 통일을 해낼 것인가입니다. 통일은 천하天下를 얻는取 일입니다. 전쟁을 통해 상대방을 굴복시켜 통일의 주역이 될 수도 있고, 민본정치를 통해 백성이 추대하여 통일의 주인공이 될 수도 있습니다.

노자 통일론의 핵심은 '무사無事'입니다. 일 벌이지 않는 사람이 통일의 주역이 될 수 있다는 것입니다. 여기서 일事은 전쟁, 가혹한 부역, 세금 징수, 국가의 법령 제정 등입니다. 권력자라면 반드시 행사하고 싶은 국가 권력입니다. 노자의 주장대로라면 이런 권력을 행사하는 사람은 절대로 통일의 주체가 될 수 없다는 것입니다. 다소 이상적이고 순진한 발상 같아 보이기도 합니다. 노자의 정치적 이상은 최소한의 권력 사용을 통한 자율 사회로의 복귀입니다. 복귀라는 말은 예전에 있었던 사회로 돌아간다는 뜻입니다. 국가가 형성되기 이전의 시대, 권력이 아직 생성되지 않았던 부족이나 마을 공동체 사회에서 대표성만 갖는 지도자가 있던 시대입니다. 참 목가적이고 아름다운 사회였을 것이란 상상을 해봅니다. 이렇게 노자가 생각한 이상적인 사회는 훗날 신선 사상과 합해져서 속세를 떠나 자연 속에서 은거하며 사는 집단을 형성하기도 했습니다. 간섭과 경쟁에 찌든 세상에서 노자 철학이 일종의 돌파구 역할을 하게 된 원인이기도 합니다.

57장
무위의 실천

이정치국 以正治國	나라는 정법으로 통치하고
이기용병 以奇用兵	군대는 변칙으로 운용하고
이무사취천하 以無事取天下	천하는 무사로 얻는다.
오하이지기연재 吾何以知其然哉	내가 그렇다는 것을 어찌 알겠는가?
이차 以此	다음과 같은 이유 때문이다.
천하다기휘 天下多忌諱	세상에 금기 사항이 많으면
이민미빈 而民彌貧	백성은 더욱 가난해지고
민다리기 民多利器	백성이 무기를 많이 소유하면
국가자혼 國家滋昏	국가는 더욱 혼란에 빠지고
인다기교 人多伎巧	사람의 기술이 발달하면
기물자기 奇物滋起	이상한 물건이 더욱 생겨나고
법령자창 法令滋彰	법령이 더욱 많아지면
도적다유 盜賊多有	도둑은 더욱 많아진다.

고성인운 故聖人云	그러므로 성인 지도자는 말한다.
아무위이민자화 我無爲而民自化	내가 무위의 정치를 하면 백성은 저절로 교화되고
아호정이민자정 我好靜而民自正	내가 고요함을 좋아하면 백성은 저절로 바르게 되고
아무사이민자부 我無事而民自富	내가 일을 벌이지 않으면 백성은 저절로 부자가 되고
아무욕이민자박 我無欲而民自樸	내가 욕망을 버리면 백성은 저절로 소박해진다.

휘(諱) 꺼리다 / 미(彌) 널리, 더욱 / 기(伎) 기술 / 자(滋) 더하다

기정奇正

변칙과 원칙

정正과 기奇는 병법에 자주 나오는 단어입니다. 《손자병법》에는 **이정합以正合, 이기승以奇勝**이라는 전략이 나옵니다. 정正으로 적을 맞이하여 싸우고, 기발한 전략奇으로 승리를 쟁취한다는 뜻입니다. 정正은 원칙, 정도, 법률 등의 의미이고, 기奇는 전략, 속임수의 의미입니다. **나라를 다스림은 원칙正으로 하고, 군대의 운영은 변칙奇으로 하고, 천하天下를 얻는 통일의 과업은 일 벌이지 않는 무사無事로 해야 한다는 것입니다.** 국國은 천하天下에 비교해 규모가 크지 않은 나라입니다. 이런 정도 나라는 법으로 통치할 수 있습니다. 그러나 노자의 관심은 천하天下였습니다. 천하는 세상입니다. 세상을 얻는 것은 천하를 통일하고 전쟁을 종식하는 것입니다. 일개 나라를 통치하는 것은 원칙과 법령正 정도면 되지만, 다양한 나라로 구성되어 있는 세상을 통일하는 일은 일 벌이지 않는 무사無事를 통해 가능하다는 것입니다. 무사無事의 구체적인 내용은 이렇습니다.

1. 국가 금기 조항의 폐지
2. 개별 무기 소지 금지
3. 사치스러운 물품의 제조 금지
4. 민생을 억압하는 법령의 축소

모두 권력자가 좋아하지 않는 내용입니다. 권력의 속성은 금기를 만들어내어 자신의 존재감을 높이고, 전쟁을 통해 땅을 확장하고, 사치스러운 물건을 즐기고, 법령을 만들어 권력을 행사하고 싶은 것입니다. 이런 권력의 속성을 거부하고 소박하고 청정한 상태로 돌아가는 것이 무사無事를 통한 무위無爲의 실천입니다. 춘추 말기 전쟁이 일상화되었던 시기에 일반인의 무기 소지는 당연했습니다. 그로 인하여 폭력과 혼란이 그치지 않았습니다. 노자는 전쟁을 종식해야 천하의 무기가 없어지고, 그래야 세상에 평화를 가져올 수 있다고 생각했습니다.

호정好靜

고요함으로 세상을 대하라!

기휘忌諱는 금기 사항입니다. '왕의 사냥터에 들어가서 사냥을 하거나 나무를 베어서는 안 된다, 술을 함부로 제조하여 먹으면 안 된다'와 같은 많은 금기 사항은 백성을 더욱彌 가난하게 만듭니다. 리기利器는 날카로운利 무기器입니다. 전쟁이 일어나 백성이 무기를 개인적으로 소지하면, 국가는 더욱滋 혼란昏에 빠지게 됩니다. 사람의 기술이 발달하면 할수록 기이奇한 물품이 늘어나 그것을 가지려고 싸울 수밖에 없습니다. 법령이 많아지면 오히려 그 법령을 피하여 도적盜賊질하는 사람이 더욱 늘어날 것입니다. 국가의 혼란은 결국 금기, 전쟁, 기물奇物, 법령에서 시작된다는 것입니다.

성인聖人은 무위의 정치를 실현하는 지도자입니다. 발상의 전환을 통하여 평화 사회를 건설하는 지도자입니다. 무위의 정치를 행하고, 고요한 삶을 살고, 일을 벌이지 않고, 욕망을 통제하는 지도자입니다. 이런 지도자의 정치는 백성을 더욱 교화시키고, 바르게 만들고, 부자가 되게 하고, 더욱 소박하게 하는 결과를 만들어냅니다.

하지 않았는데 저절로 되는 정치가 무위자연의 정치입니다. 강요하지 않았는데 저절로 교화되고, 나서지 않고 조용히 있었더니 저절로 바르게 되고, 일을 벌이지 않았더니 저절로 부자가 되고, 욕심을 내려놓았더니 저절로 소박한 사람이 된다는 반反의 철학을 잘 나타내고 있는 구절입니다.

◦무위자연無爲自然의 정치◦

무위無爲 → 자화自化
호정好靜 → 자정自正
무사無事 → 자부自富
무욕無欲 → 자박自樸

58장
눈부시지 않은 빛

기정민민 기민순순 其政悶悶 其民淳淳	정치가 느슨하면 백성은 순박해진다.
기정찰찰 기민결결 其政察察 其民缺缺	정치가 빡빡하면 백성은 교활해진다.
화혜복지소의 禍兮福之所倚	재앙이여! 행복이 기대고 있구나!
복혜화지소복 福兮禍之所伏	행복이여! 재앙이 엎드려 있구나!
숙지기극 孰知其極	누가 그 끝을 알겠는가?
기무정 其無正	세상에 정답은 없구나.
정복위기 正復爲奇	바른 것은 다시 틀린 것이 되고
선복위요 善復爲妖	좋은 것은 다시 나쁜 것이 된다.
인지미 기일고구 人之迷 其日固久	사람이 헤맨 그 시간이 참으로 오래되었구나!
시이성인 是以聖人	그래서 성인 지도자는
방이불할 方而不割	반듯하나 자르지 않고
염이불귀 廉而不劌	예리하나 찌르지 않고
직이불사 直而不肆	정직하나 뽐내지 않고
광이불요 光而不耀	빛이 나나 눈부시지 않다.

민(悶) 느슨하다 / 결(缺) 이지러지다 / 의(倚) 기대다 / 귀(劌) 상처 입히다 / 사(肆) 방자하다 / 요(耀) 눈부시다

광이불요光而不耀

아름다운 빛은 눈부시지 않다

노자의 '반전反의 역설'이 잘 나타나 있는 장입니다. 정치가 느슨하면 반대로 백성은 순박해지고, 정치가 빡빡하면 반대로 백성은 교활해집니다. 백성을 억압하고, 간섭하고, 부리려고 하면 오히려 백성은 지도자와 대립하며 교활하게 빠져나갈 방법을 찾아냅니다. 반대로 백성을 존중하고, 인정하고, 내버려 두면 백성은 순박한 백성이 되어 지도자를 더욱 따르게 됩니다. 그러니 지금의 나쁜 것은 좋은 것이 되고, 지금의 불행은 행복으로 전환됩니다. 이것이 노자가 말하는 반전의 역설입니다.

내가 반듯하다고 상대방을 함부로 재단하지 말고, 내가 청렴하다고 상대방을 함부로 비난해서는 안 됩니다. 내가 정직하다고 상대방을 비방해서는 안 되고, 내게 빛이 있다고 상대방 눈을 부시게 해서는 안 됩니다. 내가 행한 모든 것은 결국 나에게 그대로 돌아오게 됩니다.

권력자가 권력을 무차별하게 행사하면 그 피해는 결국 자신에게 돌아옵니다. 독재자의 말로는 비참합니다. 선한 행위는 선한 결과로 나에게 돌아옵니다. 지금 나에게 유리하고 좋다고 결과도 그렇게 되는 것이 아닙니다.

잘 나갈 때 겸손해야 합니다. 행복이 다가왔을 때 조심해야 합니다. 칭찬을 받을 때 경계해야 합니다. 높이 올라갔을 때 몸을 낮춰야 합니다. 누가 그 끝을 알 수 있겠습니까? **행복 뒤에 숨어 있는 불행을, 불행 뒤에 기다리고 있는 행복을.** 세상에 영원은 없습니다. 영원한 정답은 없습니다. **지금을 살면서 내일을 볼 수 있는 눈이 있어야 합니다.**

노자는 빛光으로 지도자의 처신을 강조합니다. '빛을 줄여 세상의 눈높이에 맞춰라和光同塵!', '빛으로 상대방의 눈을 부시게 하지 말라光而不耀!', '너의 빛을 사용하여 원래 빛으로 돌아가라用其光復歸其明'! **눈이 부신 빛은 사람의 눈을 멀게 합니다. 세상 사람들은 은은한 빛으로 모여듭니다.** 정말 똑똑한 사람은 눈부신 빛을 발하지 않습니다.

59장
절제하는 자가 천하를 얻는다

치 인 사 천 治人事天	백성을 통치하고 세상을 경영함에
막 약 색 莫若嗇	절제가 중요하다.
부 유 색 夫唯嗇	오직 절제하는 것
시 위 조 복 是謂早服	이것을 조복이라 한다.
조 복 위 지 중 적 덕 早服謂之重積德	조복은 덕을 거듭 쌓는 일이다.
중 적 덕 즉 무 불 극 重積德則無不克	덕을 거듭 쌓으면 이루지 못할 것이 없다.
무 불 극 즉 막 지 기 극 無不克則莫知其極	이루지 못함이 없으면 그 끝을 아무도 알 수 없다.
막 지 기 극 가 이 유 국 莫知其極 可以有國	그 끝을 알 수 없으니 나라를 소유하게 될 것이다.
유 국 지 모 가 이 장 구 有國之母 可以長久	나라를 소유하는 근본을 알면 장구할 수 있다.
시 위 심 근 고 저 是謂深根固柢	이것을 뿌리와 근본을 깊게 다지고,
장 생 구 시 지 도 長生久視之道	오랫동안 천하를 얻어 통치하는 도라고 한다.

색(嗇) 인색하다, 절제하다 / 극(克) 이기다, 능하다 / 극(極) 끝, 결과, 한계 / 저(柢) 뿌리, 근본

조복早服

욕망을 줄이고 절제하라

'천하를 얻는 방법은 아끼는嗇 것이다.' 무엇을 아끼라는 것일까요? 색嗇은 인색吝嗇하다는 뜻입니다. 지도자는 자신의 의도에 인색해야 합니다. 세상을 얻기 위해 전쟁을 벌이고, 백성을 동원하는 의도에 인색해야 합니다. 더 많은 욕망을 채우려는 생각에 인색해야 합니다. 백성에게 고통을 안기는 것에 인색해야 합니다. 간섭과 통제에 인색해야 합니다. 내가 베푼 공을 과시하는 마음에 인색해야 합니다. 내가 원하는 방향으로 사람들을 몰아가려는 행위에 인색해야 합니다. 인색하다는 말은 절제하라는 것입니다. 내 의도와 욕망과 과시와 행위에 인색해야 합니다. 이런 행위를 조복早服이라고 정의했습니다. 일찌감치 내 욕망에 인색하여 도의 원리에 복종한다는 것입니다. 포기하면 마음이 편합니다. 권력을 포기하고, 의도를 포기하고, 욕망을 포기하면 몸과 마음이 한결 가벼워집니다.

그런데 놀라운 일이 벌어집니다. 욕망에 인색한 사람이 세상을 얻는 반전의 결과입니다. **돈을 벌려고 하지 않았는데 돈이 찾아오고, 상대방을 설득하려 하지 않았는데 저절로 설득하는 힘은 바로 나의 욕망에 인색했기 때문입니다.** 버리면 얻습니다. 내려놓으면 채워집니다. 이것이 놀라운 노자의 기적입니다. 세상을 얻으려면 일을 벌이지 말라고 합니다. 일을 벌이면 결국 세상의 민심은 나에게서 멀어집니다. 전쟁해서 땅을 빼앗고, 폭력으로 상대방을 제압하면 당장은 얻는 것 같지만 결국 나에게서 한 발짝 멀어집니다.

나라를 얻고, 천하를 얻는 방법, 나아가 내가 얻은 나라와 천하를 오랫동안 유지하는 방법이 바로 인색함입니다. 돈을 아끼는 인색함이 아니라 욕망의 인색함입니다. 건강하게 오래 살고 싶으면 내 몸에 인색해야 합니다. 내 몸을 위한다고, 좋은 것을 먹는다고 건강해지지 않습니다. 내 몸의 자율적 방향성을 인정하고 복종하고 따를 때 몸은 오히려 더욱 활성화됩니다. 이런 원리를 일찌감치 깨닫고 실행으로 옮기는 것이 조복早服입니다.

60장
상처 내지 않는 정치

치대국 治大國	큰 나라를 통치함에
약팽소선 若烹小鮮	작은 생선 요리하듯 하라!
이도리천하 以道莅天下	이런 원리로 천하를 통치하면
기귀불신 其鬼不神	그 귀신은 더는 신령이 없을 것이다.
비기귀불신 非其鬼不神	그 귀신이 신령이 없을 뿐만 아니라
기신불상인 其神不傷人	그 신령이 사람을 해치지 않을 것이다.
비기신불상인 非其神不傷人	그 신령이 사람을 해치지 않을 뿐만 아니라
성인역불상인 聖人亦不傷人	지도자인 성인도 사람을 해치지 않을 것이다.
부양불상상 夫兩不相傷	두 존재가 서로 사람을 해치지 않는다면
고덕교귀언 故德交歸焉	덕이 모두 그 지도자에게 돌아갈 것이다.

팽(烹) 삶다, 요리하다 / 리(莅) 다가가다

약팽소선若烹小鮮

작은 생선을 요리하는 방법

노자가 살던 시대에 인간을 가장 괴롭히는 존재는 귀신과 권력자였습니다. 인간의 질병, 자연재해, 보이지 않는 재앙은 모두 귀신이 주재한다고 생각했습니다. 귀신과 함께 권력자도 사람을 힘들게 하는 존재였습니다. 백성에게 가혹한 세금을 징수하고, 죽음의 전쟁터에 내보내고, 힘든 부역을 통해 괴롭혔습니다. 사람들은 이 두 존재만 없다면 그래도 살 만하다고 생각했습니다. 귀신과 권력자는 인간을 괴롭히는 존재였지만 따를 수밖에 없는 존재이기도 했습니다. 대항하면 더욱 강하게 인간을 괴롭힌다는 것을 알기 때문입니다. 산천에 제사를 지내고, 조상에게 음식을 올리고, 심지어 사람까지 제물로 바쳐 귀신을 위로했습니다. 통치자에게는 몸과 재산을 바쳐 그들의 권력에 복종했습니다. 비록 겉으로는 존중하고 따르는 것 같지만, 속으로는 없어지기를 바라는 존재였습니다. **천하를 얻으려는 지도자는 백성을 괴롭히면 실패할 것입니다. 백성이 온전하게 살 수 있도록 지켜주고, 보호해주는 것이 지도자의 임무입니다.**

노자는 작은 생선을 요리하듯이 백성을 대하라고 권고합니다. 작은 생선은 늘 핍박과 강요에 고통받는 일반 백성을 비유하는 말입니다. 힘도 없고 저항의 방법도 모르는 민초民草입니다. 이들을 자꾸 건드리고 간섭하면 백성의 삶은 더욱 힘들어집니다. 작은 생선을 요리할 때 자주 건드리면 살이 부서져 가시밖에 남지 않듯이, 민초를 자꾸 괴롭히고 전쟁에 동원하면 그들의 삶은 무너집니다. 백성이 힘든데 어찌 그 나라의 지도자를 믿고 따르겠습니까? 백성의 마음이 떠나고 등을 돌리면 결국 정권은 무너지고 지도자는 자리를 잃습니다.

생선을 요리하듯 백성에게 다가가야 합니다. 그들의 온전한 삶을 응원해야 합니다. 내 고집과 편견으로 그들을 대해서는 안 됩니다. 내 욕망의 수단으로 여겨서도 안 됩니다. 백성은 비록 나약하고 초라하지만 모두 하늘이고 우주입니다. 그 작은 우주를 인정하고 대하면 그들의 마음을 얻을 것입니다.

69장
무위의 병법

용 병 유 언 用兵有言	병법에 이런 말이 있다.
오 불 감 위 주 이 위 객 吾不敢爲主而爲客	먼저 기동하지 말고 맞이하여 싸워라!
불 감 진 촌 이 퇴 척 不敢進寸而退尺	한 치 앞으로 나서려 하지 말고 한 자 뒤로 물러서라!
시 위 是謂	이것은
행 무 행 行無行	흔적 없이 행군하고
양 무 비 攘無臂	으스대지 않고 물리치고
잉 무 적 扔無敵	교만하게 하여 깨뜨리고
집 무 병 執無兵	무기를 들지 않는 듯 싸우라는 것이다.
화 막 대 어 경 적 禍莫大於輕敵	상대방을 가볍게 여기는 것이 가장 큰 재앙이니
경 적 기 상 오 보 輕敵幾喪吾寶	적을 가볍게 여기면 나의 귀중한 보물을 잃게 될 것이다.
고 항 병 상 가 故抗兵相加	그러므로 상대방과 전쟁하여 서로 싸울 때
애 자 승 의 哀者勝矣	병사의 죽음을 애도하는 자가 이길 것이다.

양(攘) 물리치다 / 비(臂) 팔 / 잉(扔) 깨뜨리다

애자승哀者勝

전쟁에서 병사의 목숨을 소중히 여기는 사람이 승리한다

노자와 중국 고대 병법은 많은 점에서 닮았습니다. **싸우지 않고 이기는 것이 병법의 최고 가치라면, 강요하지 않고 목적을 달성하는 방법이 노자의 무위 철학 핵심입니다.** 하수는 자신의 무용을 과시하며 상대방과 싸우지만 결국 자신의 용맹을 자랑하다가 패배하고 맙니다. 발톱을 보이지 않고 먹이를 채가는 사나운 매처럼 고수는 칼을 보이지 않고 상대방을 제압합니다. 전쟁을 반대하는 것은 노자의 확고한 신념입니다. 그러나 아무런 대책 없이 무작정 당하지는 않아야 한다고 합니다. 가능하면 싸우지 않고 이기고, 승리를 축하하기보다는 전쟁에서 목숨을 잃은 사람의 죽음을 애도하는 마음으로 전쟁에 임해야 한다는 것입니다. 주主가 되지 말고 객客이 되어야 한다는 것은 전쟁의 유발자가 아니라 전쟁의 방어자로서 임해야 한다는 것입니다. 무리한 진격進으로 병사의 목숨을 잃게 하지 않고, 철저한 방어退로 상대방을 무너뜨리는 것이 노자의 병법 철학입니다.

무행無行은 행군하지 않는 듯 행군하는 것입니다. 아군의 기동로를 상대방에게 들키지 않고 행군하면 무사히 목표 지점까지 갈 수 있습니다. 무비無臂는 으스대지 않는 것입니다. 비臂는 팔뚝입니다. 상대방에게 내 팔뚝을 올려 위협하는 사람은 하수입니다. 팔뚝을 휘두르지 않고 상대방이 방심한 틈을 타서 한 방에 끝내버리는攘 것이 고수입니다. 무적無敵은 상대방이 나를 싸움의 대상敵으로 여기지 않게 하는 것입니다. 한마디로 나를 무시하게 만들어 상대방의 허점을 공격하여 무너뜨리는扔 것입니다. 무병無兵은 무기兵를 잡지 않는 것입니다. 아무 무기도 없다고 생각하게 만들어 방심을 틈타 상대방을 타격하는 것입니다. 전쟁에서 가장 금기는 교만입니다. 상대방이 약하다고 무시하다가 결국 패배의 쓴맛을 보게 됩니다. 교만은 내 모든 것을 잃는 행위입니다. 병사의 목숨을 소중히 여기고, 승리의 축배를 들기보다는 병사의 죽음을 애도하는 지도자가 결국 승리의 주역이 될 것입니다.

74장
책임자에게 맡겨라

민불외사 民不畏死	백성은 죽음을 두려워하지 않는데
내하이사구지 奈何以死懼之	어떻게 죽음으로 그들을 두렵게 만들 것인가?
약사민상외사 若使民常畏死	만약 백성이 죽음을 두려워하도록
이위기자 而爲奇者	이상한 짓을 하는 자가 있다면
오득집이살지 吾得執而殺之	내가 그를 잡아서 죽이리라!
숙감 孰敢	그러면 누가 감히 그런 짓을 하겠는가?
상유사살자살 常有司殺者殺	항상 사형집행인이 있어 사형을 담당하게 해야 한다.
부대사살자살 夫代司殺者殺	사형집행인을 대신하여 감정적으로 사람을 죽이면
시위대대장착 是謂代大匠斲	이것을 목수를 대신하여 나무를 깎는다고 한다.
부대대장착자 夫代大匠斲者	목수를 대신하여 나무를 깎는 자치고
희유불상기수의 希有不傷其手矣	그 손 다치지 않는 자 없을 것이다.

외(畏) 두려워하다 / 구(懼) 두렵게 하다 / 기(奇) 기이하다 / 숙(孰) 누구 / 사(司) 맡아 관리하다 / 장(匠) 기술자 / 착(斲) 나무를 깎다 /희(希) 드물다

사살자살司殺者殺

사형은 사형집행인에게

노자의 무위無爲 정치는 내가 직접 모든 것을 처리하지 말고 책임자를 시켜서 집행하라는 의미가 있습니다. 법 집행은 법관이 하고, 경제는 경제 관료에게 맡기고, 사형은 사형집행관에게 맡겨야 한다는 것입니다. 내가 모든 일을 주재하려하거나 간섭하고 끼어든다면 결국 실수가 생길 수밖에 없고, 나아가 큰 저항을 만나게 됩니다. 나는 아직 가공되지 않은 통나무처럼 소박하게 내 자리를 지키고, 유능한 사람을 뽑아서 그들의 능력에 맞게 역할을 주어 세상을 이끌어나가는 것이 무위 정치의 요점입니다. 경영학 용어로 권한 부여empowerment, 권한 하부 이양입니다. 한 사람의 통치 능력에는 한계가 있습니다. 전문가를 선발하여 그들에게 일을 맡기는 것이 최고 통치자의 역할입니다. 기업의 회장이 직접 공장에 가서 지도하고, 매장에 가서 영업에 대해 간섭하는 것은 권력의 오용입니다. 큰 그림을 그리고 방향을 정하는 것이 최고 지도자의 역할이고, 그 목표를 달성하기 위한 구체적인 영역은 전문가에게 맡겨야 합니다.

노자가 살던 시대에 군주는 자기 감정에 따라 사람을 죽였습니다. 자기 마음에 들지 않는다고 사람을 처형하고, 반역이 의심된다고 사형을 명령하기도 했습니다. 이런 감정에 의한 처형의 폐단은 결국 민중의 저항을 불러일으켜 자멸을 초래했습니다. 사형은 적법하게 처리해야지 군주가 나서서 직접 사람을 죽인다면 결국 그 보복은 군주에게 돌아올 수밖에 없다는 것입니다. 죽음을 두려워하지 않고 덤비는 민중을 이길 권력자는 없습니다. 사司는 담당자란 뜻이고, 살殺은 사형이란 뜻입니다. '사살司殺'은 사형을 맡아 집행하는 관리입니다. 사형의 결정과 집행은 '사살司殺'에게 맡겨 집행하면 누구도 원한을 가지지 않습니다. 원한을 가진다고 해도 군주가 아닌 집행인에게 가질 것입니다. 지도자가 마음대로 사형을 집행하는 것은 마치 목수를 대신하여 나무를 깎다가 자기 손을 다치는 결과를 마주하는 것과 같습니다. 무위란 아무것도 하지 않음이 아니라, 간섭과 강요 없이 자연스럽게 모든 일이 진행될 수 있게 만드는 것입니다.

75장
지도자가 버려야 할 것

민 지 기 民之饑	백성이 굶주리는 것은
이 기 상 식 세 지 다 以其上食稅之多	통치자가 세금으로 걷는 것이 많기 때문이니
시 이 기 是以饑	그래서 굶주리는 것이다.
민 지 난 치 民之難治	백성을 통치하기 어려운 것은
이 기 상 지 유 위 以其上之有爲	통치자가 일을 벌이기 때문이니
시 이 난 치 是以難治	그래서 통치하기 어려운 것이다.
민 지 경 사 民之輕死	백성의 죽음이 하찮아지는 것은
이 기 상 생 생 지 후 以其上生生之厚	통치자가 자신의 삶을 사치스럽게 하기 때문이니
시 이 경 사 是以輕死	그래서 죽음이 하찮아지는 것이다.
부 유 무 이 생 위 자 夫唯無以生爲者	아! 자신의 삶을 위해 일 벌이지 않는 통치자가
시 현 어 귀 생 是賢於貴生	자신의 삶을 귀하게 여기는 자보다 더 훌륭하다.

후생귀생厚生貴生

생에 대한 집착

후생厚生은 자기 생명에 대하여 후하게 잘해주는 것입니다. 귀생貴生은 자기 생명에 대하여 소중하게 여기는 것입니다. 언뜻 보면 잘못된 것이 없습니다. 인간이 자기 생명을 소중하게 여기고 잘 대접해주는 것이 무엇이 문제이겠습니까? 노자의 말은 권력자의 후생과 귀생이 너무 과하면 결국 그 피해는 백성에게 그대로 간다는 것입니다. **자신의 욕망을 위하여 타인의 삶을 힘들게 해서는 안 된다는 것입니다.**

노자의 무위 정치는 백성의 삶을 중요하게 생각하는 정치입니다. 권력자가 자신의 욕망과 통제와 간섭을 줄였을 때 백성은 더욱 편안하고 안정된 삶을 누릴 수 있습니다. 백성에게 거두어들이는 세금을 줄여야 백성이 빈곤에서 벗어납니다. 전쟁이나 궁궐의 건축을 위하여 백성을 동원하지 않아야 그들이 저항하지 않습니다. 자신의 욕망을 줄이고 통제해야 백성의 삶이 값어치를 얻습니다.

지도자와 권력자의 과도한 세금의 징수食稅, 강제 동원有爲, 탐욕厚生은 백성을 굶주리게 하고, 백성을 저항하게 하고, 백성의 삶을 하찮게 만듭니다. 자신의 생生을 위하여 타인의 생을 침범해서는 안 됩니다. 귀생貴生은 생에 대한 집착입니다. 내 생의 욕망을 위하여 남에게 피해를 주어서는 안 됩니다.

현대 자본주의사회에서 생에 대한 인간의 집착은 여전합니다. 과도한 자본의 축적과 소비는 법적으로 아무런 문제가 없습니다. 오히려 인간의 욕망은 장려되고, 소비는 미덕이 됩니다. 그러나 자본의 저편에서는 소외된 사람이 여전히 존재합니다. 개인의 노력과 열정이 부족하기에 소외된 것이라고만 할 수 없는 구조적인 문제도 있음을 보아야 합니다. **후생과 귀생의 저편에 보이지 않는 불편함을 알아차려야 합니다.**

80장
노자의 유토피아

소국과민 小國寡民	나라는 작고 인구는 적은 세상
사유십백지기이불용 使有什佰之器而不用	편한 기계가 있어도 사용할 필요가 없는 세상
사민중사이불원사 使民重死而不遠徙	백성의 목숨이 소중하여 멀리 끌려다닐 필요가 없는 세상
수유주여 무소승지 雖有舟輿 無所乘之	배와 수레가 있어도 탈 일이 없는 세상
수유갑병 무소진지 雖有甲兵 無所陳之	갑옷과 무기가 있어도 쓸 일이 없는 세상
사인복결승이용지 使人復結繩而用之	사람이 결승문자만으로도 충분히 의사소통이 되는 세상
감기식 미기복 甘其食 美其服	내가 지금 먹는 음식이 맛있고, 내가 지금 입은 옷이 예쁘고
안기거 락기속 安其居 樂其俗	내가 지금 사는 곳이 편안하고, 내가 지금 누리는 문화가 즐거운
인국상망 계견지성상문 隣國相望 鷄犬之聲相聞	이웃 나라가 서로 가까워 닭울음 개 짖는 소리가 서로 들려도
민지노사불상왕래 民至老死不相往來	백성이 죽을 때까지 서로 다닐 필요가 없는 세상을 꿈꿉니다.

사(徙) 옮기다 / 여(輿) 수레 / 진(陳) 늘여놓다

소국과민 小國寡民

내가 살고 싶은 세상

노자가 꿈꾸는 세상이 잘 그려져 있습니다. 저는 이 장을 읽을 때마다 가슴이 떨립니다. 이런 세상이 온다면 인간의 미래는 행복할 것 같습니다. 노자가 꿈꾸는 유토피아를 정리해봅니다.

1. **작은 영토에 적은 인구**(목가적 지방자치)
2. **문명의 이기에 종속되지 않는 삶**(기계 위에 존재하는 인간)
3. **한곳에서 안정된 거주**(생명 존중)
4. **분주하게 돌아다니지 않는 삶**(시간의 자유)
5. **전쟁이 없는 세상**(자위력 확보)
6. **지식이 권력이 되지 않는 세상**(지식의 최소한 기능)
7. **의식주 문화의 자부심**(비교와 경쟁으로부터 자유)
8. **안정되고 편안한 죽음**(존엄성 있는 마무리)

이런 세상이 올까요? 다른 사람과 경쟁하거나 비교되지 않고, 태어난 곳에서 편안하게 살다가 죽을 수 있는 세상, 강력한 자위력을 통해 전쟁이 예방되고 지식이 권력이 되지 않는 세상은 노자의 유토피아입니다. 저는 특히 이 구절을 읽을 때 감동이 몰려옵니다. '내가 먹는 음식이 가장 맛있고, 내가 입고 있는 옷이 가장 예쁘고, 내가 사는 집이 제일 편안하고, 내가 누리는 문화가 가장 즐거운 세상'. 스위스에 배낭여행을 갔을 때 여행객으로서 본 스위스가 이런 나라가 아닌가 생각했던 적이 있습니다. 물론 스위스에서 오래 살면 겉에서 보는 것과 다를 수 있을 것입니다. 다른 어떤 곳이 아닌, 내가 사는 이곳에서 이런 세상을 만드는 것은 오로지 자신의 판단과 결정에 달려 있을 것 같습니다.

63장
작은 것에 집중하라

위 무 위 爲無爲	무위를 실천하고,
사 무 사 事無事	무사로 일하고,
미 무 미 味無味	무미를 맛보라!
대 소 다 소 大小多少	작은 것을 크게 여기고, 적은 것을 많게 여기며
보 원 이 덕 報怨以德	원망을 덕으로 갚아라!
도 난 어 기 이 圖難於其易	어려운 문제는 쉬운 것부터 풀고,
위 대 어 기 세 爲大於其細	큰일을 하려면 작은 것부터 하라.
천 하 난 사 天下難事	세상의 힘든 일은
필 작 어 이 必作於易	반드시 쉬운 것에서 터지고,
천 하 대 사 天下大事	세상의 큰일은
필 작 어 세 必作於細	반드시 작은 데서 이루어진다.

시 이 성 인
是以聖人 — 그래서 성인 지도자는

종 불 위 대
終不爲大 — 죽을 때까지 한 번에 크게 되려 하지 않으니,

고 능 성 기 대
故能成其大 — 그래야 큰일을 완수할 수 있는 것이다.

부 경 락 필 과 신
夫輕諾必寡信 — 고민 없는 가벼운 승낙은 반드시 신뢰를 잃고,

다 이 필 다 난
多易必多難 — 대충하는 쉬운 일 처리는 어려운 일이 많이 생겨난다.

시 이 성 인 유 난 지
是以聖人猶難之 — 그래서 성인은 모든 일을 어렵게 생각하니,

고 종 무 난 의
故終無難矣 — 그러므로 어려운 일이 생기지 않는 것이다.

이(易) 쉽다 / 세(細) 작다/ 경(輕) 경솔하다 / 락(諾) 승낙하다 / 과(寡) 적다, 부족하다 / 유(猶) 오히려

미무미味無味

맛없는 맛을 느껴라!

무無는 '-이 없다'라는 의미입니다. 그런데 무위無爲, 무사無事, 무미無味 앞에 위爲, 사事, 미味라는 동사가 있습니다. 무위無爲를 하라爲! 무사無事로 일事하라! 무미無味를 맛보라味! 노자의 독특한 글쓰기입니다. 하지 않음을 하고, 일 벌이지 않는 일 처리를 하고, 가미되지 않은 순수한 맛을 맛보라! 아주 역설적인 문장입니다.

온종일 아무 일도 하지 않고 몸과 마음의 긴장을 풀고 복잡한 일에 대하여 생각을 끊고 보냈다면 그 행위는 아무 일도 하지 않은 것이 아니라 아무것도 하지 않는 하루의 시간을 보낸 겁니다. 일종의 '아무 일'도 하지 않는 행위를 한 것이죠. 온종일 기업의 리더가 직원에게 이래라저래라 간섭하지 않고 온전히 직원의 생각을 존중하여 그들이 스스로 할 수 있도록 지켜봐 주고 기다려주었다면 '아무 일도 하지 않는 일'을 한 것입니다. 음식을 만들면서 각종 양념과 조미료를 넣지 않고 재료 고유의 맛을 느끼며 요리를 했다면 가공된 맛없는 맛을 만들어 요리한 것입니다.

노자의 이런 역설적인 논리는 《도덕경》 전반에 걸쳐 나오는 논리입니다.

행爲하라! 아무 것도 하지 않는 것처럼!
일事하라! 아무 일도 하지 않는 것처럼!
맛味보라! 아무 맛도 넣지 않은 것처럼!

대소다소大小多少

작은 것이 큰 것이 되고, 적은 것이 많은 것이 된다

초윤장산礎潤張傘이라는 말이 있습니다. 밖에 나가기 전 주춧돌에 습기가 젖어 있으면 비가 내릴 징조이니 미리 우산을 준비하라는 뜻입니다. **어떤 일이 벌어지기 전에 반드시 조짐들이 있기 마련입니다.** 1:29:300의 하인리히 법칙이 있습니다. 큰일이 한 번 벌어지기 전에 중간급 사건이 스물아홉 번 터지고, 그 전에 작은 일 삼백 번이 벌어진다는 것입니다. 반대로 말하면 좋은 큰일이 벌어지기 전에도 작은 조짐이 있다고 해석할 수 있습니다. 갑자기 행운이 찾아오는 것이 아니라, 그 행운이 오기 전에 작은 행운의 조짐이 있었다는 것입니다.

노자는 천하를 얻는 것도 작은 일에서 시작되고, 천하를 잃는 것 역시 작은 문제를 소홀히 여기다가 벌어지는 일이라고 말합니다. 작은小 일을 크게大 여기고, 적은少 것에서, 많은多 것을 상상할 수 있어야 합니다. 내가 지금 하찮게 여기는 일이 나중에 나에게 줄 영향은 상상할 수 없을 정도로 클 수 있습니다. 한 푼 두 푼 모으는 돈이 큰돈이 됩니다. 작은 병을 무시하다가 결국 큰 병으로 도집니다. 작은 문제점을 그냥 넘기고 지나치다가 망할 수 있습니다. 작은 거, 별거 없다고 입버릇처럼 말하는 사람이 큰일을 이룰 수 없습니다. 작은 것이 큰 것으로 반전되고, 적은 것이 많은 것으로 반전되는 것이 노자의 반反의 철학입니다. 쉽다易고 생각하는 것이 어려운難事 일이 되고, 작은 일細을 놓치지 않아야 큰일大事을 이룰 수 있습니다. 문제는 발생하기 전에, 일이 작을 때 해결해야 쉽게 해결할 수 있습니다. 노자의 이런 철학에서 주역周易의 변화원리를 느낄 수 있습니다. 지금 일어난 일은 결국 새로운 방식으로 변화 발전한다는 것입니다.

'호미로 막을 것 가래로 막는다'는 속담이 있습니다. 일이 커지기 전에 미리 서둘러 해결했으면 큰일이 아니었는데 무시하고 방관하다가 결국 큰일로 번져 해결할 수 없는 지경에 이르렀을 때 쓰는 속담입니다. 노자의 무위 정치는 일이 벌어지기 전에 해결하는 것입니다. 아직 일이 터지기 전에 해결하면 큰 소동 없이 문제를 해결할 수 있습니다.

종불위대終不爲大

갑자기 커지는 것은 없다

세상에 한 방은 없습니다. 한 방에 무엇을 이룬다면, 한 방에 그것을 잃을 수 있습니다. 천 리 길을 가려면 한 걸음부터 시작해야 하고, 십 층 높이 집을 지으려면 나무 한 조각부터 기초를 제대로 세워야 합니다. 거대 자본으로 고급 음식점을 만들어 넓은 주차장으로 당장 손님을 끌어모을 수는 있지만, 반드시 계속해서 장사가 잘 되지는 않습니다. 한강에 얼음이 얼기 위해 몇 날 며칠의 추위가 필요하듯이, 봄날 꽃이 피기 위해 저 깊은 땅속에 작은 온기가 있어야 하듯이 세상의 어떤 결과는 반드시 작은 것으로 시작합니다.

천하를 얻으려는 지도자도 한 방에 크게大 이루려고 하지 않아야 결국 대사大事를 이룰 수 있습니다. 그러니 가볍게輕 처신하여 함부로 승낙諾하지 말아야 합니다. 그래야 사람들이 그 지도자를 신뢰信하게 될 것입니다. 대충易 하는 일이 많을수록 어려움難도 그만큼 많아집니다. 작은 일이라도 가벼이 보지 않고 어렵게難 생각하면 결국 어려운 일을 당하지 않을 수 있습니다. 교만과 과시로 조그만 일이라고 생각할 때 실패할 확률이 높고, 상대방이 별 볼 일 없다고 무시했을 때 큰코다치는 경우가 많습니다. **늘 처음처럼 신중하고 조심스럽게 작은 일을 대해야 결국 큰일을 이룰 수 있을 것입니다.**

|2부|

성인

聖人

무위를 실천하는 사람

노자《도덕경》의 핵심 가치는 무위無爲이며, 무위를 실천하는 지도자를 성인이라고 합니다. 성인聖人은 노자《도덕경》에 서른한 번 반복하여 나옵니다. 노자가 꿈꾸던 가장 이상적인 지도자상입니다. 종교 단체에서 말하는 성인은 인간 이상의 존재입니다. 속세를 넘어서 신의 경지에 이른 사람입니다. 그러나 노자의 성인은 인간의 범주를 넘어서지 않습니다. 무위를 실천하고, 덕을 쌓고, 도의 원리를 기준으로 세상을 이끌어나가는 지도자입니다.

무상심無常心

성인聖人은 마음이 없는 무심無心한 사람입니다. 마음이 없다고 해서 마음을 부정하는 것이 아닙니다. 타인의 마음을 자신의 마음으로 삼는 사람입니다. 고집과 편견의 마음을 버리고, 세상의 변화에 마음을 노닐고, 타인의 마음을 소중하게 여기는 사람입니다. 성인은 노자의 이상적인 지도자의 명칭입니다. 무위無爲로 세상을 다스리고, 불언不言의 가르침을 펼치며 자신의 공을 과시하지 않고 겸손하게 처신하는 지도자입니다. 권력자로서 욕망을 조절하고, 지식과 명예를 멀리하며, 소박素樸하고 허정虛靜한 삶을 살아가는 사람입니다.

성인은 섬기는 사람입니다. 밥 퍼 주는 것을 소중히 여기는 엄마의 마음을 가진 사람입니다. 아무리 화려한 집이 있어도 그 집에 머물기보다는 소박한 곳에서 허정虛靜한 삶을 살아가는 사람입니다. 타인의 삶을 소중하게 여기고, 자신의 공을 내세우지 않는 겸손한 사람입니다.

성인의 주변에는 버려진 사람이 없습니다. 각자 능력대로 역할을 할 수 있게 합니다. 우열로 나누지 않고 경쟁으로 사람을 대하지 않습니다. 자기 모습을 사랑하고, 자신의 역할을 소중히 여기는 사람을 만들어냅니다. 성인의 주변에는 버려진 물건도 없습니다. 좋고 나쁜 경계가 없기에 어떤 방식으로든 가치를 만들어냅니다.

성인은 전쟁을 반대합니다. 권력자의 욕망을 채우기 위한 전쟁은 백성의 삶을 앗아가고, 세상을 혼란하게 만듭니다. 어쩔 수 없는 방어의 전쟁은 인정하지만, 그것도 최소한 피해로 빨리 끝내야 합니다. 사람을 죽여서 천하를 얻는다면 그 결과는 자멸입니다. 성인은 소박한 삶을 사랑하고, 자신의 영혼에 더욱 집중하는 삶을 살아갑니다.

성인이 이 시대에도 가능한 가치일까요? 자본의 욕망과 경쟁으로 지친 시대에 소박하고 소소한 삶을 살아가는 성인의 모습을 함께 찾아보겠습니다.

49장
마음이 없는 사람

성 인 무 상 심 聖人無常心	성인은 고정된 자기 마음이 없다.
이 백 성 심 위 심 以百姓心爲心	백성의 마음을 자기 마음으로 생각한다.
선 자 오 선 지 善者吾善之	잘난 자는 잘났다고 해주고
불 선 자 오 역 선 지 不善者吾亦善之	못난 자도 잘났다고 해준다.
덕 선 德善	그래서 잘난 자를 얻는다.
신 자 오 신 지 信者吾信之	믿는 자는 믿어주고
불 신 자 오 역 신 지 不信者吾亦信之	믿지 않는 자도 믿어준다.
덕 신 德信	그래서 믿는 자를 얻는다.
성 인 재 천 하 聖人在天下	성인은 세상에서
흡 흡 언 歙歙焉	자기 생각을 거두어들이고
위 천 하 혼 기 심 爲天下渾其心	세상과 자기 마음을 섞는다.
이 백 성 개 주 기 이 목 而百姓皆注其耳目	백성은 성인의 눈과 귀를 주목하나니
성 인 개 해 지 聖人皆孩之	성인은 그들을 어린아이처럼 대해준다.

덕(德) 얻다(得) / 흡(歙) 거두어들이다 / 해(孩) 어린아이

성인무상심聖人無常心

마음 없이 세상 바라보기

성인은 자기 마음이 없는 사람입니다. 대신 세상 사람의 마음을 소중하게 여기는 사람입니다. 상심常心은 고정되거나 변하지 않는 고집이 센 마음입니다. 지도자가 상심常心으로 자신의 기준을 강조하고, 모든 일을 그 기준에 맞추려 하면 엄청난 참사가 일어날 수 있습니다. 권력의 폭력, 이념의 억압, 윤리와 도덕의 편협성은 모두 권력자의 고정된 마음에서 나오는 것입니다. 현실은 늘 변합니다. 현실의 변화를 인정하고 그 변화에 가장 적합한 답을 찾아내야 합니다. 노자가 강조하는 부드러움柔은 말랑말랑한 지도자의 마음이기도 합니다. 강하고 딱딱한 지도자가 아닌 부드럽고 온화한 지도자가 성인에 가깝습니다.

세상에는 잘난善 사람도 있고, 못난不善 사람도 있습니다. 나를 믿고信 따르는 사람도 있고, 나를 믿지 못하는不信 사람도 있습니다. 성인은 마음이 없기에 모든 사람을 포용합니다. 모든 것을 담는 큰 그릇大器과 같습니다. 그래서 성인의 주변에는 버려진 사람도 없고, 버려진 존재도 없습니다. 소외된 사람도 없고, 소외된 존재도 없습니다. 이긴 사람도 없고, 진 사람도 없습니다. 그의 앞에서는 모두가 마치 어머니의 품에 안긴 아이 같습니다. 어머니는 자식을 차별하지 않습니다. 잘난 아이도, 못난 아이도, 나를 따르는 아이도, 나를 따르지 않는 아이도 모두 소중한 자식입니다. 그들을 이해하고, 보듬고, 안아주고, 밥을 퍼 줍니다. 성인은 차별 없이 아이를 품어주는 밥 퍼 주는 어머니食母입니다. 아이의 눈과 귀는 어머니를 향해 있습니다. 어머니는 따뜻한 마음으로 아이들을 대합니다. 울어도 예쁘고, 짜증을 내도 내 자식입니다. 지도자는 이런 어머니와 닮았습니다. 백성을 차별 없이 안아주는 성인 지도자를 노자는 자주 어머니로 비유합니다.

무심無心은 마음이 없는 것이 아니라 차별의 마음이 없는 것입니다. 세상을 둘로 나누어 보는 편견의 마음이 없다는 것입니다. 대상을 있는 그대로 바라보면 이해하지 못할 것이 없습니다.

5장
성인이 사랑하는 방식

천 지 불 인 天地不仁	하늘과 땅은 사랑의 감정이 없다.
이 만 물 위 추 구 以萬物爲芻狗	만물을 풀과 개처럼 무심하게 대한다.
성 인 불 인 聖人不仁	성인도 사랑의 감정이 없다.
이 백 성 위 추 구 以百姓爲芻狗	백성을 풀과 개처럼 무심하게 대한다.
천 지 지 간 天地之間	하늘과 땅 사이는
기 유 탁 약 호 其猶橐籥乎	아마도 풀무와 피리와 같은 것.
허 이 불 굴 虛而不屈	비어 있지만 소멸하지 않고
동 이 유 출 動而愈出	움직일수록 더욱 바람이 세게 나온다.
다 언 삭 궁 多言數窮	말을 많이 하면 사람이 자주 궁지에 몰린다.
불 여 수 중 不如守中	내 자리 중심을 지키고 있어야 한다.

추(芻) 풀 / 탁(橐) 풀무 / 약(籥) 피리 / 유(愈) 더욱 / 삭(數) 자주

성인불인聖人不仁

성인은 사랑하지 않는다

인仁은 유교에서 지도자가 반드시 실천해야 할 덕목입니다. 타인의 불행을 공감하고 측은하게 여기는 인간의 본성이 인仁입니다. 그런데 노자는 천지天地와 성인聖人은 사랑仁하지 않는다고 합니다. 무슨 이유일까요? **사랑은 때로는 선택적으로 적용될 수 있기 때문입니다.** 예를 들어 사자가 토끼를 사냥하여 잡아먹습니다. 불쌍한 토끼가 가엽고 측은합니다. 하늘은 사자에게 잡아먹히는 토끼를 사랑하여 구해주어야 할까요? 그런데 사자는 토끼를 잡지 못하면 자신과 새끼가 굶을 수 있습니다. 하늘이 이런 자연의 생태계에 끼어드는 순간 자연은 뒤죽박죽 엉켜버리고 말 것입니다. 그래서 하늘은 자연의 일에 끼어들지 않습니다. 사랑의 감정으로 만물을 대하지 않고不仁 있는 그대로 지켜볼 뿐입니다.

인간의 지도자도 이런 하늘의 섭리를 닮아야 합니다. **사랑이란 이름으로 백성의 삶에 끼어들었을 때 강요와 폭력이 만들어지기도 하기 때문입니다.** 추芻는 풀이고, 구狗는 개입니다. 추구는 자연에 흔하게 존재하는 것들입니다. 사람에 의해 베어지기도 하고, 잡아먹히기도 합니다. 그것이 자연입니다. 여기에 사랑이 끼어들면 일이 복잡해집니다. 천지天地가 자연의 운행에 끼어들지 않듯이, 성인도 사람의 삶에 함부로 끼어들어서는 안 됩니다. 윤리, 도덕이라는 틀을 만들어 사랑이란 이름으로 구속하고 속박하면 그건 사랑이 아니라 폭력입니다.

탁橐은 대장간에서 온도를 올릴 때 쓰는 풀무입니다. 약籥은 피리입니다. 공통점은 속이 비어 있다는 것입니다. 천지가 마음을 비우고 세상의 만물을 대하는 것이 마치 풀무와 피리 같습니다. 텅 비어 있지만, 그 안에는 엄청난 에너지를 품고 있습니다. 움직일수록 더욱 바람이 세져 용광로 온도를 올리고, 아름다운 소리를 만들어냅니다. **지도자는 말言을 줄여야 합니다. 말이 많아지면 백성의 삶은 더욱 궁핍해집니다.** 성인은 자신의 자리를 지키고守中 최대한 간섭을 줄여야 합니다.

15장
깨달은 자

고 지 선 위 사 자 古之善爲士者	옛날 도를 잘 닦은 사람은
미 묘 현 통 微妙玄通	미묘하고 도통하여
심 불 가 식 深不可識	깊이를 알 수 없다.
부 유 불 가 식 夫唯不可識	도무지 알 수 없기에
고 강 위 지 용 故强爲之容	억지로 다음과 같이 설명해본다.
예 혜 약 동 섭 천 豫兮若冬涉川	코끼리가 겨울 살얼음 내 건너듯이 늘 조심스럽고
유 혜 약 외 사 린 猶兮若畏四隣	원숭이가 사방을 두리번거리듯 늘 경계하고
엄 혜 기 약 객 儼兮其若客	점잖기는 마치 손님처럼 의젓하고
환 혜 약 빙 지 장 석 渙兮若氷之將釋	따뜻하기는 마치 얼음이 녹아내리듯 부드럽고
돈 혜 기 약 박 敦兮其若樸	돈독하기는 마치 통나무처럼 순박하고
광 혜 기 약 곡 曠兮其若谷	포용력은 마치 골짜기처럼 넓고
혼 혜 기 약 탁 混兮其若濁	다양하기는 마치 섞여 있는 물처럼 모두 받아들인다.

숙 능 탁 이 정 지 서 청 孰能濁以靜之徐淸	누가 흙탕물을 가라앉혀 서서히 맑게 할 수 있을까?
숙 능 안 이 구 동 지 서 생 孰能安以久動之徐生	누가 가라앉은 것을 움직여 서서히 생기를 돌게 할까?
보 차 도 자 保此道者	이 도를 잘 보존하고 있는 사람은
불 욕 영 不欲盈	가득 채우기를 원치 않는다.
부 유 불 영 夫唯不盈	오직 채우기를 원치 않기에
능 폐 불 신 성 能蔽不新成	자신을 내려놓고 새것을 얻으려 하지 않는다.

미(微) 작다 / 현(玄) 검다, 도(道) / 예(豫) 머뭇거리다, 코끼리 / 섭(涉) 건너다 / 유(猶) 원숭이 / 엄(儼) 의젓하다 / 환(渙) 흩어지다, 풀리다 / 석(釋) 풀다, 녹다 / 돈(敦) 도탑다 / 박(樸) 순박하다 / 광(曠) 비다 / 숙(孰) 누구 / 서(徐) 천천히

미묘현통微妙玄通

깨달은 자의 모습

도를 통한 성인士은 일반인의 눈으로 보면 제대로 알 수 없습니다. 일반인의 상식과는 전혀 다른 삶을 살아가기 때문입니다. 다음은 자신의 고집을 내려놓고, 겸손과 섬김으로 세상을 대하는 지도자의 일곱 가지 모습입니다.

신중함: 코끼리豫가 겨울에 살얼음판 건너듯이

조심함: 원숭이猶가 사방을 돌아보며 경계하듯이

공손함: 초대받은 손님처럼

따뜻함: 봄날에 얼음 녹아내리듯이

순박함: 자르지 않은 통나무처럼

포용력: 모든 것을 품어주는 계곡처럼

다양함: 서로 다름이 섞여 있는 흐린 물처럼

상선약수上善若水에서 말하는 지도자의 일곱 가지 모습, 겸손地, 포용淵, 나눔天, 신뢰信, 바름正, 능력能, 처신時과 많이 닮았습니다. 이런 지도자의 모습을 미묘현통微妙玄通이라고 노자는 말합니다. 일반인의 눈으로 도저히 알 수 없는 미묘微妙하고 도통玄通한 모습이기 때문입니다. 이런 능력의 지도자는 채우려盈 하지 않습니다. 욕심을 채우려 하지 않고, 고집을 부리지 않습니다. 그래서 혼탁한 세상을 맑게 만들고, 정지된 사물을 움직이게 만듭니다. 자신을 헌신蔽하고 새로운新 욕망成을 추구하지 않습니다.

《도덕경》은 확실히 권력자에게 권고하는 정치학 책입니다. 노자를 우주와 자연의 궁극 원리를 규명하려고 노력했던 학자로 규정하기에는 문제점이 너무 많습니다. 역사적으로 노자는 도교道教의 시조나 신선神仙 사상의 창시자로 해석되기도 했습니다. 물론 그것 역시 노자의 한 단면입니다. 그러나 노자의 원류는 정치적 성격을 지니고 있음을 다시 한번 환기하고자 합니다.

20장
밥 주는 어머니

절 학 무 우
絶學無憂　배움을 버려야 분별의 걱정이 없어진다.

유 지 여 아
唯之與阿　'예'와 '응'이라는 대답에

상 거 기 하
相去幾何　서로 무슨 차이가 있겠는가?

선 지 여 악
善之與惡　'좋은 것'과 '나쁜 것'에

상 거 약 하
相去若何　서로 무슨 구별이 있겠는가?

인 지 소 외
人之所畏　사람들이 두려워하는 것을

불 가 불 외
不可不畏　지도자는 두려워해야 한다.

황 혜 기 미 앙 재
荒兮其未央哉　저 끝도 없는 황량한 대지여!

중 인 희 희
衆人熙熙　사람들은 희희낙락거리며

여 향 태 뢰
如享太牢　살진 짐승을 잡아 잔치를 벌이고

여 춘 등 대
如春登臺　봄날 높은 누각에 올라가며 노는데

아 독 박 혜 기 미 조
我獨泊兮其未兆　나만 홀로 조용히 아무런 움직임도 없구나.

여 영 아 지 미 해
如孾兒之未孩　마치 어린아이가 옹알이도 못 하는 것처럼

루 루 혜 약 무 소 귀
儽儽兮若無所歸　고달프구나! 돌아갈 곳이 없구나!

중 인 개 유 여
衆人皆有餘　사람들은 모두 여유가 있어 보이는데

이 아 독 약 유
而我獨若遺 나만 홀로 버려진 듯하구나.

아 우 인 지 심 야 재
我愚人之心也哉 나는 어리석은 사람의 마음을 가졌나 보다.

돈 돈 혜
沌沌兮 어지럽구나!

속 인 소 소
俗人昭昭 일반 사람은 밝은데

아 독 혼 혼
我獨昏昏 나만 홀로 어둡구나.

속 인 찰 찰
俗人察察 일반 사람은 따지는데

아 독 민 민
我獨悶悶 나만 홀로 어리숙하구나.

담 혜 기 약 해
澹兮其若海 조용히 넘실대는 바다와 같이

료 혜 약 무 지
飂兮若無止 분주히 부는 바람과 같이

중 인 개 유 이
衆人皆有以 사람은 모두 이유가 있어 움직이는데

이 아 독 완 사 비
而我獨頑似鄙 나만 홀로 미련하고 어리석구나.

아 독 이 어 인
我獨異於人 나만 홀로 사람과 다르구나.

이 귀 식 모
而貴食母 그러나 나는 밥 주는 어머니를 소중히 여기니까

유(唯) 공손히 대답하는 소리 / 아(阿) 불손히 대답하는 소리 / 황(荒) 거칠다 / 뢰(牢) 제사에 올리는 가축 / 박(泊) 조용하다 / 조(兆) 조짐, 작은 움직임 / 해(孩) 어린아이의 옹알이 / 루(儽) 고달프다 / 돈(沌) 어지럽다 / 소(昭) 밝다 / 민(悶) 어둡다 / 담(澹) 조용하다 / 료(飂) 높이 부는 바람 / 완(頑) 미련하다 / 비(鄙) 어리석다

식모食母

세상에서 가장 아름다운 어머니

《도덕경》 중에 가장 문학적이고, 시적이고, 감동적인 글입니다. 제가 《도덕경》 중에서 가장 좋아하는 장이기도 합니다. 이 글을 읽으면서 눈물을 흘린 적이 한두 번이 아닙니다. 돌아가신 어머니 생각에 울컥하기도 하고, 쓸쓸하고 외로울 땐 내 처지를 말하는 것 같아 눈물이 고일 때도 있었습니다. 자발적 고독과 외로움을 견뎌내고 있다면 이 장을 읽으면서 눈시울이 뜨거워지지 않는 사람이 없을 것입니다.

고독은 지도자가 견뎌내야 할 숙명 같은 것입니다. 타인의 칭찬과 비난에 연연하지 않고, 오로지 사람의 배를 채워주기 위한 일에 자신의 삶을 거는 지도자의 모습은 숭고하기까지 합니다. 얼마든지 권력을 누릴 수 있고, 자신의 이익과 욕망을 위해 살 수 있음에도, 그것을 포기하고 밥 주는 어머니食母의 역할을 자임하는 지도자. 사람은 이익과 목적을 위해 인생을 살지만, 그 길을 포기하고 오로지 자식을 위해 바보처럼 살아가는 어머니의 모습은 성인과 닮았습니다. 때론 자기가 바보 같다는 생각이 들기도 하고, 외로움에 가슴이 먹먹하기도 합니다. 그래도 힘을 얻는 것은 자신이 선택하고 가는 길이 세상을 위한 길이라는 신념 덕분입니다.

배움은 지혜의 성장과 고정관념의 형성이라는 두 날이 있습니다. 잘못된 배움은 분노를 유발합니다. 자신의 배움과 맞지 않으면 화를 내고 못 견뎌 합니다. 선과 악의 경계를 만들어 폭력을 사용하게도 하고, 옳고 그름의 골을 파서 자신의 감정을 감당할 수 없게도 합니다. 조금만 멀리서 보면 선악과 시비의 경계는 애초부터 없습니다. 그런데 사람은 잘못된 배움으로 경계의 골을 파서 세상을 둘로 나누어 대립합니다. 나의 눈으로 세상을 보지 말고, 다른 사람의 눈으로 세상을 보아야 비로소 세상이 가슴에 들어오고, 모든 것이 이해됩니다. 절학絶學은 배우지 말라는 것이 아니라 배움에 머물지 말라는 것입니다. 배움이 편견이 되고 폭력이 되면 그보다 무서운 무기가 없습니다.

26장
고요함, 중후함

중위경근 重爲輕根	중후함은 가벼움의 뿌리
정위조군 靜爲躁君	고요함은 조급함의 주인
시이성인종일행 是以聖人終日行	그래서 성인은 종일 먼 길을 가더라도
불리치중 不離輜重	왕의 수레에서 나오지 않는다.
수유영관 雖有榮觀	비록 아름다운 궁전이 있더라도
연처초연 燕處超然	평상시에 초연히 소박하게 산다.
내하만승지주 柰何萬乘之主	어찌 만승의 나라 군주가 되어
이이신경천하 而以身輕天下	자신의 몸 때문에 천하를 가벼이 여기겠는가?
경즉실본 輕則失本	가벼운 처신은 근본의 자리를 잃을 것이오,
조즉실군 躁則失君	조급한 행동은 임금의 지위를 잃을 것이다.

조(躁) 조급하다 / 치중(輜重) 왕이 타는 수송용 수레 / 영관(榮觀) 화려한 궁전

정중靜重

고요함과 중후함

노자가 꿈꾸는 지도자는 백성에게 부담을 주지 않는 사람입니다. 조급躁하고 가볍게輕 백성을 재촉하는 지도자가 아니라, 고요하고靜 중후重하게 백성을 대하는 지도자입니다. 백성 앞에 직접 나서서 명령하고 지시하며 자신의 감정을 그대로 드러내는 지도자가 아니라, 조용히 자신의 자리를 지키고 세상이 저절로 돌아갈 수 있도록 역할을 하는 사람입니다. 무위無爲를 실천하며, 불언不言의 지도력을 발휘하는 지도자의 모습을 이 장에서 볼 수 있습니다.

치중輜重은 《손자병법》에 자주 등장하는 군수품 운송 수레입니다. 엄청난 크기의 화물용 수레이면서 개조하면 군주가 타는 대형 수레가 되기도 합니다. 군주는 이 수레에서 떠나지離 말아야 합니다. 자주 나와서 군대를 직접 지휘하려고 하거나, 자기 생각을 자주 드러내면 조직의 자율성은 떨어집니다. 기업의 회장이 현장에 자꾸 간섭하면 조직은 오로지 회장의 한마디에 의존하는 나약한 조직이 됩니다.

영관榮觀은 화려한榮 집觀입니다. 화려한 구중궁궐이 있어도 군주는 자신의 욕망을 제어하고 소박한 삶을 선택해야 합니다. 일본 봉건시대 쇼군들이 소박한 다실茶室을 후원에 만들어 막사발에 차를 우려먹던 문화도 화려한 일상을 넘어서는 초연超然한 문화입니다.

만승萬乘의 주군은 천자입니다. 만 대의 전차를 동원할 수 있는 규모의 천하를 소유한 황제가 무엇이 아쉽겠습니까? 세상이 모두 내 것이고, 하고 싶은 것은 무엇이든 할 수 있기에 비로소 욕망을 내려놓을 수 있는 것입니다. **'할 수 없어 못 하는 것'과 '할 수 있는데 하지 않는 것'은 다릅니다.** 이미 다 가진 사람은 오히려 욕망의 그물에서 쉽게 벗어날 수 있습니다. 고요함靜, 중후함重은 수준 높은 지도자의 자기 성찰과 실천을 통해 나옵니다. **조급함躁, 가벼움輕은 수준 낮은 지도자의 삶의 방식입니다.** 조급함과 가벼움은 결국 몰락의 결과를 만나게 됩니다.

27장
버려진 사람이 없는 세상

선행무철적 善行無徹迹	행군을 잘하는 군대는 흔적을 남기지 않고
선언무하적 善言無瑕謫	협상을 잘하는 외교관은 말에 실수가 없고
선수불용주책 善數不用籌策	전략을 잘 짜는 장군은 주책을 사용하지 않고
선폐무관건이불가개 善閉無關楗而不可開	성문을 잘 잠그는 문지기는 빗장 없이도 못 열게 하고
선결무승약이불가해 善結無繩約而不可解	결박을 잘 묶는 사람은 끈으로 묶지 않아도 못 풀게 한다.
시이성인상선구인 是以聖人常善救人	그래서 성인은 항상 사람을 잘 구제하여
고무기인 故無棄人	버려진 사람이 없게 한다.
상선구물 常善救物	항상 물건을 잘 사용하여
고무기물 故無棄物	버려진 물건이 없게 한다.
시위습명 是謂襲明	이것을 몸에 밴 현명함, 습명이라고 한다.

고 선 인 자 故善人者	그러므로 능력 있는 사람은
불 선 인 지 사 不善人之師	능력 없는 사람의 스승이 되고
불 선 인 자 不善人者	능력 없는 사람은
선 인 지 자 善人之資	능력 있는 사람의 자산이 된다.
불 귀 기 사 不貴其師	그 스승을 귀하게 여기지 않고
불 애 기 자 不愛其資	그 자산을 아끼지 않는다면
수 지 대 미 雖智大迷	비록 지혜로운 사람이라도 크게 어리석을 것이니
시 위 요 묘 是謂要妙	이것을 오묘한 진리, 요묘라고 한다.

철(徹) 관통하다 / 적(迹) 흔적 / 하(瑕) 티 / 적(謫) 꾸짖다 / 건(楗) 문빗장 / 습(襲) 엄습하다

요묘要妙

잘난 자와 못난 자의 화해

이 장은 병법兵法에 대한 이해가 있어야 합니다. 행行은 군대의 행군입니다. 군대가 행군할 때 지나온 흔적轍迹을 남기지 않고, 적과의 협상言에서 꼬투리瑕謫를 잡히지 않고, 승리 전략數을 세울 때 계산용 산가지籌策를 사용하지 않고, 성문을 잠그고 방어할 때 빗장關楗을 사용하지 않고, 적의 포로나 군수품을 묶을 때 끈繩을 사용하지 않고 잘 묶는 행위는 전쟁의 수행에서 수준 높은 병법 전문가의 모습입니다.

성인은 수준 높은 지도자이어서 주변에 버려진 사람棄人과 버려진 물자棄物 없이 조직을 운영해나갑니다. 병력을 그 능력에 따라 적재적소에 배치하여 자신의 역할을 잘 수행하게 하니 버려진 느낌을 받는 병사가 없고, 물자를 적재적소에 운영하니 버려진 물자가 없습니다. 어느 조직이든 소외되는 사람과 누수되는 물자가 없다는 것은 잘 운영되고 있다는 의미입니다. **세상에 어떤 존재도 각자 역할이 있고, 의미가 있습니다.** 성인은 그런 역할과 의미를 알고 인력과 물자를 운영하는 지도자입니다. 이런 사람을 몸에 밴襲 능력明을 가진 사람이라고 합니다.

어느 사회나 조직이든 잘난 사람善人도 있고, 조금 못난 사람不善人이 있기 마련입니다. **좋은 사회는 승자와 패자, 잘난 자와 못난 자로 구별되는 사회가 아닙니다.** 각자의 능력대로 사회의 구성원으로 역할을 하면 됩니다. 그래서 성인은 능력賢을 숭상하지 않고, 똑똑함을 총애하지 않습니다. 서로 다름으로 이해하고 차이로 바라보지 않습니다. 지식과 능력으로 갈라지는 사회는 암울합니다. 경쟁의 끝은 끝없는 상처만 양산해내기 때문입니다. 이러한 이치를 세상을 바라보는 중요하고要 보이지 않는妙 요묘要妙한 이치라고 합니다.

성인은 화해의 능력이 있는 사람입니다. 도道의 원리를 체득하고 있기에, 선악善惡의 화해, 선불선善不善의 화해, 미추美醜의 화해, 시비是非의 화해가 이루어집니다. 갈등과 대립이 종식되고 자기만의 온전한 색깔을 서로 존중받으며 살아가는 세상을 노자에게서 찾아봅니다.

31장
이겨도 기뻐하지 마라

부 가 병 불 상 지 기
夫佳兵不祥之器　어떤 강한 군대도 불행의 수단

물 혹 오 지
物或惡之　모두가 증오하니

고 유 도 자 불 처
故有道者不處　도를 실천하는 자가 운용해서는 안 될 일

군 자 거 즉 귀 좌
君子居則貴左　군자는 평소에 왼쪽을 높이는데

용 병 즉 귀 우
用兵則貴右　군대를 움직일 때는 오른쪽을 높인다.

병 자 불 상 지 기
兵者不祥之器　무기는 불행의 수단

비 군 자 지 기
非君子之器　군자가 사용해선 안 될 도구

부 득 이 이 용 지
不得已而用之　어쩔 수 없이 사용한다면

염 담 위 상
恬淡爲上　조용하고 담박하게 운용하라.

승 이 불 미
勝而不美　이겨도 찬미하지 마라!

이 미 지 자
而美之者　승리를 찬미하는 자는

시 락 살 인
是樂殺人　사람을 죽이길 좋아하는 자

부 락 살 인 자
夫樂殺人者　사람을 죽이길 좋아하는 자는

즉 불 가 이 득 지 어 천 하 의
則不可以得志於天下矣　천하를 얻으려는 뜻을 이루지 못할 것

길 사 상 좌 吉事尚左	좋은 일은 왼쪽을 숭상하고,
흉 사 상 우 凶事尚右	나쁜 일은 오른쪽을 숭상한다.
편 장 군 거 좌 偏將軍居左	전쟁에서 부사령관은 왼쪽에 앉고,
상 장 군 거 우 上將軍居右	총사령관은 오른쪽에 앉는다.
언 이 상 례 처 지 言以喪禮處之	이것은 전쟁을 죽음의 예로 처리하라는 말
살 인 지 중 殺人之衆	많은 사람을 죽였다면
이 애 비 읍 지 以哀悲泣之	비통함으로 울며 애도하라!
전 승 戰勝	전쟁에 이겼어도
이 상 례 처 지 以喪禮處之	죽음의 예로 맞이하라!

병(兵) 군대, 전쟁, 무기 / 염(恬) 조용하다 / 담(淡) 담박하다 / 상(尙) 높이다 / 편(偏) 부, 반

승이불미勝而不美

승리의 축배를 들지 말라!

노자는 반전론자입니다. 전쟁은 백성과 귀족에게 모두 피해를 줍니다. 백성은 전쟁에 나가 귀족의 탐욕을 위해 싸우다가 결국 생명을 잃습니다. 귀족도 전쟁의 패배나 백성의 저항에 권력을 잃습니다.《손자병법》에도 전쟁은 사람이 죽고 사는生死 곳이고, 국가의 존망存亡이 결정되는 일이니 함부로 벌여서는 안 된다고 경고하고 있습니다. 갈등이 일어나서 해결할 수밖에 없다면 싸우지 않고 이기는 승리不戰而屈人之兵가 가장 위대한 승리라고 강조합니다. 천하는 전쟁을 통하여 힘으로 얻는 것이 아니라 백성의 마음을 얻고, 귀족의 존경을 얻어야 얻을 수 있다는 노자의 주장 속에서 당시 전쟁이 얼마나 일상적으로 벌어지고, 참혹한 결과를 낳았는지 가늠해볼 수 있습니다.

상례喪禮는 죽음의 예입니다. 망자를 저세상으로 보내는 슬픔을 기반으로 합니다. 전쟁은 사람이 죽는 곳입니다. 그래서 상례로 전쟁을 맞이해야 한다는 것입니다. 길례吉禮는 왼쪽을 숭상합니다. 임금이 남쪽을 향해 앉은 자리에서 보면 동東쪽입니다. 상례喪禮는 오른쪽을 숭상합니다. 죽음의 방향, 서西쪽입니다. 군대의 총사령관은 임금의 오른쪽, 서쪽에 앉습니다. 2인자의 자리입니다. 부사령관이 왼쪽에 앉습니다. 자신의 욕망을 위해 사람을 많이 죽이는 결과를 만들고, 민심이 떠나고 자신의 몰락을 가져옵니다. 전쟁에서 이겼더라도 승리를 축하하거나 찬미해서도 안 됩니다. **사람의 죽음을 놓고 축하하는 것은 사람을 죽여놓고 축제를 벌이는 것과 같습니다.** 어쩔 수 없이 자위적 전쟁을 벌여야 할 때는 담담하게 전쟁을 맞이해야 합니다.《손자병법》과 노자《도덕경》은 이런 면에서 같은 생각입니다. 전쟁의 피해를 누구보다도 잘 알기에 싸우지 않고 이기는 것伐謀이 최상이고, 상대방과 싸워서 이기는 것伐兵은 하수입니다. 전쟁의 참혹함을 겪어보지 못한 사람이 전쟁을 부추깁니다. **전쟁은 상식이 무너지고, 사람의 목숨이 경시되는 인류 문명의 찌꺼기입니다.** 전쟁을 원하는 귀족의 억제는 노자의 무위無爲 사상의 중요한 기반입니다.

29장
버려야 할 세 가지

장욕취천하이위지 將欲取天下而爲之	천하를 얻고자 억지로 일을 벌인다면
오견기부득이 吾見其不得已	난 그것이 불가능하다는 것을 안다.
천하신기 天下神器	천하라는 신비로운 그릇은
불가위야 不可爲也	억지로 일을 벌여 얻을 수 있는 것이 아니다.
위자패지 爲者敗之	일 벌이는 자 실패할 것이오
집자실지 執者失之	억지로 잡으려는 자 잃게 될 것이다.
고물 故物	그래서 만물은
혹행혹수 或行或隨	남보다 앞서려고 하면 뒤에 서게 되고
혹허혹취 或噓或吹	상대에게 숨을 내뱉으면 나에게 더 센 바람이 되어 돌아오고
혹강혹리 或强或羸	강해지려고 하면 약하게 되고
혹좌혹휴 或挫或隳	상대를 꺾으려 하면 내가 무너지게 된다.
시이성인 是以聖人	그래서 성인 지도자는
거심거사거태 去甚去奢去泰	지나침, 사치, 태만을 멀리한다.

허(噓) 불다 / 취(吹) 불다 / 리(羸) 약하다 / 좌(挫) 꺾다 / 휴(隳) 무너지다

거심거사거태去甚去奢去泰

지나침, 사치, 태만을 버려야 천하를 얻는다

천하天下는 《도덕경》에서 62번이나 나오는 중요한 개념입니다. 분열과 전쟁의 춘추전국시대, 천하를 통일하고 지배하는 것은 모든 지도자의 꿈이자 목표였습니다. 귀족은 전쟁을 일으켜 더 넓은 땅을 차지하려 하고, 백성에게 부역과 세금을 부과하여 욕망을 채우고 사치를 일삼았습니다. 천하를 얻기 위해 경쟁은 일상이 되었고, 전쟁은 당연한 일이 되었던 시대에 노자는 천하를 얻는 새로운 방식을 제안하고 있습니다. **그 방법은 억지로 하지 말라는 것입니다.** 백성을 동원하여 전쟁을 일으켜 천하를 얻으려 하면 절대로 목표를 이룰 수 없을 뿐만 아니라 패망의 길을 걷게 될 것이라고 경고합니다. 위爲는 억지로 작위作爲하는 것이고, 집執은 억지로 가지려는 것입니다. 전쟁이나 폭력으로 천하를 얻으려 하면 실패失敗할 것입니다.

노자는 도의 반전反 원리를 적용하여 억지로 천하를 얻으려는 사람에게 경고하고 있습니다. 앞서려 하면行 거꾸로 뒤처지게隨 되고, 상대방에게 내 입김을 내뱉으면噓 거꾸로 더 센 바람吹이 되어 내게 돌아오고, 강强자로 군림하려고 하면 거꾸로 약하게羸 되고, 상대방을 꺾으려挫 하면 거꾸로 상대방에게 내가 무너지는隳 반전이 이루어진다는 것입니다. 이런 반전의 원리는 도道의 원리로서 노자가 자주 사용하는 글쓰기 패턴입니다. 뒤後에 서려 하면 거꾸로 앞先에 서게 되고, 중심에서 벗어나려外 하면 거꾸로 중심存에 서게 되고, 개인의 욕심私을 버리면 오히려 나에게 성공이 다가오는 반전입니다.

천하를 얻으려면 세 가지를 버려야去 합니다. 심甚은 정도가 지나친 것입니다. **심한 욕망, 심한 집착, 심한 행동은 천하를 얻는 데 장애가 됩니다.** 사奢는 사치하는 것입니다. 기이한 물건, 여색과 화려한 장식으로 가득 찬 궁궐에서 천하를 얻기란 어렵습니다. 태泰는 태만한 것입니다. 상대방을 가볍게 여기는 교만, 자기과시와 자랑은 천하를 얻으려는 지도자가 버려야 할 것입니다.

44장
그칠 줄 알면 위태롭지 않다

명 여 신 숙 친 名與身孰親	명예와 내 몸 중에 무엇이 더 중요한가?
신 여 화 숙 다 身與貨孰多	내 몸과 보물 중에 무엇이 더 소중한가?
득 여 망 숙 병 得與亡孰病	소유와 나눔 중에 무엇이 더 괴로운가?
시 고 是故	그런 까닭에
심 애 필 대 비 甚愛必大費	애착이 클수록 반드시 큰 대가를 치르고
다 장 필 후 망 多藏必厚亡	많이 가지려 할수록 반드시 많이 잃게 된다.
고 故	그래서
지 족 불 욕 知足不辱	만족을 알면 치욕이 없을 것이고
지 지 불 태 知止不殆	그칠 줄 알면 위기가 없을 것이니
가 이 장 구 可以長久	영원히 장구할 수 있을 것이다.

병(病) 괴롭다

지지불태知止不殆

멈출 줄 알면 위태롭지 않다

성공과 부에 대한 욕망이 결국 자신을 망치는 결과를 가져온다고 경고하는 글입니다. 명예名, 돈貨, 소유得에 대한 집착은 자신의 몸을 망치고 정신을 피폐하게 합니다. 세계를 정복했던 알렉산드로스 대왕은 나이 서른한 살에 죽음을 만났고, 천하를 차지하려고 평생 전쟁터에서 보낸 초나라 항우도 스물아홉 살에 전쟁터에서 죽음을 맞이했습니다. 천하를 통일한 진시황제는 통일의 기쁨을 다 누리지도 못하고 객사했습니다. '모든 것이 헛되고 헛되도다!' 성공과 부를 누린 사람의 마지막 외침입니다. 당시 귀족에게 노자의 외침은 헛된 메아리였을 수도 있습니다. 그러나 노자의 생각은 긴 역사 속에서 우리에게 소중한 등불처럼 마음을 밝혀줍니다.

병病은 힘들고 골치 아프다는 뜻입니다. 소유와 나눔 중에 무엇이 더 힘들고 어려울까요? 얻으려면 남의 소유를 빼앗아야 합니다. 내 정신과 육체를 바쳐야 비로소 탐욕을 채울 수 있습니다. 나눔은 행복한 일입니다. 돈을 벌 때 느끼지 못했던 나눔의 행복을 나중에 아는 사람이 많습니다. 통장에 돈을 쌓아놓고 지키는 일이 더 골치 아픈 일입니다. 성공에 대한 욕망을 내려놓고 베풀 때 비로소 성공의 마지막 퍼즐이 맞추어집니다.

노자《도덕경》의 유명한 명구, 지족불욕知足不辱, 지지불태知止不殆는 많은 사람이 좋아하는 구절입니다. **만족足을 알고 그치는止 것이 내 몸을 살리고, 내 정신을 행복하게 하는 최고의 해답입니다.** 이 구절을 가지고 노자의 철학이 소극적이고 허무주의적이다라고 하는 사람이 있습니다. 그러나 이 문장의 주체는 성공한 귀족이거나 권력자입니다. 이미 성공이라는 문턱에 다다른 사람에게 하는 경고입니다. 자신의 성공에 만족하지 않고 더 많은 것을 가지려 하고, 더 큰 탐욕을 보일 때 벌어지는 참사에 대한 경고입니다. 소유는 나눔을 통해 빈자리가 비로소 채워집니다. 지속長久 성공과 생존의 비밀이 바로 여기에 있는 것입니다.

46장
만족하며 사는 행복한 삶

천하유도 天下有道	도가 있는 세상은
각주마이분 却走馬以糞	전투용 말이 고향으로 돌아가 농사에 쓰이고
천하무도 天下無道	도가 없는 세상은
융마생어교 戎馬生於郊	전쟁용 말이 전쟁터에서 태어난다.
화막대어부지족 禍莫大於不知足	불행은 만족을 모르는 것보다 더 큰 것이 없고
구막대어욕득 咎莫大於欲得	허물은 더 가지려는 것보다 더 큰 것이 없다.
고 故	그러므로
지족지족 知足之足	만족을 알고 만족하면
상족의 常足矣	언제나 만족할 것이다.

각(却) 물러나다 / 융(戎) 무기, 전쟁 / 구(咎) 잘못, 허물

지족지족知足之足

만족을 깨달은 자가 진짜 부자다

욕망과 탐욕을 위한 지도자의 전쟁을 반대하고 세상의 평화를 말하고 있습니다. 노자의 반전反戰 철학과 탐욕에 대한 경고가 담겨 있는 글입니다. 주마走馬는 전투용 말입니다. 평화 시절에는 농촌에서 거름糞을 나르거나, 말의 똥이 거름으로 쓰입니다. 전쟁이 벌어지면 말이 징발되어 전쟁용 말戎馬로 쓰이며, 전쟁이 길어지는 동안 새끼를 전쟁터郊에서 낳게 됩니다. 교郊는 전투가 벌어지는 야전野입니다. 농토는 황폐해지고, 백성의 고통은 더욱 커집니다. 이렇게 전쟁이 벌어지는 이유는 모두 지도자의 욕망과 탐욕 때문입니다. 제후들의 전쟁은 일단 벌어지면 십만 병력이 움직여야 한다고《손자병법》에서 말하고 있습니다. 전투용 마차인 치거馳車 천 대, 수송용 마차인 혁거革車 천 대, 갑옷 입은 병사 대갑帶甲 십만 명, 장거리 전투 식량 수송, 외교적 비용賓客, 군수품 수리 비용膠漆, 수레와 갑옷 만드는 비용車甲 등을 따지면 한 나라의 엄청난 재화와 물자가 동원됩니다. 이렇게 큰 비용과 많은 사람을 징집하여 전쟁을 벌이면 국내 백성은 굶고, 귀족의 창고는 비어버립니다. 결국 민심은 떠나고, 귀족은 등을 돌립니다. **전쟁에 이겨서 얻는 이득보다, 전쟁을 일으켜 발생하는 근심과 재앙이 더욱 커지는 결과를 가져옵니다.**

지족知足은 지금 내가 가진 것에 만족하는 깨달음입니다. 인간의 욕망은 끝이 없어서 더 많은 것을 추구합니다. 물질의 소유는 끝이 없습니다. 만족을 모르면 결국 끝없는 물질의 노예가 되어 힘들게 살아갑니다. 인간의 불행禍과 허물咎은 모두 만족을 모르고 탐욕에 빠졌을 때 찾아옵니다. **만족은 소극적인 행위가 아니라 적극적인 인생의 전략입니다.** 지금 내가 가진 것을 정확히 인정하고, 그 안에서 내가 할 수 있는 최적의 답을 찾아내는 것이 지혜로운 사람의 인생 전략입니다. 자본주의 시대를 사는 우리의 계속되는 질문, '물질을 많이 소유하면 반드시 행복해지는가?' 노자의 이 구절을 통해 다시 한번 질문해봅니다.

47장
나가지 않아도 세상을 본다

불출호지천하 不出戶知天下	문밖을 나서지 않아도 천하를 알 수 있고
불규유견천도 不窺牖見天道	창문 밖을 보지 않아도 하늘의 운행을 알 수 있다.
기출미원 其出彌遠	밖으로 나다니는 것이 멀어질수록
기지미소 其知彌少	참된 지혜는 더욱더 적어질 것이다.
시이성인 是以聖人	그래서 성인 지도자는
불행이지 不行而知	나다니지 않아도 세상을 알고
불현이명 不見而名	드러내지 않아도 이름이 나고
불위이성 不爲而成	억지로 하지 않아도 성공을 한다.

규(窺) 보다 / 유(牖) 창문 / 미(彌) 더욱

불행이지不行而知

밖에 나가지 않고도 세상을 아는 지혜

문戶밖에 나가지 않아도 세상이 돌아가는 일을 알고, 창문牖을 통해 밖을 보지 않더라도 하늘의 변화를 안다는 이 구절을 읽으면 인터넷으로 세상의 일을 아는 요즘 시대와 겹쳐져서 웃곤 합니다. 노자의 요지는 지도자가 자신의 자리에서 벗어나 여기저기 다니며 간섭하거나 강요해선 안 된다는 것입니다. 자신의 의도를 보이거나 생각을 드러내서도 안 됩니다. 자신의 자리에서 소박하게 지내며 세상이 저절로 돌아갈 수 있도록 하는 모습이 무위無爲를 실천하는 지도자의 모습입니다.

최대한 간섭하지 않고, 직무에 맞는 능력 있는 사람을 잘 선발하여 그들에게 각각 임무를 맡기는 정치가 무위 정치입니다. 무위 정치는 아무 일도 하지 말라는 것이 아니라, 직접 나서지 말라는 것입니다. 지도자가 자기의 주장을 앞세우고, 자기 고집과 편견으로 세상을 이끌어나가면 세상은 더욱 혼란해지고, 그 피해는 백성과 지도자 자신에게 돌아옵니다. 사람들의 눈과 귀를 통해 세상의 정보를 얻고 처리합니다. 내가 직접 나서면 결국 나의 앎은 보고 들은 것에 한정됩니다. 그것이 나설수록 앎이 적어진다는 것입니다. 나다니지 않아도不行 세상의 정보를 얻고, 드러내지 않아도不見 명성이 저절로 알려지고, 일 벌이지 않아도無爲 저절로 성과成를 내는 사람이 진정 성인聖人의 지도력을 발휘하는 사람입니다.

세상과 결별한 채 자신의 방에 틀어박혀 속세를 떠났다고 하면서 면벽 수도하는 사람은 노자가 말하는 성인이 아닙니다. **세상이 저절로自然 돌아갈 수 있도록 상황을 만들어내는 사람이 성인입니다.** 세상이 돌아가는 일을 꿰뚫고 있고, 사람들의 마음을 읽고 있는 사람입니다. 천 개의 눈을 갖고 보고, 천 개의 귀를 갖고 소리를 듣기에 세상을 보는 안목이 넓고 깊습니다. **자신의 존재와 이름을 드러내지 않고, 저절로 성과를 만들어내는 사람이 진정한 성인입니다.**

53장
탐욕으로부터 자유

사 아 개 연 유 지 使我介然有知	나에게 큰 지혜가 주어져
행 어 대 도 行於大道	대도의 정치를 실행할 수 있다면
유 시 시 외 唯施是畏	탐욕을 경계할 것이다.
대 도 심 이 이 민 호 경 大道甚夷而民好徑	대도의 길은 매우 평탄한데 사람은 샛길을 좋아한다.
조 심 제 朝甚除	지도자의 조정은 매우 깨끗한데
전 심 무 田甚蕪	백성의 농토는 매우 황폐하고
창 심 허 倉甚虛	백성의 창고는 매우 비어 있다.
복 문 채 服文綵	귀족은 화려한 옷을 입고
대 리 검 帶利劍	날카로운 칼을 차고
염 음 식 厭飮食	음식을 질리도록 먹고
재 화 유 여 財貨有餘	재물은 넘쳐나고 있으니
시 위 도 과 是謂盜夸	이것을 도둑의 사치라 한다.
비 도 야 재 非道也哉	도가 실현되는 정치가 아니다.

개(介) 크다 / 시(施) 뽐내다, 으스대다 / 이(夷) 평탄하다 / 경(徑) 샛길 / 제(除) 청소하다 / 채(綵) 비단 / 과(夸) 사치하다

대도심이大道甚夷

대도의 실천은 지극히 쉽고 편안하나니

대도大道의 실천은 어려운 일이 아닙니다. 겸손과 낮춤이 대도의 요체입니다. 인간이 잘못된 길로 들어서고, 죽음의 길로 가는 이유는 욕망과 탐욕에 이끌려 가기 때문입니다. 더 큰 땅을 차지하고, 더 많은 재물을 원하고, 더 많은 사람에게 군림하려는 인간의 탐욕 때문에 살 수 있는 땅, 생지生地에서 죽음의 땅, 사지死地로 들어가는 것입니다. 시施는 과시하고 으스대는 것입니다. 남에게 군림하고, 복종시키려는 인간의 과시욕이 결국 지도자가 가장 경계畏하고 두려워해야 할 일입니다. **대도의 실천은 아주 간단합니다. 탐욕을 버리는 것입니다. 사적인 탐욕을 버리고 백성과 함께 나누고 백성을 섬기는 것입니다.** 대도는 마음먹으면 쉽게 할 수 있는 아주 편안한 길安路입니다.

그런데 사람은 왜 편한 길을 두고 어렵고 힘든 죽음의 길로 가려고 할까요? 인간의 탐욕 때문입니다. 노자가 살던 시대의 귀족은 탐욕에 빠져 백성을 착취하고 사치를 일삼았습니다. 그들의 궁전朝은 깨끗하게 청소除되어 자태를 뽐내고 있고, 창고에는 각종 금은보화財貨로 가득하고, 화려한 비단옷文綵을 입고, 날카로운利 칼劍을 차고 다니며, 음식飮食을 질리도록厭 먹고 노는데, 백성의 논밭田은 황폐하여 잡초만 우거지고蕪, 창고倉는 텅 비어虛 있어 먹을 것이 없는 현실이었습니다. 노자는 이런 귀족을 도둑盜이라고 정의합니다. 과夸는 사치하고 자랑하는 것입니다. 도적떼의 사치와 자랑이라는 다소 과장된 언어 사용입니다.

자본주의 사회에서 부를 축적하고 그 부를 자기 욕망에 따라 사용하는 자본가는 열심히 노력해서 얻은 결과를 쓰는 것이므로 비난할 수 없습니다. 그러나 오로지 자신의 노력으로 얻었으니 어떻게 사용해도 괜찮다는 면죄부를 가질 수 없습니다. 부와 권력을 가진 자는 그에 따른 의무와 책임이 있어야 합니다. 그래야 그 부는 더욱 존경받고, 영원히 지속될 수 있습니다. 가진 것이 도둑이 아니라, 소유한 것을 오로지 나만의 사치와 욕망을 위해 사용할 때 도둑이 되는 것입니다.

66장
성공을 잘 마무리하는 방법

강 해 소 이 능 위 백 곡 왕 자 江海所以能爲百谷王者	강과 바다가 모든 계곡의 왕이 되는 이유는
이 기 선 하 지 以其善下之	자신을 잘 낮추어 아래로 흘렀기 때문이다.
고 능 위 백 곡 왕 故能爲百谷王	그래서 모든 계곡의 왕이 된 것이다.
시 이 욕 상 민 是以欲上民	그래서 백성 윗자리에 있으려 한다면
필 이 언 하 지 必以言下之	반드시 말로 자신을 낮춰야 한다.
욕 선 민 欲先民	백성들 앞자리에 있으려 한다면
필 이 신 후 지 必以身後之	반드시 몸으로 뒤에 있어야 한다.
시 이 성 인 是以聖人	그래서 성인은
처 상 이 민 부 중 處上而民不重	위에 있어도 백성이 무겁다고 하지 않고
처 전 이 민 불 선 處前而民不害	앞에 있어도 백성이 손해라고 하지 않는다.
시 이 천 하 락 추 이 불 염 是以天下樂推而不厭	그래서 천하의 사람이 즐겁게 그를 추대하는 데 주저하지 않으니,
이 기 부 쟁 以其不爭	그가 세상 사람과 맞서려 하지 않았기 때문이다.
고 천 하 막 능 여 지 쟁 故天下莫能與之爭	그래서 세상 누구도 그와 맞설 수 없는 것이다.

추(推) 밀다, 추대하다 / 염(厭) 싫어하다, 싫증 내다

부쟁不爭

성공한 자의 신의 한 수

부쟁不爭은 노자 철학을 이해하는 중요한 개념입니다. 단순히 싸우지爭 않는다不는 뜻을 넘어서 다양한 지도자의 철학을 반영하고 있습니다. **첫째는 백성 위에 군림하지 않는 것입니다.** 권력자는 자신의 권력을 행사하려 합니다. 그 욕망을 버리고 겸손하게 백성을 대하면 오히려 더욱 백성의 지지를 얻고 존경을 받을 수 있습니다. **둘째는 자신의 덕을 과시하거나 타인과 경쟁하지 않는 것입니다.** 권력자는 늘 백성의 지지를 얻으려 합니다. 그래서 자신의 공을 과시하거나 자랑하려고 합니다. 타인과 비교하여 자신의 능력을 돋보이려 하면 역효과를 낼 수 있습니다. 부쟁不爭의 핵심 철학은 겸손입니다. 늘 말이라도 자신을 낮추고, 몸으로는 늘 타인의 뒤에 서야 합니다. 그러나 그 결과는 놀랍습니다. 낮추었는데下 더욱 존경받고, 뒤後에 섰는데 앞先으로 추대됩니다. **이렇게 자발적으로 존경과 추대를 받는 것이 부쟁不爭의 놀라운 기적입니다.** 권력을 행사하는 사람이 자신을 낮추고 고집을 버렸을 때 다른 사람의 마음을 얻을 수 있습니다. 강江과 바다海가 깊고 넓은 물이 될 수 있는 것은 자신을 낮추고 아래로下 흘렀기 때문입니다. 그래서 세상의 모든 골짜기의 물百谷이 그곳으로 모여드는 것입니다.

노자의 부쟁不爭 철학은 《주역》에서도 강조됩니다. 《주역》 육십사 괘 중에서 가장 최고로 치는 괘가 열다섯 번째 괘인 '겸謙'입니다. 높은 산山이 아래로 가고, 낮은 땅地이 위로 가는 형상의 '지산겸地山謙' 괘는 완전한 괘입니다. 열네 번째 '화천대유火天大有' 괘가 성공의 괘라면 겸손함으로 그 성공을 유지할 수 있다는 뜻입니다. 성공한 자의 겸손과 부쟁은 가장 적극적인 성공의 마침표입니다. 낮추거나 내려놓지 않아도 될 사람이 자신을 낮추고 마음을 비웠을 때 생기는 결과는 지속적인 성공입니다. 《손자병법》에서도 전쟁의 성공을 축하하지 말고 오히려 겸손함으로 맞이하라고 합니다. 승리한 전쟁에서 승리한 자는 슬픔과 애도로 승리를 맞이하라는 노자의 철학과 만나는 점입니다. 겸손과 무위로 세상을 경영하는 부쟁지덕不爭之德은 노자의 지도자 철학의 핵심입니다.

70장
쉬운 것 속에 진리가 있다

오 언 吾言	내가 하는 말은
심 이 지 甚易知	매우 알기 쉽고
심 이 행 甚易行	매우 행하기 쉬우나
천 하 天下	세상 사람은
막 능 지 莫能知	알지도 못하고
막 능 행 莫能行	행하지도 못하는구나
언 유 종 言有宗	말에는 요지가 있고,
사 유 군 事有君	일에는 중심이 있다
부 유 무 지 夫唯無知	그런데 사람이 무지하니
시 이 불 아 지 是以不我知	그래서 내 말을 잘 알지 못하는 것이다.
지 아 자 희 知我者希	내 말을 아는 자는 드물고
측 아 자 귀 則我者貴	내 말을 본받으려는 자는 귀하니
시 이 성 인 是以聖人	그래서 성인은
피 갈 회 옥 被褐懷玉	거친 베옷을 걸치고 속에는 옥을 품고 있다.

이(易) 쉽다 / 측(則) 본받다 / 피(被) 입다 / 갈(褐) 베옷 / 회(懷) 품다

피갈회옥被褐懷玉

베옷 안에 품은 보석

겉은 허름한 베옷褐을 입고被 있지만, 속에는 옥玉을 품고懷 있는 아름다움이 있습니다. 겉은 허름하지만 속은 알찹니다. 노자가 그리는 성인聖人의 모습입니다. 성인의 말씀은 화려하지도 멋있지도 않습니다. 그 안에 보옥을 품고 있지만, 사람들은 웃어넘기거나 믿으려 하지 않습니다. 그래서 노자는 자신의 말을 들으면 훌륭한 선비上士는 부지런히 행하려고 노력하지만, 중간 선비中士는 반신반의하고, 일반적인 선비下士는 말도 안 되는 이야기라며 웃는다고 말하기도 합니다(《도덕경》 41장). 노자는 사람들이 듣고 웃어넘기는 이야기가 진짜 위대한 진리라고 강조하고 있습니다. 사람들이 듣고 웃지 않으면 진리가 아니라는 역설입니다.

사람은 겉모습만 보고 판단합니다. 화려하고 예쁜 것에 더 많은 눈길을 보내고 선택합니다. 그래서 요란하게 겉을 치장하고 꾸며서 사람들의 눈길을 끌려고 합니다. 포장만 요란하고 내용은 형편없는 물건도 많고, 겉은 그럴듯하나 들여다보면 상식에 어긋난 사람도 많습니다. 유기농으로 재배한 채소는 벌레 먹고 상처도 많지만, 영양가도 많고 맛도 좋습니다. 노자가 이런 말을 하는 요지는 자신의 주장이 겉으로 보기에 특별하거나 멋져 보이지 않는다는 것입니다. 톡 쏘는 깨달음이나 주장이 아니기 때문에 사람은 알고도 실천하려 하지 않는다는 것입니다.

위대한 진리는 참 평범하고 일상적입니다. 부처나 예수, 공자의 말씀이 거대하거나 위대해 보이지 않듯이 진리는 일상 속에 깃들어 있습니다. '높아지려면 낮추어야 한다. 물처럼 부드럽고 약한 것이 결국 강하고 센 것을 이길 것이다. 강과 바다가 모든 골짜기의 왕이 되는 이유는 자신을 낮추어 아래로 흘렀기 때문이다. 당신이 진정 천하의 주인이 되려면 말로 자신을 낮추고 몸으로 자신을 겸손히 해야 한다. 그러면 세상 사람은 당신을 받들고 따를 것이다.' 천하의 주인이 되는 방법을 이야기한 노자의 주장은 이해하기도 쉽고 실천하기도 쉬운데, 세상 사람들은 알려고도, 실천하려고도 하지 않았습니다. 노자는 그런 현실이 너무나 안타까웠던 것 같습니다.

71장
모르면 모른다고 하라

지부지상 知不知上	알면서도 앎을 내세우지 않는 것은 최상이고
부지지병 不知知病	모르면서 앎을 뽐내는 것은 병이다.
부유병병 夫唯病病	병을 병이라고 인정하면
시이불병 是以不病	이것은 병이 되지 않는다.
성인불병 聖人不病	성인은 그런 병이 없다.
이기병병 以其病病	그것을 병이라고 인정하니
시이불병 是以不病	그래서 그런 병이 없다.

지부지상知不知上

알지만 모른다고 하는 것이 진짜 아는 것이다

'아는 것은 안다고 하고, 모르는 것은 모른다고 하는 것, 이것이 진짜 아는 것이다.' 《논어》에 나오는 말입니다. 공자의 제자인 자로子路가 모르는 일에 대하여 아는 척하는 것을 보고 제자를 깨우치기 위하여 공자가 한 말입니다. **노자는 내가 모른다는 사실을 알아야 한다는 것에서 나아가 알면서도 모른다고 생각하는 것이 진짜 아는 것이란 수준에 도달합니다.** 지금 내가 알고 있는 것이 과연 진짜 아는 것인지 회의懷疑를 통해 세상에 그 어떤 것도 확실하거나 변하지 않는 절대적 진리는 없다고 하는 앎의 단계로 나아가야 한다는 것입니다. 내가 알고 있는 진리는 영원하지 않으며, 또 다른 측면에서 보면 진리가 아닐 수도 있습니다. 옳고 틀림, 높고 낮음, 선과 악, 아름답고 추함에 대한 앎은 모두 상대적이어서 확실하게 안다고 할 수 없습니다. 내가 알고 있다는 고집을 버리고, 타인의 앎을 존중하고, 타인의 의견에 귀를 기울이는 것이 진정 제대로 앎을 실천하는 성인의 모습입니다.

자신의 앎이 불확실하다는 것을 알지 못하고 자신의 앎을 확신하는 것보다 큰 병이 없습니다. 자기가 보고 들었던 것만 진리의 논거이며, 자신이 경험하지 못한 것은 모두 부정하는 것은 사람들이 앓고 있는 앎의 큰 병입니다. 부지不知의 병病은 폭력을 낳기도 하고, 전쟁을 일으키기도 합니다. 종교적 앎, 신념의 앎, 이념과 정치적 소신의 앎에 집착하면 결국 적과 동지, 선과 악으로 세상을 구분하여 싸움의 진영을 만들어냅니다. 세상에 내가 확실하게 아는 것은 없다고 하는 앎의 단계에 이르렀을 때 비로소 세상을 제대로 보는 안목을 갖게 될 것입니다.

72장
무엇을 버리고 택할 것인가

민 불 외 위 民不畏威	백성이 지도자의 위엄을 두려워하지 않아야
즉 대 위 지 의 則大威至矣	진정한 큰 위엄이 이른다.
무 압 기 소 거 無狎其所居	백성의 삶을 업신여기지 말라!
무 염 기 소 생 無厭其所生	백성의 인생을 힘들게 하지 말라!
부 유 불 염 夫唯不厭	그들을 힘들게 하지 않아야
시 이 불 염 是以不厭	그들도 싫어하지 않을 것이다.
시 이 성 인 是以聖人	그래서 성인 지도자는
자 지 부 자 현 自知不自見	자신의 지식을 드러내지 않고
자 애 부 자 귀 自愛不自貴	자신의 사랑을 소중하다 않으니
고 거 피 취 자 故去彼取此	그래서 저것을 버리고 이것을 선택한다.

압(狎) 업신여기다 /염(厭) 싫어하다

무압거생 無狎居生

백성의 삶에 간섭하지 말라!

힘으로 만든 권위는 오래가지 못합니다. 권위는 저절로 만들어져야 합니다. 폭력과 술수로 백성 위에 군림하여 권위를 내세우는 지도자는 결국 백성의 마음을 잃어버립니다. 노자는 당시 권력자가 강력한 법法과 위세勢, 술수術를 통해 백성 위에 군림하는 일을 경계했습니다. 마음으로 복종하지 않으면 결코 끝이 좋지 않기 때문입니다. **백성民이 지도자의 권위威를 두려워하지 않았을 때 진정한 위엄이 만들어집니다.** 최상의 지도자는 권위가 없는 지도자입니다. 그저 존재한다는 정도만 알지下知有之 무게감을 느끼지 못하는 지도자가 최상太上의 지도자라고 17장에서 말하고 있습니다. 친애親愛 받는 지도자 역시 그 아래입니다. 두려움畏에 떨게 하고 뒤돌아서면 업신여기고侮 몰락을 기도하는 지도자는 말할 필요도 없습니다.

백성의 마음을 얻고 존경받으려면 그들의 거생居生을 잘 돌봐야 합니다. 거居는 백성의 삶이고, 생生은 백성의 목숨입니다. 그들의 삶과 목숨을 소중히 여기는 지도자가 사랑받는 지도자입니다. 그들의 삶에 끼어들어 전쟁과 부역에 동원하여 그들의 거생居生을 위협한다면 결국 백성의 저항을 받게 됩니다. 국가와 권력은 최소한 간섭해야 합니다. 그래야 국민의 저항이 줄어듭니다. 나를 힘들게 하는 사람은 나 역시 힘들게 하고 싶기 때문입니다. 국민 개개인의 삶을 존중하고, 그들의 자율권을 보장하는 것이 국가의 이유가 되어야 합니다. **다양성을 가진 국민에게 국가의 이념을 강요하고, 삶의 방향을 제시하면 결국 저항에 부딪힐 것입니다.**

성인 지도자는 자신의 앎知을 드러내어見 백성에게 강요해선 안 됩니다. 자신의 애착愛을 버리고 백성의 삶과 생을 존중할 때 비로소 무위無爲의 정치가 실현되는 것입니다. 버려야去 할 것은 욕망과 애착이고, 찾아야取 할 것은 무위와 무지無知 입니다.

73장
싸우지 않고 이기는 방법

용 어 감 즉 살 勇於敢則殺	과감한 용기는 죽고
용 어 불 감 즉 활 勇於不敢則活	절제된 용기는 산다.
차 양 자 此兩者	이 두 가지는
혹 리 혹 해 或利或害	이익과 손해가 된다.
천 지 소 오 天之所惡	하늘이 싫어하는 것이니
숙 지 기 고 孰知其故	누가 그 연고를 알겠는가?
시 이 성 인 유 난 지 是以聖人猶難之	그래서 성인은 늘 어렵게 생각한다.

천 지 도 天之道	하늘의 도는
부 쟁 이 선 승 不爭而善勝	싸우지 않고도 잘 이기고
불 언 이 선 응 不言而善應	말하지 않고도 잘 응하게 하고
불 소 이 자 래 不召而自來	부르지 않고도 잘 오게 하고
천 연 이 선 모 繟然而善謀	서두르지 않고 잘 계획한다.

천 망 회 회 天網恢恢	하늘의 그물은 넓고 넓어
소 이 불 실 疏而不失	틈이 있는 것 같지만 실수가 없다.

천(繟) 느릿느릿하다 / 회(恢) 넓다 / 소(疏) 성글다

부쟁이승不爭而勝

싸우지 않고 승리하는 이유

노자《도덕경》을 읽다 보면《손자병법》의 생각과 일치하는 부분을 자주 만나게 됩니다.《손자병법》〈모공謀攻〉 편에는 '싸우지 않고 이기는 승리가 가장 위대한 승리'라는 구절이 있습니다. **'백 번 싸워 백 번 이기는 것이 최상의 승리가 아니다. 싸우지 않고 상대방을 굴복시키는 것이 완벽한 승리다.'** 백전백승百戰百勝보다 부전이승不戰而勝이 더 높은 승리의 방법이라는 것입니다. 싸움에서 이겼는데 상대방은 모두 죽었고, 내 병사 역시 상처 입고 이겼다면 그것은 완벽한 승리가 아닙니다. 상대방도 나도 모두 다치지 않고 내가 원하는 승리를 얻는 것을 '전승全勝'이라고 합니다. 완전하게 이긴 승리라는 의미입니다. 상대방을 깨부수고 이긴 승리는 '파승破勝'입니다. 이기긴 했는데 후유증이 있는 승리입니다.

노자도 싸우지 않고不爭 이기는勝 방법을 고민했습니다. 지시하지 않고不言 상대방에게 내 말을 듣게 하는 방법應, 소환召하지 않고도 상대방을 오게來 하는 방법. 서두르지 않고도繟 일을 잘 계획謀하는 방법을 고민한 것입니다. 우주의 운행은 이미 그 답을 알고 있습니다. 해와 달은 간섭하지 않아도 서로 교대하며 세상을 비추고, 사계절은 말하지 않아도 저절로 때가 되면 찾아옵니다. 이것을 우주 운행의 도, 천도天道라고 합니다. 지도자는 천도를 본받아 조직을 운영할 때 조직은 저절로 자기 궤도를 그리며 상처 없이 돌아갑니다. 용기勇는 과감하게 상대방을 죽이거나 부수는 것이 아닙니다. 그런 용기를 자랑하면 반드시 죽음殺을 맞이합니다. 용기를 절제하고 통제했을 때 비로소 참된 용기가 발휘됩니다. 나도 살고, 상대방도 살고, 조직도 사는 전승全勝의 결과를 만나게 됩니다. 하늘은 과감한 용기를 싫어합니다.

절제 없는 감정, 통제 없는 용기는 죽음의 결과로 응대합니다. 예禮로 절제되지 않은 용기는 세상을 혼란에 빠트릴 것이라는《논어》〈태백〉 편의 구절도 용기에 대하여 절제가 필요하다고 강조합니다. 필부匹夫의 감정적 용기를 용맹하다고 착각하는 사람의 마지막은 비참하다는 것을 명심해야 합니다.

79장
하늘은 착한 사람 편에 선다

화 대 원 和大怨	큰 원한은 아무리 풀었다 해도
필 유 여 원 必有餘怨	반드시 남은 원한이 있기 마련이다.
안 가 이 위 선 安可以爲善	그러니 원한을 만드는 것이 어찌 잘하는 일이겠는가?
시 이 성 인 是以聖人	그래서 성인은
집 좌 계 執左契	채권자의 권리만 가질 뿐
이 불 책 어 인 而不責於人	상대방에게 채무를 독촉하지 않는다.
유 덕 사 계 有德司契	덕이 있으면 채권만 주장하고
무 덕 사 철 無德司徹	덕이 없으면 상환을 독촉한다.
천 도 무 친 天道無親	하늘의 도는 원래 친애하는 사람이 없으니
상 여 선 인 常與善人	늘 선한 사람에게 복을 준다.

화(和) 풀다 / 계(契) 계약서 / 철(徹) 거두다

천도무친天道無親

하늘은 섬기는 자와 함께한다

인생을 살면서 절대로 남과 원한을 맺지 마라는 어머니의 말씀은 어렸을 때부터 귀가 따갑게 들었던 말입니다. 어머니의 밥상머리 교육은 남의 가슴에 상처 내는 말 하지 말고, 남의 눈에 피눈물 흘리지 않게 하라는 말로 이어집니다. 남에게 상처를 주면 나에게 그대로 돌아온다는 당부가 반드시 붙어야 비로소 밥상머리 교육은 완전히 끝이 납니다. 우리는 알게 모르게 타인에게 상처를 주며 인생을 살아갑니다. 분노가 폭발하여 평생 지울 수 없는 욕을 쏟아낼 때도 있고, 생각 없는 말로 상대방 가슴에 상처를 남기기도 합니다. 부모 자식 형제 사이에 해서는 안 될 행동과 말이 결국 천륜을 끊게 만들기도 합니다.

화해和는 갈등과 상처怨를 아물게解 하는 약입니다. 그러나 근본적인 치료는 불가능합니다. 아무리 화해했다고 해도 가슴 속 깊은 곳에 남은 원한餘怨이 있습니다. 그래서 **애초부터 원한을 맺지 않고 사는 것이 최상의 방법입니다.** 그런데 남과 원한을 맺지 않고 살아가는 일이 쉬운 일이 아닙니다. 현명하고 지혜롭게 갈등 없이 살아갈 방법은 없을까요? 주도권을 쥐고 있지만, 상대방에게 원한을 맺지 않는 방법을 노자는 계약契 관계로 설명합니다. 누군가에게 돈을 빌려주면 은혜를 베푸는 일도 되지만 원한을 사는 일도 됩니다. 임대인과 임차인의 관계도 마찬가지입니다. **노자는 권리는 갖고 있되 행사에 신중히 해야 한다고 해법을 제시합니다.** 옛날 계약은 계약의 증표를 두 조각으로 나누어 왼쪽左契은 채권자, 오른쪽右契은 채무자가 가졌습니다. 좌계를 지닌 사람은 갑甲이고, 우계를 지닌 사람은 을乙입니다. 갑을관계가 성립되면 일명 갑질이 시작됩니다. 갑질은 을에게 상처를 주고 원한을 맺게 합니다. 결국 원한은 갈등의 씨앗이 되어 싸움으로 번지게 됩니다. 갑질을 멈추고 을을 섬기는 사람이 덕이 있는 사람有德입니다. 섬김의 지도자는 하늘이 반드시 복을 내립니다. 이런 섬김의 지도자가 성인聖人입니다. 하늘은 원래부터 친親한 사람이 없습니다. 섬기는 사람과 언제나 함께합니다.

64장
천 리 길도 한 걸음부터

기 안 이 지
其安易持 편안할 때 유지하기 쉽고

기 미 조 이 모
其未兆易謀 터지기 전 해결하기 쉽고

기 취 이 반
其脆易泮 취약할 때 풀어내기 쉽고

기 미 이 산
其微易散 미세할 때 해산하기 쉽다.

위 지 어 미 유
爲之於未有 일 터지기 전에 해결하고

치 지 어 미 란
治之於未亂 혼란하기 전에 다스려라.

합 포 지 목 생 어 호 말
合抱之木生於毫末 한 아름 나무도 한 그루 묘목 끝에서 자라고

구 층 지 대 기 어 루 토
九層之臺起於累土 구 층의 누각도 한 덩이 흙에서 쌓이고

천 리 지 행 시 어 족 하
千里之行始於足下 천 리 길 먼 길도 한 걸음 걷는 데서 시작하니

위 자 패 지 집 자 실 지
爲者敗之執者失之 억지로 하면 실패하고, 집착하면 잃을 것이다.

시 이 성 인 是以聖人	그래서 성인 지도자는
무 위 고 무 패 無爲故無敗	억지로 하지 않기에 실패가 없고
무 집 고 무 실 無執故無失	집착하지 않기에 실수가 없다.
민 지 종 사 民之從事	사람이 일을 할 때
상 어 기 성 이 패 지 常於幾成而敗之	늘 거의 완성될 때 실패하니
신 종 여 시 즉 무 패 사 愼終如始則無敗事	끝까지 처음처럼 신중하면 실패하지 않을 것이다.

시 이 성 인 是以聖人	그래서 성인 지도자는
욕 불 욕 불 귀 난 득 지 화 欲不欲 不貴難得之貨	욕망을 버리고 구하기 힘든 보물을 귀하게 여기지 말고
학 불 학 복 중 인 지 소 과 學不學 復衆人之所過	배움을 버리고 사람의 잘못을 돌이킨다.
이 보 만 물 지 자 연 以輔萬物之自然	만물의 자연스러운 변화를 도와줄 뿐
이 불 감 위 而不敢爲	감히 나서서 억지로 하지 않는다.

취(脆) 약하다 / 반(泮) 녹다, 풀리다 / 호(毫) 가는 털 / 루(累) 포개다

신종여시 愼終如始

처음처럼

처음처럼如始이란 단어의 의미는 '처음 먹었던 마음을 잊지 말고 마지막까지 신중愼'하란 뜻입니다. 세상은 억지로 한다고 얻을 수 있는 존재가 아닙니다. 자신의 고집과 편견을 버리고 덕을 닦아서 주변 사람의 마음을 얻고, 나아가 세상의 민심을 얻어야 천하의 주역이 된다는 것이 노자가 말하는 천하를 얻는 방법입니다.

무위無爲는 억지로 하지 않는 것입니다. 전쟁이나 폭력으로 세상을 얻으려는 행위는 실패의 원인이 됩니다. 강제와 억압을 통해 천하통일의 목표를 이룰 수 없습니다. 무집無執은 집착하지 않는 것입니다. 자기 생각이 옳다고 하고, 타인의 의견을 무시하며 독단적으로 일을 처리하면 결국 천하를 잃게 됩니다. 한 아름 큰 나무도 조그만 묘목이 조금씩 자라서 만들어진 것이고, 구 층 높이 누각도 결국 흙 한 덩이가 모이고 모여서 만들어지는 것입니다. 세상에 그 어떤 것도 갑자기 이루어지거나 만들어지는 것이 아닙니다. **한 땀 한 땀 작은 정성이 결국 세상을 변화시키는 힘이 됩니다.**

《중용》 23장에서도 이런 작은 정성이 모여 세상의 변화를 만들어낸다고 말합니다. 작은 정성이 쌓이면, 저절로 드러나고, 드러나면 분명해지고, 분명해지면 밝아지고, 밝아지면 감동이 일어나고, 감동이 일어나면 변화가 일어나서 결국 지극한 작은 정성이 모여서 세상의 변화를 만들어낸다는 것입니다. 《주역》에서도 겨울의 단단한 얼음은 가을에 내리는 서리가 쌓이고 쌓여 만들어진다고 합니다. 《중용》, 《도덕경》, 《주역》은 세상의 변화와 목표의 달성은 결국 처음처럼 작은 정성이 지속될 때 얻는 결과라고 한목소리로 말하고 있습니다. 편안安하고, 일이 발생하기 전에未兆, 취약脆할 때, 작을 때微가 일을 처리하고 해결하기 좋을 때입니다. 욕망을 내려놓고, 고정관념에서 벗어나서 세상 만물을 있는 그대로 보고 인정할 때 비로소 천하는 다가오는 것입니다.

| 3부 |

반

反

거꾸로 가라!

노자 철학의 핵심은 '반反'

《도덕경》에서 노자의 생각을 가장 간단하게 보여주는 한 글자가 무엇이냐고 묻는다면 저는 '반反'이라는 글자를 꼽고 싶습니다. '반'은 《도덕경》에 네 번밖에 나오지 않지만, 노자의 철학을 가장 잘 나타내고 있는 글자입니다. '반'의 사전적 의미는 '반대로', '돌아오다', '뒤집힌다'는 뜻입니다. 우주와 세상이 구동되는 원리인 도道는 우리의 상식과 반대로 움직이고, 멀리 가면 다시 돌아오고, 극에 다다르면 뒤집힌다는 것입니다.

부드럽고 약한 것이 반대로 강하고 센 것을 이기고, 비우고 낮추는 것이 결국 채움과 높음으로 돌아옵니다. 군림과 강요는 결국 뒤집히게 되고, 섬김과 모심은 복종과 존경을 얻게 된다는 노자의 역설이 모두 반反의 역설입니다. 아름다움 뒤에는 추악함이 있고, 행복 뒤에는 불행이 엎드려 있음은, 결국 '반'의 원리가 세상만사에 깊이 개입되어 있다는 것입니다.

'돌아보면 좋은 게 좋은 것이 아니고, 나쁜 게 나쁜 것이 아닌 것을, 삶은 동그란 길을 돌아나가는 것'이라는 박노해 시인의 시 구절을 읽다 보면 노자의 반反 철학이 더욱 깊이 다가옵니다. 절정이든, 최악이든, 천국이든, 지옥이든 결국 인생은 동그란 길을 돌아나가는 것이라는 시구 속에서 세상을 구동하는 원리는 결국 뒤집히고, 돌아오고, 반대로 돌아간다는 생각이 듭니다.

여물반의與物反矣는 세상은 우리가 생각하는 상식과 반대로 돌아간다는 뜻입니다. 나의 상식을 버리고 익숙하지 않은 반대의 길을 선택해야 합니다. **반자도지동**反者道之動은 반대로 움직이는 것이 도의 운동방식이라는 것입니다. 인생은 생각하고 의도한 것과는 반대로 움직일 경우가 많습니다. **정언약반**正言若反은 바른말은 반대로 틀린 말처럼 보이기도 한다는 것입니다. **대서원반**大逝遠反은 사물은 커지고, 확대되고, 결국 다시 돌아온다는 것입니다. 헤겔의 정반합正反合의 원리와 노자의 반反의 논리는 어떤 점에서 닮았습니다. 세상은 상식正과 상식을 부정하는 반대反의 원리와 갈등을 통해 새로운 상식合으로 전환된다는 헤겔의 철학은 변증법적 유물론의 근거가 되기도 합니다. 상식과 상식을 깨는 반대의 논리, 그것을 통해 새로운 상식을 만들어나가는 과정, 노자 역시 당시 상식을 깨고 새로운 상식을 세우고자 했습니다. 이번 장을 통하여 내가 집착하고 있는 상식과 관념을 뒤집어보고 새로운 변화의 계기를 마련하면 좋겠습니다. 노자《도덕경》에 나오는 반의 철학을 모아서 함께 읽어보도록 하겠습니다.

40장
거꾸로

반 자 도 지 동 反者道之動	반은 도의 운동 방식
약 자 도 지 용 弱者道之用	약은 도의 운용 방식
천 하 만 물 생 어 유 天下萬物生於有	세상 만물은 유에서 생산되고
유 생 어 무 有生於無	유는 무에서 창조된다.

반(反) 거꾸로, 돌아오다

반약反弱

'거꾸로', '부드러움'이 도의 작동 방식

주식 투자에서 상한가와 하한가 중에 무엇이 더 위험할까요? 대부분 주식이 상한가를 치면 기뻐합니다. 그러나 노자는 상한가가 주식 투자에 더 위험한 신호라고 말합니다. 상한가의 환호 뒤에는 거꾸로 내려갈 일이 기다리고 있기 때문입니다. 사람은 내 눈앞에 벌어지는 상한가에 환호하며 그 뒤에 쫓아오는 하한가의 곡선을 보지 못합니다. 결국 자만하고, 승리에 도취되어 거꾸로 내려갈 상황을 무방비로 맞이하게 됩니다.

이런 관점에서 보면 불행보다 행복의 순간이 더욱 위기일 수 있습니다. 행복에 취해 그 뒤에 기다리는 불행이라는 복병을 눈치채지 못하기 때문입니다. 노자는 **어떤 상황이 극에 이르면 반전反轉하여 거꾸로 전개**된다고 말합니다. 노자는 이런 우주의 존재 방식을 반反이라고 합니다. 달이 가득 차면 어느 순간 거꾸로 기울어지고, 작아진 달은 다시 거꾸로 차오릅니다. 나를 낮추면 거꾸로 올라가고, 뒤로 물러서면 거꾸로 앞에 서게 됩니다. 노자는 '거꾸로反'가 도의 운동방식이라고 말합니다. 우주의 운행 원리는 '거꾸로'라는 것입니다. 인간은 이런 도의 반전 원리를 정확히 알아야 합니다.

노자는 여기서 **'약弱'한 것이 도의 운영 방식**用이라고 합니다. 강하고 센 것보다는 약한 것이 반전을 격발시킨다는 것입니다. 강한 것은 결국 부러지고 고꾸라지니, 약하고 부드러운 것이 오랫동안 살아남습니다. 약은 상上이 아닌 하下의 철학입니다. 약은 부드러움柔, 비움虛, 낮춤下을 총칭하는 말입니다.

태풍이 지나가면 거꾸로 바다는 평온해지고, 바람이 심하게 불면 거꾸로 공기는 맑아집니다. 인생을 살면서 나 자신이 어느 정점에 이르렀을 때 거꾸로 더 낮추고 겸손해야 합니다. 그것이 도의 운동방식과 가장 가까운 삶의 방식입니다. 인생에서 행복을 만났을 때 그 뒤에 쫓아오는 불행을 볼 수 있어야 하고, 불행을 만나면 그 뒤에 엎드려 있는 행복을 볼 수 있어야 합니다. 어떤 것이든 거꾸로 되돌리는 속성이 있음을 아는 것이 지혜로운 사람입니다.

유무상생有無相生

유와 무는 동시에 존재한다

그리스 신화에서는 태초에 무질서와 혼돈chaos이 세상을 창조합니다. 땅의 여신 가이아는 하늘의 신 우라노스와 결합하여 생명체를 생산해냅니다. 기독교에서는 하느님이 아담과 하와를 창조했고, 아담과 하와는 후손을 생산합니다. 세상의 존재를 창조와 생산의 단계로 나눈다면 무질서에서 질서의 세계는 창조고, 질서의 세계에서 만물이 만들어지는 것은 생산입니다. 이런 문법으로 이 문장을 해석해봅니다. **무無에서 유有가 창조되고, 유에서 세상의 만물萬物이 생산되었습니다.**

무無 → 유有　창조 creation
유有 → 만물萬物　생산 production

중요한 것은 노자는 천지 창조를 설명하기 위해 이 글을 쓴 것이 아니라는 것입니다. 노자의 의도는 무無와 유有의 개념을 설명한 것입니다. 우리가 눈으로 볼 수 있는 존재有 뒤에 있는 또 다른 존재無를 기억해야 한다는 것입니다. 보이는 것이 전부는 아니라는 것입니다. **약한 것 뒤에 존재하는 강함, 부드러움 뒤에 존재하는 센 것을 이야기하고 있는 것입니다.** 태양과 달, 그리고 지구, 그 안에 존재하는 모든 생명체 뒤에 존재하는 그 어떤 존재, 이 보이지 않는 실체를 동시에 이해해야 비로소 세상의 존재가 퍼즐처럼 맞춰진다는 것입니다. 바닥 뒤에 존재하는 천장, 부드러움 뒤에 강함을 동시에 인식할 때 비로소 우주의 운동 방식 틀을 이해할 수 있습니다.

7장
장생의 비결은 '반'

천장지구 天長地久	천지는 장구하다.
천지소이능장차구자 天地所以能長且久者	천지가 장구한 이유는
이기부자생 以其不自生	스스로 드러내려 하지 않았기 때문이니
고능장생 故能長生	그래서 오래 살 수 있는 것이다.
시이성인 是以聖人	그래서 성인은
후기신이신선 後其身而身先	몸을 뒤로 하면 몸이 앞에 서게 되고
외기신이신존 外其身而身存	몸을 버리면 몸을 보존하게 된다.
비이기무사야 非以其無私邪	이것은 사를 버렸기 때문이 아닐까?
고능성기사 故能成其私	그러므로 사를 이룰 수 있는 것이다.

야(邪) –그런가?(의문어조사)

천장지구天長地久

하늘과 땅이 영원한 이유

도가道家 철학을 장생불사長生不死의 철학이라고 오해하기도 합니다. 깊은 산속에서 연단鍊丹과 호흡呼吸 등으로 장수를 추구하며 수련하는 것이 도교道教의 기본 철학이라고 말하기도 합니다. **이런 도가에 대한 오해가 생긴 이유 중 하나가 바로 《도덕경》 7장입니다.** 이 장에서 장생長生이라는 단어가 나오기 때문입니다. 오랫동안 죽지 않고 살고 싶은 것은 인간의 희망입니다. 진시황제는 불로초不老草를 얻기 위하여 도사道士 서복徐福을 동쪽으로 보내기도 했습니다. 육십 척의 배와 오천 명의 일행, 삼천 명의 동남동녀童男童女를 보내 불로초를 찾았지만 결국 죽음을 피할 수 있는 약을 구할 수는 없었습니다. 권력과 모든 영토를 가졌던 진시황제도 죽음만큼은 피해 갈 수 없었습니다.

천장지구天長地久, 홍콩 영화의 제목을 떠올리는 분이 많을 겁니다. 고아로 자란 암흑가의 청년 아하와 그를 사랑하게 된 부잣집 딸 주주의 사랑 이야기 〈천장지구〉는 어떤 상황에서도 그들의 사랑이 영원하기를 바란다는 뜻을 담고 있습니다. 천장지구는 '천지天地는 장구長久하다'라는 의미입니다. 하늘과 땅은 장구하게 존재해왔다는 뜻입니다. 천지가 장구한 이유는 무엇일까요? 자생自生하려 하지 않았기不 때문이라는 것입니다. 자생自生은 스스로自 오래 살려는生 시도입니다. 여기서 의미하는 속뜻은 하늘과 땅이 세상에 베푼 은덕을 과시하거나 으스대지 않는다는 것입니다. 때맞춰 비를 내리고, 춘하추동 계절의 변화를 만들어내고 낮과 밤의 순환을 주재主宰하나 결코 자신의 공을 자랑하거나 과시하려 하지 않는 것이 부자생不自生이라고 표현한 것입니다.

여기서 노자는 반反의 철학을 설파합니다. 오래 살려고 해서 오래 사는 것이 아니라, 무심하게 생에 대한 집착을 버릴 때 오히려 더 오래 살 수 있다는 것입니다. 하늘과 땅이 자신의 공을 드러내지 않듯이, 성공한 사람이 자신의 성공에 집착하지 않을 때 그 성공은 영원히 그와 함께할 수 있을 것입니다.

무사성사無私成私

나를 버려야 나를 얻는다

자신을 한 발짝 뒤後로 물렀을 때 오히려 앞先에 서게 되고, 자신의 욕망을 버렸을 때 오히려 욕망의 충족이 이루어진다는 역설은 노자가 늘 강조하는 패턴입니다.

◦ 이룸成의 역설反 ◦

후後: 물러서면 → 선先: 앞서고

외外: 버리면 → 존存: 살고

무사無私: 나를 버리면 → 성사成私: 나를 얻고

천지가 자생自生하려 하지 않았기에 장생長生할 수 있었듯이, 뒤로 물러서면 앞에 서고, 버리면 오히려 존재하고, 이기적인 나를 버리면 개인의 이익이 다가온다는 것이 노자의 반反의 철학입니다. 내 몸을 버리면 또 다른 생명을 얻으리라! 조국을 위해서, 사회를 위해서 개인의 사적 이익을 포기했으나 결국 나라와 사회가 존경하고 추모하는 사람이 된다면, 나를 버려서 오히려 나를 얻은 사람입니다.

성공을 생각해봅니다. 진정한 성공이란 무엇일까요? 통장에 새겨진印字된 숫자가 크고, 멋진 집과 높은 지위를 얻었다고 성공이라고 할 수 있을까요? 자신을 버려야無私 오히려 자신을 얻는다成私는 역설을 다시 한번 가슴에 새겨봅니다.

8장
물처럼 산다는 것

상 선 약 수 上善若水	최고의 선은 물과 같은 것
수 선 리 만 물 이 부 쟁 水善利萬物而不爭	물은 만물을 이롭게 하나 공을 과시하지 않고
처 중 인 지 소 오 處衆人之所惡	사람이 싫어하는 낮은 곳에 머문다.
고 기 어 도 故幾於道	그래서 도와 가깝다.
거 선 지 居善地	거함에 낮은 곳에
심 선 연 心善淵	마음은 연못처럼
여 선 천 與善天	줄 때는 아낌없이
언 선 신 言善信	언행은 신뢰 있게
정 선 치 正善治	정치는 질서 있게
사 선 능 事善能	일할 때 능력 있게
동 선 시 動善時	거동은 때를 아니
부 유 부 쟁 고 무 우 夫唯不爭 故無尤	아! 공을 다투지 않으니 원망이 없다.

쟁(爭) 다투다, 과시하다 / 오(惡) 미워하다 / 기(幾) –에 가깝다 / 우(尤) 원망(怨望)

상선약수上善若水

물처럼 사는 것이 가장 아름답다

노자《도덕경》에서 사람들이 가장 좋아하는 글귀가 '상선약수上善若水'입니다. '물처럼 사는 것이 가장 아름다운 것이다.' 왜 물처럼 살고 싶어 할까요? 그저 순리대로 살고 싶은 바람에 물이 잘 어울려서일까요? 아니면 물처럼 세상에 꼭 필요한 존재가 되고 싶어 그런 것일까요? 물은 그 자체만으로도 세상에 주는 메시지가 충분합니다. 자기의 모습을 규정하지 않고 다가오는 지형에 따라 형체를 바꾸는 유연성, 세상을 이롭게 해주는 유익성, 높은 곳에서 낮은 곳으로 흐르는 겸손함, 흐르다 웅덩이에 갇히면 잠시 쉬었다가 물이 채워지면 다시 흐르는 시의時宜성, 늘 수평을 잡아주는 공정성, 잔잔하고 고요하게 자신의 몸을 다룰 줄 아는 정숙성, 물은 참 우리에게 많은 생각을 하게 해줍니다.

노자는 무슨 의미로 가장上 훌륭한善 것이 물水과 같다若고 했을까요? 노자는 일단 물이 가지고 있는 도道의 속성을 말하고 그 뒤에 일곱 가지 물의 특성을 덧붙입니다. 도의 위대한 속성은 베풀어도 베풀었다고 드러내거나 과시하지 않는 것입니다. 만물을 만들어도 만들었다 말하지 않고, 살게 해주어도 소유하려 하지 않고, 길러주어도 주재하려 하지 않고, 베풀어도 과시하지 않는 도의 속성과 가장 닮아 있는 것이 물이라는 것입니다. 물은 만물萬物을 길러주는 이利로운 행동을 했음에도 자신이 행한 공덕을 드러내거나 과시하려고 경쟁爭하지 않습니다. 오히려 많은 사람衆人이 싫어惡하는 곳所에 머뭅니다處. 그래서故 자신의 공덕을 과시하지 않는 도道와 가장 가깝다幾고 할 수 있습니다. 노자의 도에 관한 생각은 일관적입니다. 자신의 공을 과시하거나 드러내지 않는 것, 이것이 도의 속성과 가장 가까운 인간의 행동이라는 것입니다.

세상을 다스리는 지도자도 이런 물의 정신을 닮아야 합니다. 세상을 이롭게 하는 존재가 되어야 하며, 나아가 자신의 공을 자랑하거나 과시해서는 안 됩니다. 겸손함으로 사람을 대해야 하며, 욕망, 꼼수, 공명심, 의도, 이기심으로 세상을 이끌어서도 안 됩니다. 자신의 공을 드러내는 순간 결국 물거품처럼 힘이 빠지게 될 것입니다.

부쟁무우不爭無尤

성공을 드러내지 않으니 원망이 없다

물의 일곱 가지 정신, 노자는 물처럼 산다는 것에 대하여 부연 설명을 합니다.

1. 낮은 곳에 거함: 거선지居善地

물은 낮은 곳으로 흐릅니다. 만물을 길러주고도 낮은 곳에 처합니다.

2. 연못처럼 깊은 마음: 심선연心善淵

물이 고여 연못이 되면 깊은 마음을 갖게 됩니다. 물이 깊은 연못은 가뭄에 마르지 않습니다. 모든 이를 안아주고 품어주는 것이 어머니 품 같습니다.

3. 아낌없이 베푸는 인정: 여선천與善天

물은 선택하여 베풀지 않습니다. 모든 이에게 골고루 혜택을 줍니다.

4. 믿음이 가는 언행: 언선신言善信

물은 거짓말하지 않습니다. 그래서 신뢰信가 가고 믿음이 생깁니다.

5. 바르게 하는 정치: 정선치正善治

부정한 것을 바로잡고, 거꾸로 된 것을 바로 일으키는 것이 정치입니다.

6. 능숙한 일 처리: 사선능事善能

물은 강한 쇠를 자르기도 하고 집채만 한 바위를 띄우기도 합니다. 일事하는 데에 놀라운 능력能을 발휘하는 물을 닮아야 합니다.

7. 때를 아는 움직임: 동선시動善時

겨울이 되면 물은 고체로 변하여 얼음이 됩니다. 봄이 오면 단단했던 얼음이 녹아 다시 액체 상태의 물이 됩니다. 참으로 때를 아는 지혜로운 처신입니다.

물의 위대한 정신은 부쟁不爭입니다. '부쟁不爭'은 경쟁하지 않는다는 뜻입니다. 자신의 공을 드러내서 남과 얼마나 자신이 훌륭한지 경쟁하지 않기에 원망尤이 없습니다. 성공한 자의 특징 중 하나가 공명심功名心입니다. 공명심 때문에 죄 없는 사람을 다치게도 하고, 세상을 어지럽게 만들기도 합니다.

13장
칭찬 뒤에 숨은 비난

총욕약경 寵辱若驚	칭찬을 받든 비난을 받든 모두 깜짝 놀란 듯이 받아들여라!
귀대환약신 貴大患若身	큰 근심을 내 몸처럼 소중히 생각하라!
하위총욕약경 何謂寵辱若驚	무엇을 칭찬이든 비난이든 놀란 듯 받아들이란 것인가?
총위하 寵爲下	칭찬은 인생에서 불필요한 것이니
득지약경 得之若驚	얻어도 놀란 것처럼 하고
실지약경 失之若驚	잃어도 놀란 것처럼 하라.
시위총욕약경 是謂寵辱若驚	이것을 칭찬이든 비난이든 놀란 듯 받아들이라는 것이다.
하위귀대환약신 何謂貴大患若身	무엇을 큰 근심을 내 몸처럼 소중히 생각하라는 것인가?
오소이유대환자 吾所以有大患者	내가 큰 환란을 겪는 것은
위오유신 爲吾有身	내 몸이 있기 때문이니
급오무신 及吾無身	만약 내 몸이 없다면
오유하환 吾有何患	나에게 무슨 근심이 있겠는가?

고 故	그러므로
귀 이 신 위 천 하 貴以身爲天下	내 몸을 천하처럼 귀하게 여기는 자라면
약 가 기 천 하 若可寄天下	천하를 맡길 수 있고
애 이 신 위 천 하 愛以身爲天下	내 몸을 천하처럼 사랑하는 자라면
약 가 탁 천 하 若可託天下	천하를 위탁할 수 있다.

총(寵) 총애 / 욕(辱) 수치 / 경(驚) 놀라다 / 기(寄) 맡기다 / 탁(託) 기탁하다

총욕寵辱

칭찬과 비난에 연연하지 말라

인생을 살면서 칭찬寵과 비난辱은 고요한 마음을 흔들어댑니다. 타인의 칭찬 한 마디에 행복을 느끼기도 하고, 누군가의 비난에 큰 상처를 받기도 합니다. 칭찬과 비난이 인간의 삶에 깊이 끼어들면, 무게중심을 잃고 하루에도 몇 번씩 천국과 지옥을 왕복합니다. **칭찬은 중독성이 있어서 더 큰 강도를 요구합니다.** 칭찬의 강도가 높아지지 않거나, 칭찬이 중단되면 칭찬 금단 현상이 일어나기도 합니다. "훌륭합니다!", "남이 못하는 일을 하시니 대단해요!" 이런 말 한마디는 그 어떤 칭찬보다 사람의 마음을 요동치게 합니다. 칭찬의 중독에서 벗어나려면 칭찬과 상관없는 나의 자존감을 길러야 합니다. 누가 나를 칭찬한다고 높아지지 않고, 누가 나를 비난한다고 나의 자존감이 상처 나서는 안 됩니다.

노자는 칭찬과 비난을 받을 때 깜짝 놀라며 맞이해야 한다고 합니다. 나에게 칭찬과 비난이 온다는 것은 내 소중한 인생을 뒤흔들기 위한 바이러스의 침투라고 생각해야 한다는 것입니다. 총욕의 백신을 맞지 않은 사람은 칭찬과 비난에 엄청난 피해를 봅니다. 총애는 시간이 지나면 비난으로 바뀌기도 합니다. 높은 자리가 영원히 내 자리일 수 없고, 지금의 칭찬이 영원할 수 없습니다.

세상에서 가장 소중한 것은 나 자신입니다. 그러니 나를 소중하게 여기는 사람은 그런 칭찬과 비난에 흔들리지 않습니다. 노자가 왜 이렇게 칭찬과 비난에 연연하지 말고 나 자신을 소중하게 여기라고 강조하고 있을까요?

사람들의 열광과 호응은 영원하지 않습니다. 지도자는 무게중심을 잡고 칭찬과 비난에 연연하지 말아야 합니다. 묵묵히 그들의 마음을 읽고, 그들이 가고자 하는 방향을 따라갈 뿐입니다. 자신을 소중히 여기는 지도자는 세상 역시 소중하게 생각합니다. 세상을 위해 나는 죽어도 좋다고 외치는 지도자는 세상을 어지럽고 혼란하게 만듭니다. 드러내지 않고 칭찬과 비난에 흔들리지 않고 묵묵히 자신의 길을 가는 사람이 노자가 말하는 지도자의 모습입니다.

22장
굽혀야 온전해진다

곡즉전
曲則全 굽히면 온전해지고

왕즉직
枉則直 휘어지면 펴지고

와즉영
窪則盈 패이면 채워지고

폐즉신
弊則新 낡으면 새로워지고

소즉득
少則得 줄이면 얻게 되고

다즉혹
多則惑 늘리면 번뇌한다.

시이성인
是以聖人 그래서 성인은

포일위천하식
抱一爲天下式 이 하나의 원리를 실천하여 천하의 모범이 된다.

부자현고명
不自見故明 자신을 드러내지 않기에 밝아지고

부자시고창
不自是故彰 자신을 옳다 하지 않기에 빛이 나고

부자벌고유공
不自伐故有功 자신을 자랑하지 않기에 공이 있고

부자긍고장
不自矜故長 자신을 으스대지 않기에 오래간다.

부 유 부 쟁
夫唯不爭 오직 다투려 하지 않기에,

고 천 하 막 능 여 지 쟁
故天下莫能與之爭 세상에 누구도 그와 맞설 수 없다.

고 지 소 위 곡 즉 전 자
古之所謂曲則全者 옛말에 '굽히면 온전해진다'라는 말이

기 허 언 재
豈虛言哉 어찌 헛된 말이겠는가?

성 전 이 귀 지
誠全而歸之 진실로 온전히 그 말에 귀의한다.

왕(枉) 휘다 / 와(窪) 웅덩이가 패이다 / 폐(弊) 낡다 / 포(抱) 품에 안다 / 창(彰) 밝다 / 벌(伐) 자랑하다 / 긍(矜) 으스대다 / 성(誠) 진실로

폐즉신弊則新

낡으면 새로워진다

노자의 반反의 철학은 상호 대립하는 양면의 화해입니다. 전혀 다른 두 측면이 하나로 연결되어 있다는 전제하에 반反의 철학은 실효성을 가집니다. 내려놓으면 채워지고, 소멸하면 생성하고, 끝나면 새로 시작된다는 대립의 두 면을 반反으로 연결하면 하나의 맥락이 됩니다.

수명이 다해 오래되면 결국 새로워집니다弊則新. 오래된 것은 소멸하고 새것으로 대체됩니다. 구세대가 지나면 신세대로 교체되고, 낡은 생각과 철학은 새로운 환경에 맞는 철학으로 대체됩니다. 세상에 영원한 것이 없고 끊임없이 변화합니다. 지나간 가치에 머물러 새로운 변화를 거부하거나, 익숙한 것에 안주하여 가보지 못한 길을 포기한다면 생존은 불가능할 것입니다. 낡으면 새로워진다는 역설 속에서 변화를 강조한 노자의 생각이 느껴집니다. 인생을 살면서 내 몸이 완전히 무너졌을 때 새로운 길과 방향이 만들어질 수 있다고 생각해봅니다. 실패를 마주하여 좌절과 절망 대신 희망을 생각할 수 있다면 '폐즉신'의 철학을 실천하는 사람입니다.

겸손하게 자신을 굽히면曲 반대로 온전全하게 자신을 보존할 수 있고, 사물이 휘어지면枉 반대 작용으로 펴지고直, 땅이 패여 웅덩이窪가 생기면 무엇인가가 채워盈지고, 어떤 사물이 수명이 다해서 낡으면弊 새로워新지고, 줄이면少 얻게得 되고, 늘리면多 번뇌惑가 생깁니다. 세상의 이치상 결국 얻는 게 있으면 잃는 것이 있고, 잃는 게 있으면 얻는 것이 있다는 **노자의 철학 속에서 도道의 양면성을 보게 됩니다. 행복과 불행, 얻음과 잃음, 굽음과 곧음, 소멸과 창조, 비움과 채움이 꽈배기처럼 꼬여 있는 도의 모습이 그려지는 장입니다.**

◦도道의 반反작용◦

곡曲 ↔ 전全	폐弊 ↔ 신新
왕枉 ↔ 직直	소少 ↔ 득得
와窪 ↔ 영盈	다多 ↔ 혹惑

포일抱一

도를 가슴에 품고 정진하라!

성인聖人이란 단어가 나오면 노자가 주장하는 결론을 말하는 것입니다. '도의 원리가 이러이러한 것이니 그러므로 지도자는 이래야 한다'라는 문장 구조는 노자의 글쓰기 패턴입니다. 굽혀야 온전해진다는 이 원리一를 가슴에 새기고抱 세상天下의 모범式이 되어야 한다고 결론을 맺습니다. **이 하나一는 크게 보면 도道이고, 이론적으로 보면 부쟁不爭이고, 실천적으로 보면 곡즉전曲則全**입니다. 구체적으로 보면 자신의 의도를 드러내지 않기不自見, 자기 생각을 옳다고 주장하지 않기不自是, 자기 공을 자랑하지 않기不自伐, 자기 행동에 으스대지 않기不自矜입니다. 그런데 이런 부쟁不爭의 도를 실천하면 밝아지고明, 빛이 나고彰, 성공하고功, 오래가는長 결과를 얻습니다. 이렇게 얻은 결과는 내세우고, 과시하고, 으스대서 얻은 결과가 아니기에 누구도 이의를 제기하지 않습니다. 그야말로 완벽한 성과입니다.

성공에도 다양한 양상이 있습니다. 다른 사람을 밟고 일어선 성공, 많은 사람을 실망하게 하고 이룬 성공, 다른 사람의 시기와 질투를 받는 성공, 상대방의 피를 보고 얻은 성공, 이런 성공은 지속되지 않습니다. 당장은 성공이라고 환호할 수도 있지만, 장기적으로 보면 영원한 성공이 될 수 없습니다. **누구나 축복하는 성공, 인정하는 성공, 함께하는 성공이라면 완전한 성공입니다.** 사람들의 지지를 받는 성공이기에 영원히 유지될 수 있습니다. 자본주의사회에서 성공을 착각하는 사람과 기업이 많습니다. 산을 오르는 등산登山보다 잘 내려오는 하산下山이 더 중요하듯이, 성공은 공을 이루는 것보다 공을 잘 내려놓는 것이 더 중요합니다. 등산은 했는데 하산했다는 소식이 없으면 실종이라고 합니다. 실종된 성공을 성공이라고 착각한다면 안타까운 일입니다.

24장
까치발로는 오래 서지 못한다

기 자 불 립
企者不立 까치발 하는 자는 오래 서지 못하고

과 자 불 행
跨者不行 뛰어넘어 가는 자는 멀리 가지 못하고

자 현 자 불 명
自見者不明 자신을 드러내는 자는 밝지 못하고

자 시 자 불 창
自是者不彰 자신만 옳다 하는 자는 빛나지 않고

자 벌 자 무 공
自伐者無功 자신을 자랑하는 자는 공이 없고

자 긍 자 부 장
自矜者不長 자신을 으스대는 자는 오래가지 않는다.

기 재 도 야
其在道也 이런 것들은 도의 관점에서 보면

왈 여 식 췌 행
曰餘食贅行 먹다 남은 밥, 쓸모없는 행동이라 말한다.

물 유 오 지
物有惡之 모든 존재가 싫어하는 것이니

고 유 도 자 불 처 야
故有道者不處也 그러므로 도를 따르는 자는 이런 행동을 하지 않는다.

기(企) 발돋움하다 / 과(跨) 타 넘다 / 창(彰) 밝다 / 벌(伐) 자랑하다 / 긍(矜) 으스대다 / 췌(贅) 쓸모없는, 불필요한

기자불립企者不立

까치발로 오래 서 있지 못한다

기企는 '발돋움한다'라는 뜻입니다. 까치발이라고도 합니다. 뒤꿈치를 들고 발가락으로 서는 것으로 남보다 더 커 보이려고 하는 행동입니다. 과跨는 보폭을 크게 벌려 뛰어 넘어간다는 뜻입니다. 이 두 행동은 모두 남보다 더 잘나 보이고, 더 빨리 가려는 행동입니다. 노자는 이런 행동이 오히려 오래 서立 있지 못하고, 멀리 가지行 못하는 결과를 가져온다고 합니다. 자신을 드러내는 자, 자신이 옳다고 하는 자, 자신을 자랑하는 자, 어깨에 힘을 주는 자, 이런 행동 모두 도의 원리와 어긋나는 행동입니다. 이것을 비유하면 먹다 남은餘 밥食이고 불필요한贅 행동行이라고 합니다. 누가 먹다 남은 밥을 먹으려 하고, 불필요한 행동을 하려 하겠습니까? 도를 실천하는 사람이 하는 행동이 아닙니다.

노자의 이런 주장에 이의를 제기하기도 합니다. '인간이 부단히 노력하여 남보다 더 잘하려고 하고, 더 빨리 가려는 것이 무슨 잘못이 있는가?' 노자를 읽을 때 중요한 것 중 하나가 누구에게 말하고 있는가입니다. 노자는 당시 지도자, 특히 통일을 꿈꾸는 통일왕조의 지도자에게 이 메시지를 던지려 한 것입니다. 다양성을 인정하고, 개별의 가치를 포용하는 자만이 제국의 지도자가 될 수 있습니다. **포용은 경청에서 시작됩니다. 상대방의 주장을 경청하고, 자신의 주장을 강요하지 않는 것이 노자가 말하는 통합의 원리입니다.** 《도덕경》은 성공한 자, 권력자 위치에 있는 자를 대상으로 시작했습니다. 후대에 이것이 확대되어 일반인들의 가치에도 적용되었지만, 그 시작은 귀족과 지도자들이 대상이라는 것을 잊어서는 안 될 것입니다.

노자 철학에서 중요한 것은 귀족이나 왕족을 위한 노자의 제안을 어떻게 일반인들의 철학과 접목할 것인가입니다. 이 연결 고리를 잘 잡아내는 것이《도덕경》해석에서 가장 중요한 점입니다. 노자 철학을 마라톤에 비유하고 싶습니다. **노자 철학은 단거리 경주에서 승리하는 것보다 장거리 마라톤에서 승리하는 것을 목표로 합니다.** 당장은 남보다 뒤지고 처지더라도 장기적인 안목에서 어떻게 살아야 할지를 잘 보여주는 것이 노자 철학입니다.

33장
자신을 아는 자가 현명한 사람이다

지 인 자 지 知人者智	타인을 아는 자를 똑똑하다 하지만
자 지 자 명 自知者明	자신을 아는 자는 현명하다 한다.
승 인 자 유 력 勝人者有力	남을 이기는 자를 힘이 있다 하지만
자 승 자 강 自勝者强	자신을 이기는 자를 강하다고 한다.
지 족 자 부 知足者富	만족을 아는 자가 부자이다.
강 행 자 유 지 强行者有志	억지로 일 벌이는 자는 마음만 앞서는 자이다.
불 실 기 소 자 구 不失其所者久	내가 있어야 할 자리를 잊지 않는 자가 오래간다.
사 이 불 망 자 수 死而不亡者壽	몸은 죽어도 기억되는 자가 장수하는 사람이다.

자지자명 自知者明

너 자신을 알라!

"너 자신을 알라!" 고대 그리스의 격언으로 델포이에 있는 아폴론 신전 앞마당에 쓰여 있는 글이라고 합니다. 그리스 철학자 소크라테스의 말로 유명해진 이 말은 **진정한 앎이란 '내가 아는 것이 없다는 것'을 아는 것**이라는 비유입니다. 세상의 모든 것을 다 알고 있지만 정작 자신에 대하여는 모르는 사람이 많습니다. 일명 헛똑똑이입니다. 다른 사람에 대하여 정확히 파악하고, 장단점을 술술 말하면서 정작 자기 문제에 대해서는 아무것도 파악하지 못하며 인생을 살아갑니다. 남의 고민은 척척 해결책을 내놓으면서 자신의 문제는 정작 아무런 대책도 없는 사람, 이런 헛똑똑이에게 '너 자신을 알라!'라고 말하는 것입니다.

노자도 같은 말을 합니다. '남을 알려고 하지 말고 나를 먼저 알아야 한다.' '남과 싸워 이기는 자가 되지 말고 나와 싸워 이기는 자가 되어라.' 지혜는 나를 아는 것에서 시작하고, 강함은 나를 이기는 것에서 시작한다는 것입니다. **똑똑하고, 강하다고 으스대는 사람 중에 몰락의 길로 가는 사람이 많습니다.** 자신이 알고 있는 지식의 그물에 걸리고, 자신의 힘을 믿다가 함정에 빠지기도 합니다. 노자의 반反 철학의 정점입니다. 부자는 돈이 많은 자가 아니라 현재 나의 상태에 만족하는 자라는 반전도 참 좋습니다. 더 많은 부를 소유하기 위해 현재에 만족하지 못하는 사람은 영원히 부자가 될 수 없습니다. 지금 내가 가지고 있는 것을 사랑하고 아낄 줄 아는 사람이 영원한 부자입니다. 장수한다는 것은 물리적으로 오랜 시간을 사는 사람이 아닙니다. 죽어도 사람들의 기억 속에 오래 머물 수 있다면 그것이 진정한 장수입니다.

욕망에 현재를 저당 잡히고, 지식의 그물에 걸려 새로운 변화의 길을 놓치고, 승부의 욕망에 겸손을 잊고 사는 사람에게 노자는 크게 외칩니다. '너 자신을 먼저 알라! 너와 싸워 이겨라! 지금의 너를 사랑하라! 영원히 기억되는 자가 되어라!' 몇 번이고 곱씹어 봅니다.

36장
주어야 얻는 미묘한 지혜

장 욕 흡 지 필 고 장 지 將欲歙之必固張之	장차 거두려면 먼저 펼쳐라!
장 욕 약 지 필 고 강 지 將欲弱之必固强之	장차 약하게 하려면 먼저 강하게 하라!
장 욕 폐 지 필 고 흥 지 將欲廢之必固興之	장차 없애려면 먼저 잘되게 하라!
장 욕 탈 지 필 고 여 지 將欲奪之必固與之	장차 뺏으려면 먼저 주어라!
시 위 미 명 是謂微明	이것을 미묘한 지혜, 미명이라 한다.
유 약 승 강 강 柔弱勝剛强	부드럽고 약한 것은 강하고 센 것을 이긴다.
어 불 가 탈 어 연 魚不可脫於淵	물고기가 연못에서 벗어나면 안 되듯이
국 지 리 기 불 가 이 시 인 國之利器不可以示人	나라의 날카로운 무기는 상대방에게 보여서는 안 된다.

흡(歙) 거두다 / 장(張) 펼치다 / 폐(廢) 없애다 / 미(微) 미세하다 / 탈(脫) 벗어나다 / 리(利) 날카롭다 / 기(器) 무기

유약승강강柔弱勝剛强

부드러운 것이 강한 것을 이긴다

유도柔道나 씨름은 부드러움의 경기입니다. 힘이 센 자가 이기는 것이 아니라 상대방의 강함을 부드러움으로 받아들여 역으로 승리하는 경기입니다. 노자는 부드러움의 위대함에 대하여 강조합니다. 반反의 정신입니다. 사나운 독수리가 자신의 날카로운 발톱을 보이지 않듯이, 싸움의 고수는 자신의 칼날을 함부로 보이지 않습니다.

거두려면歙 먼저 상대방을 펼치게 하여張 상대방을 분산시키고, 약弱하게 만들려면 먼저 강强하다고 착각하게 하여 방심하게 하고, 없애려면廢 먼저 상대방을 흥興하게 하여 으스대게 하고, 빼앗으려면奪 먼저 상대방에게 무엇을 주어與 경계를 풀게 만들어야 합니다.

노자는 오직 힘만이 정의라고 생각되었던 춘추시대 말기에 힘보다 더 중요한 부드러움의 강함이 있다고 강조합니다. 강하고 센 자가 살아남는 것이 아니라, **부드럽고 약한 자가 살아남는다**는 새로운 패러다임을 제시한 것입니다. 무기를 무기고에서 꺼내어 사용하면 이미 승부의 세계에서는 진 것에 가깝습니다. 물고기魚가 연못에서 나오면 안 되듯이, 날카로운利 병기가 무기고에서 나오는 순간 이미 완벽한 승리에서 멀어진 것입니다. 노자의 관점에서 보면 국방 무기는 한 번도 사용하지 않고 연한이 되어 폐기되는 것이 가장 잘 사용한 것입니다. 상대방의 전쟁 도발 의지를 꺾고, 나의 주장을 관철할 수 있는 용도로 사용한 것이 최상입니다. **상대방과 나의 손실 없이 부드럽게 이기는 방법이 노자가 원하던 승리의 방법입니다.** 이런 완벽한 싸움의 원리를 아는 것을 미명微明이라고 합니다. 미微는 미세하고 은미隱微하다는 뜻입니다. 명明은 밝은 지혜입니다. 미명은 싸우지 않고 이기는 방법을 아는 지혜입니다.

우리는 경쟁이 일상이 되어버린 시대를 살고 있습니다. 싸워 이기는 것이 정의이며 승리라는 생각이 지배하고 있습니다. 싸우지 않고 상대방의 가슴에 못 박지 않고 이기는 방법, 이것이 노자의 유약柔弱 승리 방법입니다.

23장
폭풍은 반드시 지나간다

희 언 자 연 希言自然	자연은 말을 많이 하지 않는다.
고 故	그러므로
표 풍 부 종 조 飄風不終朝	회오리바람도 아침나절을 넘기지 않고
취 우 부 종 일 驟雨不終日	소나기도 종일 내리지 않는다.
숙 위 차 자 孰爲此者	누가 이렇게 하는가?
천 지 天地	하늘과 땅이다.
천 지 상 불 능 구 天地尙不能久	하늘과 땅도 오래하지 않는데
이 황 어 인 호 而況於人乎	하물며 사람에게 있어서랴.
고 故	그러므로
종 사 어 도 자 從事於道者	도를 좇아 사는 자가 있다.
도 자 동 어 도 道者同於道	도를 좇아 사는 자는 도에 동화되고
덕 자 동 어 덕 德者同於德	덕을 좇아 사는 자는 덕에 동화되고
실 자 동 어 실 失者同於失	(도덕을) 잃고 사는 자는 잃음에 동화된다.

동어도자 同於道者	도에 동화된 자는
도역락득지 道亦樂得之	도 역시 즐겁게 그를 받아들이고
동어덕자 同於德者	덕에 동화된 자는
덕역락득지 德亦樂得之	덕 역시 즐겁게 그를 받아들이고
동어실자 同於失者	잃음에 동화된 자는
실역락득지 失亦樂得之	잃음 역시 즐겁게 그를 받아들인다.
신부족언 信不足焉	믿음이 부족하기에
유불신 有不信	불신이 생긴다.

희(希) 드물다 / 표(飄) 회오리바람 / 취(驟) 빠르다 / 취우(驟雨) 소낙비

취우부종일驟雨不終日

소낙비는 종일 내리지 않는다

제가 참 좋아하는 구절입니다. **회오리바람은 아침나절을 넘기지 않고, 소낙비는 종일 내리지 않는다.** 앞뒤 다 끊고 생각하면, 이 힘들고 어려운 상황도 결국 끝이 난다는 희망적인 이야기입니다. 아무리 힘들어도 결국 시간이 지나면 모든 것이 지나간다는 것입니다. **'이 또한 지나가리라!'**, **'This too shall pass.'** 힘들 때마다 자주 쓰는 말입니다. 우주의 열쇠는 시간입니다. 상처도 시간이 지나면 아물고, 아픔도 시간이 지나면 치유됩니다. 시간 앞에서 그 어떤 것이라도 막아설 자는 없습니다. 무섭게 불어대는 회오리바람이든, 억수같이 퍼붓는 소낙비든 결국 시간 앞에선 무릎을 꿇습니다. 그것이 자연自然입니다. 자연은 말言을 적게希 한다는 은유는 결국 시간 앞에서 모든 것은 끝이 있다는 것입니다.

노자가 왜 이런 말을 했을까요? 도대체 어떤 말을 하고 싶은 것일까요? 천지자연도 이렇게 시간 앞에서 오랫동안 힘든 일을 겪게 하지 않는데, 인간의 지도자 역시 사람들에게 오랫동안 고통을 주어서는 안 된다는 것입니다. 전쟁이든, 부역이든, 지도자가 오랫동안 사람들을 고통에 빠뜨리게 하는 것은 도와 덕에 부합되지 않는 일입니다. 백성의 고혈을 착취하던 시대에 노자는 도덕에 어긋난 행동을 강력하게 비난하고 있는 것입니다.

도와 덕에 동화되어 세상을 이끄는 지도자는 오랫동안 백성에게 고통을 주지 않습니다. 백성도 그런 지도자를 즐겁게 받들고 따릅니다. 권력자의 권력 행사는 백성에게는 고통입니다. 권력의 맛은 백성의 고통을 담보로 합니다. 권력의 맛에 길든 권력자는 그 맛에 중독되어 있습니다. 중독의 끝은 파멸입니다. 말을 믿지 못하는 이유는 불신에 있습니다. 불신은 결국 몰락입니다. 몰락의 길을 걸으며 헤매고 있는 사람은 자신이 가고 있는 길의 끝을 알지 못합니다. 몰락이 그를 기쁘게 유혹하고 있기 때문입니다. 도덕을 잃은 채 헤매는 사람은 즐거움이라는 환상에 빠져 있습니다. 그러니 죽음의 길로 가고 있어도 허상의 기쁨으로 가는 것입니다.

39장
보석이 아닌 돌이 되어라

석 지 득 일 자 昔之得一者	옛적에 하나를 얻은 것들이 있었다.
천 득 일 이 청 天得一以淸	하늘은 하나를 얻어 맑아졌고
지 득 일 이 녕 地得一以寧	땅은 하나를 얻어 편안해졌고
신 득 일 이 령 神得一以靈	신은 하나를 얻어 신령스러워졌고
곡 득 일 이 영 谷得一以盈	골짜기는 하나를 얻어 가득 찼고
만 물 득 일 이 생 萬物得一以生	만물은 하나를 얻어 생명을 얻었고
후 왕 득 일 이 위 천 하 정 侯王得一以爲天下正	왕은 하나를 얻어 천하의 모범이 되었으니
기 치 지 일 야 其致之一也	그들이 그렇게 된 것은 하나를 얻었기 때문이다.

천 무 이 청 장 공 열 天無以淸 將恐裂	하늘이 맑지 않으면 장차 찢어질 것이고
지 무 이 녕 장 공 발 地無以寧 將恐發	땅이 편안하지 않으면 장차 폭발할 것이고
신 무 이 령 장 공 헐 神無以靈 將恐歇	신이 신령하지 않으면 장차 힘을 다할 것이고
곡 무 이 영 장 공 갈 谷無以盈 將恐竭	계곡이 가득 차지 않으면 장차 마를 것이고
만 물 무 이 생 장 공 멸 萬物無以生 將恐滅	만물이 생명력이 없으면 장차 소멸할 것이고
후 왕 무 이 귀 고 장 공 궐 侯王無以貴高 將恐蹶	제왕이 귀하고 높지 않으면 장차 넘어질 것이다.

고 故	그러므로
귀 이 천 위 본 貴以賤爲本	귀한 것은 천한 것을 기본으로 삼고
고 이 하 위 기 高以下爲基	높은 것은 낮은 것을 기초로 삼는다.
시 이 是以	이러므로
후 왕 자 위 고 과 불 곡 候王自謂孤寡不穀	제왕은 자신을 고독, 부족, 못난이라고 부른다.
차 비 이 천 위 본 야 此非以賤爲本邪	이것은 비천한 것을 근본으로 삼기 때문 아닌가?
비 호 非乎	안 그런가?
고 치 삭 예 무 예 故致數譽無譽	그러므로 늘 명예를 좇는 사람은 명예가 없을 것이다.
불 욕 록 록 여 옥 不欲琭琭如玉	빛나는 옥이 되려 하지 말고
락 락 여 석 珞珞如石	투박한 돌멩이처럼 살아야 한다.

열(裂) 찢어지다 / 헐(歇) 다하다 / 갈(竭) 마르다 / 궐(蹶) 넘어지다 / 과(寡) 부족하다 / 곡(穀) 착하다 / 삭(數) 자주 / 록(琭) 옥의 모양 / 락(珞) 조약돌

락락여석 珞珞如石

돌처럼 단단하고 단순하게

노자에게 '하나一'는 도道입니다. 그 하나 안에는 도의 여러 가지 속성이 담겨 있습니다. **만물을 낳고 기르는 그 하나, 자신의 공을 드러내지 않는 그 하나, 간섭하지 않고 있는 그대로 지켜봐 주는 그 하나입니다.** 세상의 모든 존재는 그 하나를 통해 생명력을 얻고 평온을 찾습니다. 하늘은 그 하나를 얻어서 맑아졌고, 땅은 그 하나를 얻어서 편안해졌습니다. 귀신은 그 하나를 얻어서 신령스러워졌고, 골짜기는 그 하나를 얻어 생명으로 가득 찼습니다. 만물은 그 하나를 얻어 생명력을 얻었고, 권력자는 그 하나를 얻어 세상의 중심이 될 수 있었습니다.

그 하나는 구체적으로 무엇일까요? 바로 겸손입니다. 나를 낮추고 비우는 겸손이 도道의 그 하나一입니다. 귀貴함은 나를 내려賤놓았을 때 다가오고, 높음高은 나를 낮췄下을 때 이루어집니다. 천함 없는 귀함은 없고, 낮춤 없는 높음은 없습니다. 천함은 귀함으로 돌아가고反, 낮음은 높음으로 돌아갑니다. 그렇습니다. 우주의 삼라만상이 위대해지는 그 하나는 바로 귀한 자의 천함과 높은 자의 낮춤입니다. 그래서 세상의 높은 자들은 자신을 고독孤, 부족寡, 못남不穀이라고 칭하는 것입니다. 자신을 낮추고 내렸을 때 높음과 귀함이 다가옵니다.

하늘이 높다고 으스대면 찢어질 것이며, 땅이 넓다고 으스대면 폭발할 것입니다. 귀신이 대단하다고 설치면 신령을 잃을 것이고, 골짜기가 깊다고 자만하면 텅 비어 생명은 사라지게 될 것입니다. 만물이 자신의 존재를 강조하면 생명력을 잃을 것입니다. 권력을 가진 자가 교만하면 권력을 잃고 몰락할 것입니다. 노자는 이런 역설反로 세상의 권력자에게 권력의 행사를 제어하고, 낮춤과 비움으로 세상 사람을 대하라고 한 것입니다. 보석처럼 반짝이는 것은 오래가지 못합니다. 투박한 돌멩이는 사람의 주목을 받지 않습니다. 그래서 오랫동안 자기 자리에 있을 수 있습니다. **노자는 반짝거리는 보석이 아닌 투박한 돌멩이로 살아야 한다고 합니다.** 지도자의 이런 처신을 소박素樸이라고 합니다. 소박함을 실천하고, 사욕을 버리고, 지식과 욕망의 찌꺼기를 내려놓으면 더욱 강해지고, 지속할 수 있습니다.

45장
잘난 것은 못나 보인다

대 성 약 결 大成若缺	큰 완성은 모자란 듯하나,
기 용 불 폐 其用不弊	그 작용은 영원하다.
대 영 약 충 大盈若沖	큰 채움은 빈 듯하나,
기 용 불 궁 其用不窮	그 작용은 끝이 없다.
대 직 약 굴 大直若屈	큰 곧음은 구부러진 것 같고
대 교 약 졸 大巧若拙	큰 재주는 못난 것 같고
대 변 약 눌 大辯若訥	큰 논리는 어눌한 것 같다.
조 승 한 躁勝寒	추위를 이기려면 움직여라!
정 승 열 靜勝熱	더위를 이기려면 고요하라!
청 정 위 천 하 정 淸靜爲天下正	맑고 고요함은 천하의 바른 모범이 된다.

결(缺) 모자라다 / 충(沖) 비다 / 교(巧) 기교 / 졸(拙) 못남 / 변(辯) 말을 잘하다 / 눌(訥) 말을 더듬다 / 조(躁) 조급함 / 정(靜) 고요하다

대변약눌大辯若訥

말 더듬는 사람이 설득력이 있다

노자는 눈에 보이는 것이 전부가 아니라고 합니다. 바보처럼 보이던 사람이 오히려 더 똑똑한 판단과 결정을 하고, 말을 제대로 하지 못하고 더듬는 사람訥이 오히려 설득력辯이 있기도 합니다. 장사꾼이 말을 너무 잘하면 경계하게 됩니다. 오히려 말은 잘하지 못하지만 성실함으로 무장한 사람이 더욱 설득력 있습니다. 아무런 단점은 없고 장점만 있다고 말하는 사람을 경계해야 합니다.

완성成은 자연의 본질이 아닙니다. 미완성缺이 오히려 우주의 본질에 가깝습니다. 완성되었다고 선언하는 순간 그때부터 무너지기 시작합니다. **완성은 죽음이고 미완성은 생명입니다.** 채움盈은 죽음이고 비움沖은 생명입니다. 비움 속에 새로운 채움의 에너지가 발생합니다. 이미 다 채운 것 속에 동력이 발생하지 않습니다. 기교巧가 있는 기술자는 보기에 재주가 없어拙 보이기도 합니다. 별 볼 일 없는 사람이 자신이 잘났다고 요란합니다. 자신의 결점을 보완하기 위해서 시끄럽습니다.

문제 해결의 열쇠는 '거꾸로'에 있습니다. 겨울철 한파가 몰아닥쳐 추울 때는 몸을 움직여야 합니다. 몸을 조급躁하게 움직여야 추위寒를 이길 수 있습니다. 가만있으면 추위는 더욱 기승을 부립니다. 반대로 더운 여름철에는 조용히靜 있어야만 더위熱를 이길 수 있습니다. 덥다고 신경질 내고 몸을 움직이면 더욱 덥습니다.

도의 작용방식이 약弱이듯이 청정淸靜은 천하를 움직이는 지도자의 태도입니다. 맑고淸 고요함靜 속에 천하를 운용하는 치세治世의 철학이 담겨 있습니다. 황제는 나서지 않고 조용히 자기 자리에 머물러야 합니다. 황제가 말이 많아지면 신하들은 그 말을 피하는 방법을 찾습니다. 황제가 말이 없으면 신하들은 의중을 알 수 없기에 더욱 조심하게 됩니다. **제국의 통치 방법은 소박함, 청정함이 기본입니다.** 한 나라를 다스리는 방법은 법률로 가능하지만, 천하를 다스리는 통치 방법은 무위無爲의 청정淸靜함만이 가능합니다.

50장
죽음의 길로 들어가는 사람

출 생 입 사 出生入死	인간은 누구나 태어나서 죽음으로 들어간다.
생 지 도 십 유 삼 生之徒十有三	사는 길로 가는 무리가 열에 셋,
사 지 도 십 유 삼 死之徒十有三	죽는 길로 가는 무리가 열에 셋,
인 지 생 동 지 사 지 人之生動之死地	사는 길로 가다 죽는 길로 가는 무리가
역 십 유 삼 亦十有三	또한 열에 셋.
부 하 고 夫何故	무슨 이유로 죽음의 길로 가는 사람이 많을까?
이 기 생 생 지 후 以其生生之厚	자기 생에 대한 집착이 많기 때문이다.
개 문 蓋聞	내가 듣기로
선 섭 생 자 善攝生者	생을 잘 보존하는 자는
육 행 불 우 시 호 陸行不遇兕虎	산길에 다녀도 코뿔소와 호랑이를 만나지 않고
입 군 불 피 갑 병 入軍不被甲兵	전쟁에 참전해도 무기를 들지 않는다.
시 무 소 투 기 각 兕無所投其角	코뿔소는 그 뿔을 들이받을 곳이 없고,
호 무 소 조 기 조 虎無所措其爪	호랑이는 그 발톱을 할퀼 곳이 없고,
병 무 소 용 기 인 兵無所容其刃	칼은 그 칼날을 집어넣을 곳이 없다.
부 하 고 夫何故	무슨 이유인가?
이 기 무 사 지 以其無死地	죽음의 땅에 애초부터 들어가지 않기 때문이다.

도(徒) 무리 / 섭(攝) 유지하다 / 시(兕) 외뿔소 / 조(措) 두다 / 조(爪) 손톱

생생지후生生之厚

삶에 대한 집착이 죽음의 땅으로 인도한다

열 명 중 사는生 길로 가는 사람들이 세 명이고, 죽음死의 길로 가는 사람이 세 명이고, 사는 길로 가다가 죽음의 길로 들어서는 사람이 세 명입니다. 그러니까 열 명 중 여섯 명은 죽음의 길로 가고 있는 사람들입니다. 인간은 모두 살고 싶어 하는데 왜 죽음의 길로 가는 사람이 저토록 많을까요? **자기 삶에 대한 욕망이 너무 강하기 때문에 오히려 죽음의 길로 가는 것입니다.** 생생지후生生之厚는 생에 대한 욕망이 강한 것입니다. 경쟁에서 이기려 하고, 더 많이 가지려 하고, 더 높이 올라가려 하는 탐욕이 결국 사람을 죽음의 길로 가게 합니다. 노자는 당시 지도자가 전쟁을 통해 땅을 넓히고, 세금을 걷어 궁전을 짓고, 부역을 동원하여 성을 쌓는 일이 모두 자기 생명에 대한 집착이 강해서 그렇다고 생각했습니다. 소박한 삶을 버리고 욕망과 탐욕으로 살아가는 사람은 결국 죽음의 길로 가는 사람입니다. 인간은 생에 대한 본능을 갖고 있습니다. 배를 채우고, 안전하게 자고, 좋아하는 것을 추구하는 일은 인간의 본능에 충실한 것입니다. 그러나 문제는 과잉 욕구입니다. 현대사회에도 통장에 돈을 과도하게 쌓아야 성공이라고 착각하고, 사치와 방탕을 욕망의 실현이라고 생각하며 죽음의 길로 가는 사람이 많습니다.

사는 길로 가는 사람은 호랑이虎나 코뿔소兕의 공격을 받지 않습니다. 애초부터 호랑이나 코뿔소가 나오는 사지로 들어가지 않기 때문입니다. 그러니 호랑이 발톱이 할퀼 수 있는 상황이 없고, 코뿔소 뿔이 들이받을 일이 없는 것입니다. 사지死地에 들어서지 않으니 죽을 일이 없는 것입니다. 이런 사람을 소극적인 삶을 살아간다고 비난할 수도 있습니다. 노자는 **강하면 부러지고, 강한 사람은 제명에 죽지 못한다고 강조합니다.** 부드러움과 유연함만이 생지生地로 들어가는 방법입니다. 노자의 반反의 철학이 엿보이는 대목입니다. '생지生地'와 '사지死地'는 병법에서 자주 등장하는 용어입니다. 장군은 병사를 생지로 인도해야 할 의무가 있습니다. 겸손하고, 부드럽고, 낮추는 것이 나의 삶을 삶의 길로 인도할 것입니다.

41장
큰 그릇은 완성이 없다

상사문도 上士聞道	훌륭한 선비는 도를 들으면
근이행지 勤而行之	부지런히 행동에 옮기고
중사문도 中士聞道	중간 선비는 도를 들으면
약존약망 若存若亡	그럴까? 아닐까? 의심하고
하사문도 下士聞道	하류 선비는 도를 들으면
대소지 大笑之	크게 비웃는다.
불소부족이위도 不笑不足以爲道	하류 선비가 비웃지 않으면 도라고 하기엔 부족할 것이다.
고건언유지 故建言有之	그러므로 옛말에도 있나니
명도약매 明道若昧	밝은 도는 어두워 보이고
진도약퇴 進道若退	앞선 도는 뒤처진 것 같고
이도약뢰 夷道若纇	평탄한 도는 어그러져 보이고
상덕약곡 上德若谷	높은 덕은 텅 빈 골짜기처럼 보이고
태백약욕 大白若辱	아주 깨끗한 것은 더러운 것처럼 보이고
광덕약부족 廣德若不足	넓은 덕은 부족해 보이고
건덕약투 建德若偸	건실한 덕은 구차해 보이고

질 진 약 유 質眞若渝	질박한 진리는 변덕스러워 보이고
대 방 무 우 大方無隅	큰 네모는 모퉁이가 없고
대 기 만 성 大器晚成	큰 그릇은 완성이 없고
대 음 희 성 大音希聲	큰 소리는 소리가 없고
대 상 무 형 大象無形	큰 모습은 형체가 없고
도 은 무 명 道隱無名	도는 숨어 자신의 이름을 드러내지 않나니
부 유 도 夫唯道	오직 도만이
선 대 차 성 善貸且成	잘 베풀고 이루어준다.

이(夷) 평평하다 / 뢰(纇) 어그러지다 / 투(偸) 구차하다 / 유(渝) 변하다

대상무형大象無形

너무 큰 것은 형체를 볼 수 없다

위대한 진리는 처음에 모두 배척을 받거나 무시를 당했습니다. 새로운 진리의 시작은 사람들의 불신이 함께 했습니다.

노자는 자신의 도道에 대한 철학이 사람들의 웃음거리가 될 것이라 말합니다. 훌륭한 지식인士은 자신의 주장에 동조하고 실행에 옮기겠지만, 중류·하류 지식인은 의심하거나 크게 비웃을 것이라고 합니다. 나아가 사람들이 비웃지 않으면 진정한 진리道라고 할 수 없다고 합니다. 진리는 그렇게 늘 다수의 외면을 받아왔습니다. 노자는 여기서 반反의 논리로 자신의 주장을 이어갑니다. 밝은 도는 반대로 어두운 도처럼 보이고, 앞선 도는 뒤처진 도처럼 보인다는 것입니다.

대기만성大器晩成은 보통 큰 그릇은 늦게 만들어진다고 해석합니다. 만晩을 '늦은'이라는 뜻으로 본 것입니다. 그러면 다른 문장과 맥락이 통하지 않습니다. 만晩은 면免으로 해석해야 합니다. **큰 그릇은 완성이 없다는 뜻입니다.** 정말 큰 그릇은 완성이 없어야 의미상으로도 정확합니다. 큰 네모는 각이 없고, 큰 소리는 들리지 않고, 큰 모습은 형체가 없습니다. 지구가 돌아가는 소리는 너무 커서 들리지 않습니다. 들리지 않는다고 없는 것이 아닙니다. 다만 인간의 감각으로 들을 수 없는 것뿐입니다. 은하계는 너무 커서 인간의 눈으로 볼 수 없지만 확실히 존재하고 있습니다. 공기는 눈에 보이지 않지만 확실하게 존재하고 있습니다. **도道는 확실히 존재하나 인간의 감각으로 인지하거나 실체를 확인할 수 없습니다.** 보이지 않는다고 없는 것이 아니고, 들리지 않는다고 없는 것이 아닙니다. 어쩌면 인간의 감각으로 보고 듣고 있는 것이 거짓일 수 있습니다.

61장
강한 자가 먼저 낮춰라

대국자하류 大國者下流	큰 나라는 하류니
천하지교 天下之交	천하의 모든 것이 모여들게 되고
천하지빈 天下之牝	천하를 품는 어미가 된다.
빈상이정승모 牝常以靜勝牡	어미는 항상 고요함으로 아비를 이기나니
이정위하 以靜爲下	고요함으로 낮추기 때문이다.
고 故	그러므로
대국이하소국 즉취소국 大國以下小國 則取小國	큰 나라는 작은 나라에 낮추니 작은 나라를 품게 되고
소국이하대국 즉취어대국 小國以下大國 則取於大國	작은 나라는 큰 나라에 낮추니 큰 나라에 안기게 된다.
고 故	그러므로
혹하이취 혹하이취 或下以取 或下而取	어떤 나라는 낮추어 안기게 되고, 어떤 나라는 낮추어 품게 된다.
대국불과욕겸휵인 大國不過欲兼畜人	큰 나라는 세상 사람을 두루 보살피는 마음만 가져야 하고
소국불과욕입사인 小國不過欲入事人	작은 나라는 큰 나라에 들어가 섬기는 마음만 가져야 한다.
부양자각득기소욕 夫兩者各得其所欲	둘은 각자 자신이 원하는 것을 얻을 것이니
대자의위하 大者宜爲下	큰 나라가 마땅히 낮추어야 한다.

빈(牝) 여성 / 모(牡) 남성 / 겸(兼) 아울러 / 휵(畜) 기르다

대국자하류大國者下流

강대국이 먼저 숙여야 한다

큰사람이 작은 사람에게 먼저 머리를 숙여야 합니다. 큰사람이 작은 사람에게 군림하고 작은 사람을 업신여기면 작은 사람의 반발이 생깁니다. 작은 사람 역시 큰사람에게 머리 숙여야 합니다. 그래야 자신을 보호할 수 있습니다. 크든 작든 머리를 숙이는 것이 결국 상생의 방법입니다. 노자가 살던 시대에는 큰 나라와 작은 나라가 있었습니다. 크고 작은 전쟁을 통해서 작은 나라는 망하기도 하고, 큰 나라는 큰 피해를 보기도 했습니다. 사회는 암울했고, 권력자들은 부침을 거듭했습니다. 노자는 숙임下의 역설反을 통해 해법을 제시합니다. 숙이면 모든 문제가 해결된다는 것입니다. 현대 국제 정치에도 이런 논리가 여전히 존재합니다. 강대국을 중심으로 약소국은 그들의 우산 밑에서 생존을 유지합니다. 여기서 중요한 것은 **강대국이 약소국의 자존심을 살려주어야 한다는 것입니다.** 강함을 믿고 무조건 복종을 요구한다면 약소국은 반발합니다. 강하다는 것만으로 상대방을 복종시킬 수 없습니다. 약소국은 물론 강대국에 숙임으로써 그들의 보호 안에 들어갈 수 있습니다.

하류下流는 모든 골짜기의 물이 모여드는 곳입니다. 마치 어머니의 품처럼 세상의 다름을 인정하고 안아줍니다. 강대국은 이런 하류의 정신으로 다름과 작음을 품어주어야 합니다. 하류의 정신은 어머니牝, 고요함靜, 낮춤下입니다. 상류上流의 정신은 아버지牡, 시끄러움動, 교만上입니다. 대국은 하류의 정신으로 작은 나라를 대해야 합니다. 그래야 그들을 품을 수 있습니다. 작은 나라 역시 하류의 정신으로 큰 나라를 섬겨야 합니다. 그래야 그들의 보호를 받고 생존할 수 있습니다. 중요한 것은, 큰 나라가 먼저 작은 나라에 낮춰야 한다는 것입니다.

큰 것의 겸손함은 작은 것, 소수를 품어주고 보듬어주는 위대한 어머니의 정신입니다. 태산은 작은 흙 한 줌이라도 사양하지 않고 모두 받아주었기에 그토록 큰 태산이 될 수 있고, 강물과 바다는 조그만 물줄기 하나라도 가리지 않았기에 그토록 깊은 바다가 될 수 있습니다. 대국이 정말 큰 나라가 될 수 있는 이유는 포용력입니다. 용광로 같은 포용력이야말로 위대함의 시작입니다.

67장
세 가지 보물

천하개위아도대 天下皆謂我道大	세상 사람은 내가 말하는 도가 너무 커서
사불초 似不肖	진리가 아닌 것처럼 보인다고 말한다.
부유대 고사불초 夫唯大 故似不肖	아주 크기 때문에 진리가 아닌 것처럼 보이는 것이다.
약초 구의기세부 若肖 久矣其細夫	만약 진리처럼 보인다면 오래전에 사그라졌을 것이다.
아유삼보 지이보지 我有三寶 持而寶之	나에게는 세 가지 보물이 있어 잘 간직하고 귀하게 여긴다.
일왈자 一曰慈	첫째는 사랑
이왈검 二曰儉	둘째는 검소
삼왈불감위천하선 三曰不敢爲天下先	셋째는 세상에 함부로 앞서지 않기
자고능용 慈故能勇	사랑하기에 사람들의 용기를 얻을 수 있고
검고능광 儉故能廣	검소하기에 영토를 넓힐 수 있고
불감위천하선고능성기장 不敢爲天下先故能成器長	세상에 함부로 앞서지 않기에 여러 신하의 수장이 된다.

금사자차용 今舍慈且勇	요즘 사람은 사랑을 버리고 용맹만 강요하고
사검차광 舍儉且廣	검소함을 버리고 영토를 넓히려고만 하고
사후차선 舍後且先	겸손을 버리고 남보다 앞서려고만 하니
사의 死矣	결국 죽음에 이를 것이다.
부자이전즉승 夫慈以戰則勝	사랑의 마음으로 싸우면 승리할 것이고,
이수즉고 以守則固	사랑의 마음으로 지키면 튼튼하게 방어할 것이니
천장구지 天將救之	하늘이 장차 그 사람을 구하려 하면
이자위지 以慈衛之	사랑의 마음이 있어야 지켜줄 것이다.

사(似) –와 같다 / 초(肖) 닮았다 / 자(慈) 사랑 / 기(器) 전문 능력

자검후慈儉後

세 가지 보물: 사랑, 검소, 겸손

믿음信, 소망望, 사랑愛은 성경에 나오는 인간이 가져야 할 세 가지 보물입니다. 불교에도 세 가지 보물, 삼보가 있습니다. 불법승佛法僧은 불교도의 세 가지 귀의처로 삼보三寶라고 합니다. 유교의 세 가지 보물은 지인용智仁勇입니다. 지혜, 사랑, 용기는 인간이 태어날 때부터 갖고 태어난 하늘이 준 소중한 선물로 평생 실천하고 닦아야 할 덕목입니다. 노자도 세 가지 보물을 말합니다. 사랑慈, 검소儉, 겸손後이 그것입니다.

노자는 자신이 말하는 도道가 너무 크고 상식에 맞지 않아서 사람들이 실천하기 힘들 것이라고 말합니다. 사람들은 왜 노자의 주장이 상식에 맞지 않는다고 생각할까요? 노자는 세 가지 보물의 이야기로 그 이유를 설명합니다. 사랑慈, 검소儉, 겸손後은 지도자가 반드시 간직하고 지켜야 할 세 가지 보물인데, 이 삼보를 잘 지켜나가면 사람의 용맹을 얻을 것이고, 영토는 더욱 확장될 것이고, 세상의 유능한 사람의 윗자리에 설 수 있다는 것입니다. 승자독식의 전쟁터에서 어떻게 해야 승리를 이루고, 완벽한 방어를 할 수 있을까요? 사랑은 병사의 목숨을 아끼고 사랑하는 것입니다. 그들의 아픔을 공감하는 사랑의 정신은 병사의 용기를 북돋웁니다. 지도자의 검소함은 사치를 줄이고 병사를 위해 사용하는 것입니다. 병사를 배불리 먹이고, 그들을 보호할 무기와 병기에 투자한다면 더욱 영토는 넓어지고 확장될 것입니다. 겸손은 여러 장수에게 권한을 주고 믿고 맡기는 것입니다. 그들의 능력을 인정하고 맡길 때 그들의 충성심은 더욱 강해집니다.

노자의 제안은 완전히 상식과 어긋나는反 제안입니다. 그래서 믿지 못하겠다면 거부할 수 있습니다. 나와 함께하는 사람의 아픔을 공감하는 사랑은 그들의 용기를 얻을 것이고, 사치를 줄이고 검소하여 남은 재정을 조직을 위해 투자하면 영토는 더욱 넓어질 것이고, 유능한 사람을 선발하여 믿고 맡기면 그들의 충성심을 얻을 것이란 노자의 제안이 정말 상식에 맞지 않는 이야기일까요?

76장
강하면 부러진다

인지생야유약 人之生也柔弱	인간이 태어날 때는 부드럽고 약하지만
기사야견강 其死也堅强	인간이 죽을 때는 딱딱하고 강하다.
만물초목지생야유취 萬物草木之生也柔脆	만물초목도 생겨날 때는 부드럽고 연하지만
기사야고고 其死也枯槁	그것들이 죽을 때는 마르고 딱딱해진다.
고견강자사지도 故堅强者死之徒	그러므로 딱딱하고 강한 것은 죽는 것이고
유약자생지도 柔弱者生之徒	부드럽고 약한 것은 사는 것들이다.
시이 是以	그래서
병강즉불승 兵强則不勝	군대가 강하면 이기지 못하고
목강즉절 木强則折	나무가 강하면 부러진다.
강대처하 强大處下	강하고 큰 것은 결국 아래로 내려가고
유약처상 柔弱處上	부드럽고 약한 것이 위로 올라간다.

취(脆) 무르다 / 절(折) 부러지다

목강즉절 木强則折

나무가 강하면 부러진다

봄날 돋아나는 새싹은 부드럽고柔 연脆합니다. 그래서 살짝 데치기만 해도 먹을 수가 있습니다. 여름이 지나고 가을이 되면 이파리는 누렇게 변하면서 딱딱하게 마르기枯槁 시작합니다. 겨울을 맞이하여 떨어질 준비를 하는 것입니다. 인간도 갓 태어난 아기는 부드럽고柔 약弱합니다. 그러나 나이가 들어가면서 점점 단단堅해지고 강强해집니다. 그리고 딱딱하게 굳으면 생을 마치고 죽음의 세계로 들어갑니다. **부드럽고 약한 것은 살아 있는 것이고, 단단하고 강해지는 것은 죽는 것입니다.** 노자는 이 두 가지를 비교하면 삶의 무리는 부드럽고 약하다고 강조합니다. 부드럽고 약한 것이 단단하고 센 것보다 생명력이 있다는 반反의 철학입니다. 강함은 겉으로 보기에만 우성이지 결과는 열성입니다. 주관이 강하고 선입견이 단단한 사람은 누구도 설득시킬 수 없습니다. 겉으론 설득당한 것 같지만 내면은 복종하지 않습니다.

전쟁에서 강한 군대가 반드시 이기는 것이 아닙니다. '장군이 자기의 분노를 참지 못하고 병사에게 적의 성벽을 개미처럼 기어오르게 하면 병사의 삼분의 일을 잃게 될 것이며, 원하는 성도 점령하지 못할 것이다!' 《손자병법》에 나오는 글입니다. 자신의 강함을 자랑하고 상대방을 무시하고 감정적으로 공격하는 군대는 이기지 못할뿐더러 패배할 수밖에 없다는 병법의 교훈입니다. 강병强兵은 교만한 군대입니다. 오로지 힘으로 상대방을 제압하려는 강성 군대는 승리를 자유롭게 얻을 수 없습니다. 강목强木은 단단한 나무입니다. 태풍이 몰아치고 바람이 불면 단단한 나무는 뿌리째 뽑히거나 부러집니다. 부드러운 풀은 바람에 순응하여 어떤 강한 바람이라도 견뎌냅니다. 강하고 큰 것이 결국 약하고 작은 것을 당하지 못합니다. 부드러움과 유연함은 생명을 유지하는 최고의 덕목입니다.

강한 것이 승리할 것이란 생각이 지배적이던 노자가 살던 시대에 노자는 거꾸로 부드러움과 약함의 위대함을 강조하고 있습니다. 강한 것은 일시적으로 승리하지만, 부드러운 것이 결국엔 승리할 것이란 노자의 반反의 철학입니다.

78장
천하의 왕이 되는 방법

천하막유약어수 天下莫柔弱於水	천하에 물보다 부드러운 것이 없지만
이공견강자 而攻堅强者	딱딱하고 강한 것을 공격함에
막지능승 莫之能勝	물을 이길 존재가 없는 것은
이기무이역지 以其無以易之	자신을 비우고 상대방의 모습으로 바꾸기 때문이다.

약지승강 弱之勝强	약한 것이 강한 것을 이기고
유지승강 柔之勝剛	부드러운 것이 센 것을 이기는 것
천하막부지 天下莫不知	세상에 모두 알고 있지만
막능행 莫能行	실천하는 자는 없다.

시이성인운 是以聖人云	그래서 성인이 말하기를
수국지구 受國之垢	나라의 모든 허물을 자신이 받는 사람
시위사직주 是謂社稷主	이 사람이 사직의 진정한 주인이 되고
수국불상 受國不祥	나라의 모든 재앙을 자신이 받는 사람
시위천하왕 是謂天下王	이 사람이 천하의 진정한 군왕이 되니
정언약반 正言若反	바른말은 반대로 들린다.

역(易) 바꾸다 / 구(垢) 때, 티끌 / 상(祥) 상서롭다

정언약반正言若反

바른말은 반대로 들린다

'천하왕天下王'은 노자가 살던 시대에 모든 지도자가 꿈꾸는 일이었습니다. 천하를 통일하고 사해를 소유하며 하늘 아래 가장 높은 자리에 오르는 일은 모든 지도자의 열망이었습니다. 그들은 강한 군대를 동원하여 다른 나라를 침략하여 땅을 확장하고, 세금과 부역으로 부국강병의 목표를 달성하려고 했습니다. 부국강병富國强兵, 나라는 부자가 되고 군대는 강해지지만 결국 나라를 소유한 귀족의 배만 불리는 일이었습니다. 전쟁을 통한 천하왕이 되는 방법은 백성의 죽음과 고통을 수반하는 일입니다. 백성은 명분 없는 전쟁에 동원되어 죽기도 하고, 부역과 과도한 세금으로 고통받기도 했습니다.

노자는 천하왕이 되는 새로운 방법을 제시합니다. **나라의 허물垢을 모두 자신이 책임지고, 나라의 재앙不祥을 자신이 안고 가는 사람이 진정 사직의 주인이 되고, 천하왕이 될 수 있다고 합니다.** 언뜻 이해할 수 없는 논리입니다. 세상의 모든 재앙과 근심을 다 안고 가는 사람이 천하왕이 될 수 있다는 논리는 노자의 반反의 철학입니다. '내 탓이오!'를 외칠 수 있는 사람이 훌륭한 지도자라는 것입니다. 노자는 물을 통해 자신의 논리를 전개합니다. 물은 약하지만 강한 것을 공격하여 승리할 수 있다고 합니다. 물은 큰 바위도 띄우고, 산도 무너뜨립니다. 틈이 없는 곳으로 들어가 상대방의 허점을 공격하기도 합니다. 보기에는 약하고 부드럽지만, 공격하면 세상에 물을 당해낼 자가 없습니다. 물은 자신의 모습을 부정하기에無 어떤 모습으로도 변신할 수 있습니다. 물이 뜨거운 쇳물을 만나면 자신의 온도를 올려 쇳물 온도를 낮춥니다. 나를 부정하기에 상대방을 바꿀 수 있는 것입니다. 이런 물의 능력을 세상 사람은 알고 있지만, 실천에 옮기는 사람은 없습니다. 부드러움이 강함을 제압할 수 있다는 것을 알고 있지만, 아무도 부드러움으로 천하왕이 되려 하지 않습니다. 노자는 말합니다. 바른말正言은 바른 말처럼 들리지 않고 거꾸로反 틀린 말처럼 들린다는 것입니다. 약함, 섬김, 부드러움이 강함, 군림, 단단함을 이깁니다.

77장
약자를 보호하라

천 지 도
天之道 하늘의 도는

기 유 장 궁 여
其猶張弓與 아마도 활을 당기는 것과 같을 것이다.

고 자 억 지
高者抑之 높은 것을 맞추려면 활을 낮추고,

하 자 거 지
下者擧之 낮은 것을 맞추려면 활을 들어야 한다.

유 여 자 손 지
有餘者損之 사정거리가 넉넉하면 힘을 빼고,

부 족 자 보 지
不足者補之 사정거리가 부족하면 힘을 준다.

천 지 도
天之道 하늘의 도는

손 유 여 이 보 부 족
損有餘而補不足 남는 것을 덜어내고 부족한 것은 채워준다.

인 지 도 즉 불 연
人之道則不然 인간의 도는 그렇지 않으니

손 부 족 이 봉 유 여
損不足以奉有餘 부족한 것을 덜어 내어 넉넉한 것에 보태준다.

숙 능 유 여 이 봉 천 하 孰能有餘以奉天下	누가 넉넉한 것을 덜어내어 천하를 받들 수 있을까?
유 유 도 자 唯有道者	오직 도를 체득한 자만이 할 수 있다.
시 이 是以	그래서
성 인 위 이 불 시 聖人爲而不恃	성인은 베풀어도 자랑하지 않고
공 성 이 불 처 功成而不處	공을 이루어도 성공에 머물지 않는다.
기 불 욕 견 현 其不欲見賢	그것은 자신의 잘남을 보이려 하지 않는 것이다.

억(抑) 누르다 / 손(損) 줄이다 / 여(餘) 넉넉하다 / 시(恃) 자랑하다

보부족補不足

부족한 자에게 나눔을

활을 쏘는 원리는, 활시위를 당기면 원래 모습으로 복원하려는 탄성에너지를 운동에너지로 변환시키는 것입니다. 그래서 많이 당기면 탄성에너지는 더 커져서 멀리 나가게 되고, 조금 당기면 탄성에너지가 낮아져서 가깝게 나갑니다. 활쏘기의 핵심은 작용과 반작용입니다. 활시위를 당기는 것이 작용이라면, 원래 자리로 돌아가려는 탄성이 반작용입니다. 노자는 이런 활 쏘는 원리를 이용하여 우주와 인간의 원리道를 설명하고 있습니다. '멀리 쏘려면 더 당겨라! 가까이 쏘려면 덜 당겨라! 목표 거리가 여유餘가 있으면 힘을 줄이면損 되고, 목표 거리가 멀어 화살이 도달하기에 부족不足하면 힘을 더 늘려야補 한다. 높은高 곳에 있는 목표를 맞추려면 활을 내려서 누르고抑 쏘아야 하고, 낮은下 곳에 있는 목표를 맞추려면 활시위를 들어야擧 한다.' 노자는 활쏘기의 원리가 자신의 반反의 정신과 부합된다고 생각했습니다.

인간도 이런 활쏘기 원리를 본받아야 합니다. 부족하면 보충해주어야 하고, 남으면 덜어내야 합니다. 그런데 인간세계는 부족한 사람은 더욱 짜내어 더 힘들게 하고, 남는 사람은 더 보태주어 더 불리게 합니다. 명절에 부잣집 아파트 동네에는 선물 포장지가 산더미처럼 쌓여 있고 가난한 동네에는 선물 꾸러미 보기가 쉽지 않습니다. 노자는 당시 불평등한 사회를 비판하며 부자의 부를 덜어서 빈자에게 더해주어야 한다고 강조했습니다. 그래서 **천하를 얻으려는 지도자는 부자의 여유를 덜어 빈자의 부족함을 메꾸어야 한다는 것입니다.** 중요한 것은 자신이 한 일을 드러내서는見 안 된다는 것입니다. 자신이 베풀어도爲 자랑恃하지 않고, 빈부의 격차를 줄이는 공功을 세워도 그 성공에 머물면處 안 됩니다. 자신의 공을 드러내는 순간 그의 개혁은 실패의 길을 걷게 될 것입니다.

|4부|

도

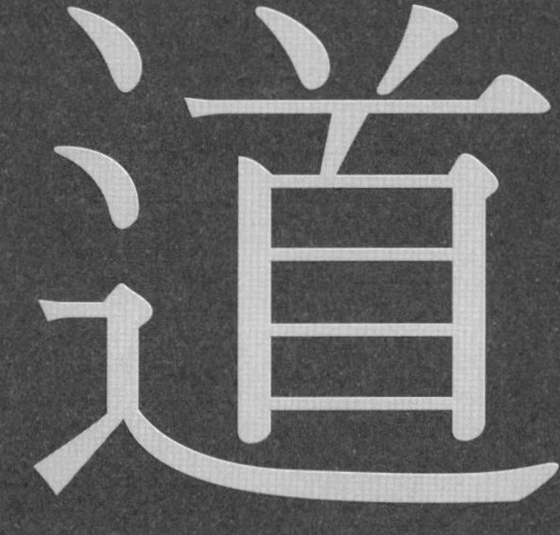

인간과 하늘의 길

에일과 라거의 도

《도덕경》을 번역하고 있는 요즘 수제 에일ale 맥주를 만들어 마시고 있습니다. 뉴욕 브루클린 어느 조그만 수제 맥주 공장에서 에일 맥주를 처음 마셨을 때의 기억이 아직도 생생합니다. 그동안 한국에서 마시던 맥주하고는 비교할 수 없을 정도의 독특한 향과 풍미를 맛보며 한국 맥주는 싱겁다고 비난했습니다. 에일은 상면발효라고 해서 낮은 온도에서 발효시켜 만드는 라거lager와 구별이 됩니다. 에일 맥주와 비교해 약간 싱겁고 향이 덜한 라거 맥주는 참 맛없는 맥주라고 생각했습니다. 그런데 에일 맥주를 자주 마시다 보니 라거 맥주의 본질을 더욱 이해하게 되었습니다. 에일은 진한 맛과 향이 특징이며, 라거는 깔끔하고 청량감이 일품입니다. 에일은 에일의 도道가 있고, 라거는 라거의 도道가 있습니다. 어떤 맥주가 더 맛있는 것이 아니라 만드는 방법에 따라 각기 고유한 맛과 특징이 있습니다. 내가 이전까지 보지 못하고, 경험하지 못했다는 이유로 비난하거나 찬양하는 것이 얼마나 무지한 일인지 비로소 깨닫게 되었습니다.

우리는 우리가 만든 경계 안에서 살아갑니다. 저 경계 너머는 늘 비난의 대상이거나 찬양의 대상이 됩니다. 이곳과 저곳이 서로 다른 것뿐이지, 비교하여 우열을 나눌 수 있는 것이 아닙니다. 경계를 허물어야 세상을 제대로 볼 수 있습니다. 세상에는 내가 모르는 다른 세상과 방법이 존재합니다. 에일 맥주든 라거 맥주든 각자의 색과 향을 가지고 있는 다름diversity입니다. 세상에 옳고 그른 것은 없습니다. 길고 짧은 것이 상대적인 비교이고, 있고 없음은 보는 시점의 차이입니다. 노자는 그 경계를 허물 때 비로소 도道를 온전하게 이해할 수 있다고 말합니다. 우리 안에 그동안 쌓아온 경계를 허물고 초경계의 세계로 유영할 때 노자의 철학이 우리 가슴에 들어올 수 있을 것입니다.

도는 길이다

도道는 길way입니다. 길은 어떤 목적지로 가는 방법입니다. 그 목적지가 진리라면 사람마다 각자 자신이 주장하는 진리의 길이 있습니다. 자신의 길이 맞다고 주장하며 다른 사람이 말하는 길을 부정합니다. 노자는 길이 한 가지로 정의되어서는 안 된다고 처음부터 강조합니다. 진리의 목적지로 가는 길은 한 가지만 있지 않습니다. 그런데 사람은 자신이 알고 있고, 경험한 것만 맞다고 주장합니다. 전기의 전압이나 콘센트는 나라마다 다릅니다. 110볼트든 220볼트든 전압은 규칙에 따라 정해진 것이지 어떤 것이 완벽하게 옳은 것은 아닙니다. 서울에서 부산까지 가는 방법道은 많습니다. 차, 비행기, 자전거, 도보 등 다양한 방법으로 갈 수 있습니다. 차로 갈 때도 경부고속도로, 내륙고속도로, 등 다양한 길이 있습니다. 그런데 자기가 가보고, 아는 길만 옳은 길이라고 주장하면 이미 길의 보편성에서 멀어지게 됩니다. 《도덕경》의 도道는 멀티웨이Multi-way입니다. 도를 어떤 특정한 도라고 생각하는 순간, 우리는 편협한 생각에 갇혀버립니다. 우리는 우리가 알고 있는 한도에서 벗어나야 합니다. 도란 것은 인간의 가치나 편협된 생각에 갇히는 순간 이미 도가 아닙니다. 《도덕경》은 이렇게 시작합니다.
"네가 알고 있는 방법만 옳다고 주장한다면 그것은 완벽한 도가 아니다!"

1장
경계 너머의 또 다른 길

도 가 도 道可道	도는 특정한 도라고 말하는 순간
비 상 도 非常道	온전한 도가 아니다.
명 가 명 名可名	이름은 특정한 이름으로 불리는 순간
비 상 명 非常名	온전한 이름이 아니다.
무 명 천 지 지 시 無名天地之始	무는 천지 창조의 이름
유 명 만 물 지 모 有名萬物之母	유는 만물 생산의 이름
고 故	그러므로
상 무 욕 이 관 기 묘 常無欲以觀其妙	항상 무는 우주의 숨겨진 운행 원리를 보여주고,
상 유 욕 이 관 기 요 常有欲以觀其徼	항상 유는 우주의 드러난 운행 모습을 보여준다.
차 양 자 此兩者	이 두 가지는
동 출 이 이 명 同出而異名	함께 존재하며 이름만 다를 뿐.
동 위 지 현 同謂之玄	합쳐서 '검음'이라 한다.
현 지 우 현 玄之又玄	검고 또 검음
중 묘 지 문 衆妙之門	모든 신비한 우주 작용의 문.

요(徼) 운행하다

상도常道

우주의 온전한 원리

상常은 영원, 온전함입니다. 상도常道는 보편타당한 도리에 합당한 온전한 도입니다. 우리는 도道의 어느 측면만 붙잡고 도라고 주장합니다. 모두 온전한 도常道의 해석이 아닙니다.

노자의 도道를 시장에서 파는 꽈배기로 비유해봅니다. 밀가루를 잘 반죽하여 두 줄로 만들어 잘 꼬아 기름에 튀긴 꽈배기의 모습에서 도의 형상을 상상해봅니다. 아름다움美과 추악함惡, 좋음善과 나쁨不善, 옳음是과 그름非, 있음有과 없음無, 행복福과 불행禍이 꼬여 도道의 꽈배기를 만들어냅니다. 세상은 일방적으로 한쪽 면만 존재하거나 한 방향으로만 일이 벌어지지 않습니다. 또 다른 면이 동시에 발생하고 존재합니다. 나에게 찾아온 행복 뒤에는 불행이 기다리고 있고, 이쪽에서의 '옳음' 뒤에는 저쪽에서의 '그름'이 공존하고 있습니다.

상명常名은 사물의 온전한 이름입니다. 하늘에 뜬 달의 이름은 부르는 사람에 따라 다양합니다. 달, moon, 월량月亮, luna 등 다양한 언어로 달을 부릅니다. 이 중 어느 한 단어만으로 달이라고 확정한다고 해도 그것은 완벽한 달의 상명常名이 될 수 없습니다. 이름은 단순히 사물을 설명하거나 지칭하는 언어적 약속일 뿐입니다. 그것이 사물의 본질이 될 수 없습니다.

◦《도덕경》의 시詩적 대구對句◦

상도常道 — 상명常名

천지天地 — 만물萬物

무無 — 유有

묘妙 — 요徼

우주의 존재 방식은 다양한 방식으로 존재하며, 인간의 언어나 논리로 규정하거나 설명할 수 없습니다. 이것이 노자가 도를 통하여 세상의 지도자에게 던지는 메시지의 시작입니다.

현묘지도玄妙之道

통합과 화해의 길

《도덕경》1장의 핵심 단어는 현玄입니다. 현은 검은색을 뜻합니다. **세상의 모든 색을 섞으면 검은색이 됩니다.** 검은색 안에는 빨강, 주황, 노랑, 초록, 파랑 등 모든 색이 담겨 있습니다. 도道의 속성도 검은색입니다. 세상의 모든 존재를 수용하는 존재의 최종 이론final theory입니다. 좋음, 나쁨, 행복, 불행, 옳음, 틀림, 높음, 낮음을 모두 섞으면 도道의 색, 검은색玄이 됩니다. 그래서 노자의 학문을 현학玄學이라고 부릅니다. 노자와 그의 계승자 장자, 거기에 보이지 않는 변화의 원리를 담은 《주역周易》을 더하여 후대 도가철학자들은 현학玄學이라고 불렀습니다. **존재의 발생, 변화, 소멸의 전 과정을 현묘玄妙라고 부릅니다.** 최치원 선생은 한국인의 고유 철학을 '현묘지도玄妙之道'라고 정의했습니다. 그가 쓴 난랑비鸞郎碑 서문에 한민족의 정신을 풍류風流라고 했고, 그 이름을 현묘지도라고 한 것입니다. 현묘지도는 유불도 삼교三教를 모두 통합하는 개념입니다. 다름을 인정하고 수용하는 통합의 철학입니다.

노자의 도道는 우주의 탄생, 운행, 변화, 소멸의 모든 과정을 설명하는 개념입니다. 도는 창조자의 신이 아니라 철학자의 신입니다. 도의 원리는 자연自然입니다. 자연은 어떤 간섭과 강요 없이 스스로 운행되는 원리입니다. 꽃이 피고 지고, 새가 날고, 물고기가 헤엄치는 모든 작용이 자연입니다. 그들의 행위에는 어떤 의도나 감정이 개입되어 있지 않습니다.

우주의 존재 방식이 자연의 도라면, 인간도 이 방식을 따라서 살아야 합니다. 지도자의 통치 원리道 역시 자연입니다. 백성이 스스로 할 수 있도록 최대한 간섭하지 않고, 사람의 삶에 끼어들어서는 안 됩니다. 백성의 마음을 존중하고 따르며, 자신을 낮추고 섬겨야 합니다. 물처럼 낮은 곳에 임하며, 자신의 공을 자랑하거나 과시해서도 안 됩니다. 인의仁義와 예악禮樂을 앞세워 백성을 이끌려고 해서도 안 됩니다. 그저 조용히 자신의 자리를 지키며 화려함을 버리고 소박함과 검소함으로 이끌어나갈 때 세상은 비로소 자연스럽게 돌아갈 것입니다. 이것이 현묘지도입니다.

4장
만물의 으뜸

도 충 道沖	도는 텅 비어 있어,
이 용 지 혹 불 영 而用之或不盈	아무리 채워도 가득 차지 않으니
연 혜 사 만 물 지 종 淵兮 似萬物之宗	깊구나! 만물의 으뜸인 듯
좌 기 예 해 기 분 挫其銳 解其紛	날카로움을 꺾고 복잡함을 풀고
화 기 광 동 기 진 和其光 同其塵	빛을 줄이고 세속을 품어주니
잠 혜 사 혹 존 湛兮 似或存	맑구나! 내 앞에 있는 듯.
오 부 지 기 수 지 자 吾不知其誰之子	나는 도가 누구의 자식인지 모르겠다.
상 제 지 선 象帝之先	아마도 하늘의 상제보다 앞선 듯.

충(沖) 비다 / 좌(挫) 꺾다 / 예(銳) 날카롭다 / 분(紛) 어지럽다 / 화(和) 조절하다 / 진(塵) 속세 / 잠(湛) 맑다 / 상(象) ~를 닮았다 / 제(帝) 하늘님

용지불영用之不盈

아무리 사용해도 채워지지 않는 그릇

도는 비유하면 텅 비어沖 있는 그릇과 같습니다. 아무리 채워도 채워지지 않은 큰 그릇입니다. 용用은 '사용한다'라는 뜻이니, 그릇의 관점에서 보면 무엇을 채우는 행위입니다. 그릇은 비움虛이 있어서 용도가 만들어집니다. 그릇의 용도는 채우는 것입니다. 아무리 채워도 넘치지 않는 큰 그릇과 도道는 닮았습니다. 연못淵 역시 깊은 공간입니다. 모든 것을 수용하고 안아주는 어머니의 품과 같습니다.

노자가 도道를 채워지지 않는 큰 그릇, 깊은 연못에 비유하는 것은 세상의 모든 것을 받아주고 안아주는 도의 속성을 강조하기 위해서입니다. 그래서 세상의 으뜸宗이 될 수 있습니다. 종宗은 마루, 우두머리, 주인이라는 뜻입니다. 모든 것을 품어주고 채워주는 도는 만물의 으뜸입니다. 나라의 지도자는 텅 비어 있는 그릇과 연못을 본받아 세상을 통치해야 합니다. 다름도 인정하고 받아주는 통합의 마음이 필요합니다. 잘남과 못남을 모두 안아줄 수 있는 어머니의 품처럼 넓고 커야 합니다.

도를 품은 지도자 주변에는 버려진 사람이 없습니다. 모든 이의 개별 특성을 이해하고 받아주기에 각자 가진 능력을 최대한 발휘할 수 있게 합니다. 똑똑하고 잘난 사람만 인정받는 세상을 노자는 거부했습니다. **다름이 인정되고, 개별이 용인되는 세상을 노자는 꿈꾸었습니다.** 종갓집 종손宗의 역할은 모든 혈족 구성원을 통합하는 것입니다. 능력이 모자란 사람은 힘을 보태주고, 능력이 넘치는 사람은 힘을 빼줍니다. 제가齊家는 집안을 통솔하는 능력입니다. 집안을 통솔하는 종가의 종손宗은 모든 구성원을 품어야 합니다.

화광동진和光同塵

빛을 줄이고 눈높이를 맞춰라!

'날카로움銳을 꺾고挫 복잡함紛을 풀고解, 빛光을 줄이고和, 세속塵과 함께同 하는 것'은 도道를 실천하는 사람의 모습입니다. 날카로움, 복잡함, 빛남은 버리고 부드러움, 단순함, 은은함을 추구하는 것이 도의 본질입니다.

◦도道의 속성◦
좌예挫銳 → 날카로움을 꺾고
해분解紛 → 복잡함을 풀고
화광和光 → 눈부신 빛을 줄이고
동진同塵 → 세속을 품어주는

잠湛은 '맑다'입니다. 자신의 날카로움과 복잡함을 버리고 부드러움과 단순함으로 세속의 눈높이와 함께하는 모습이 참으로 맑습니다. 보이지 않고 들리지 않지만 언제나 내 앞에 존재存하는 도의 모습이 느껴집니다. 사似는 보이지는 않지만, 흡사恰似 앞에 있는 것 같다는 뜻입니다. 정확하게 도道의 실체를 알 수 없지만, 하늘의 상제帝보다 더 먼저 존재한 것 같다象고 표현했습니다.

노자가 말하는 도道는 모든 것을 품어주고, 받아주고, 이해해주는 존재입니다. 마치 어머니의 품과 같습니다. **자식에게 아무리 주어도 마르지 않는 어머니의 품, 자식의 허물을 모두 받아주고, 낳아주고, 길러주고, 안아주는 어머니는 노자의 도道와 가장 많이 닮았습니다.** 모든 것을 품어주고, 못남을 이해하고, 잘못을 받아주는 도道는 도대체 어디서 온 것일까요? 도는 우주가 생길 때부터 존재하던 원리입니다. 그 도를 인간의 논리로 증명하거나 설명하는 것은 의미가 없습니다. 왜냐하면 증명될 수 없는 존재이기 때문입니다. 그렇다고 도를 숭배하고 우상화할 필요가 없습니다. 그것은 도가 바라는 일이 아니기 때문입니다. 그저 도의 깊고 넓은 모습을 배우며 살아가기를 바랄 뿐입니다.

9장
성공의 완성은 '물러남'

지 이 영 지
持而盈之 쌓고 가득 채우는 것

불 여 기 이
不如其已 그만두느니만 못하다.

췌 이 예 지
揣而銳之 두들겨 날카롭게 만드는 것

불 가 장 보
不可長保 오래가지 못한다.

금 옥 만 당
金玉滿堂 금과 옥을 집에 쌓아놓은 것

막 지 능 수
莫之能守 모두 지켜내지 못한다.

부 귀 이 교
富貴而驕 부귀한 자가 되어 교만한 것

자 유 기 구
自遺其咎 스스로 죄과를 짓는다.

공 수 신 퇴
功遂身退 공을 이루었으면 몸은 물러나는 것

천 지 도
天之道 하늘의 운행 원리

지(持) 쌓다 / 췌(揣) 때리다, 불리다 / 예(銳) 날카롭다 / 유(遺) 끼치다 / 구(咎) 허물, 죄 / 수(遂) 이루다

금옥만당金玉滿堂

금과 옥이 집 안에 가득해도

금옥金玉은 중국인이 가장 좋아하는 보물입니다. 금과 옥은 가장 귀한 보화이기 때문입니다. 중국 발음으로는 '찐위金玉'와 '찐위金魚'가 같아서 황금색 물고기를 그려놓고 금과 옥이 집안에 가득 들어오기를 기원하기도 합니다. '금옥만당金玉滿堂', 이 네 글자만 놓고 보면 참 좋은 이야기입니다. 금과 옥이 집堂에 가득滿하다는 뜻이니 부자의 꿈을 이룬다는 의미입니다. 그러나 금옥만당이 나온 노자의 원문은 그리 좋은 뜻이 아닙니다. 금金과 옥玉이 아무리 집에 가득해도 다 지킬 수 없다는 것입니다. 그러니 아무리 돈을 모아도 결국 내가 다 가질 수는 없으니 베풀고 나누어야 한다는 것입니다. 권력과 재물, 지식과 명예가 인간의 욕망이긴 하지만, 그 쳐야 할 때 그치지 못하면 치욕을 당할 수 있습니다. **지지불태知止不殆**, 그칠 줄 알면 위태로움이 없을 것이란 노자의 경고입니다. 노자에게 부자가 되고 귀한 자리에 오르는 게 죄악이 아닙니다. 문제는 그칠 줄 모르는 욕망입니다. 노자 철학은 모든 욕망을 버리자는 허무주의 철학이 아니라 합리적 욕망을 추구합니다. 합리적 욕망을 위한 노자의 네 가지 제안을 정리해봅니다.

1. **지이영지持而盈之**: 보존持하고 채우려는盈 욕망. 통장에 돈을 채우는 것도 중요하지만 채운 돈을 잘 비우는 일도 중요합니다. 지금 채우는 것을 성공의 본질이라고 생각한다면 잠깐 정지하고 돌아봐야 합니다.
2. **췌이예지揣而銳之**: 단단하게 두들겨揣 날카롭게銳 만드는 것. 타인에게 자신의 존재감을 과시하는 행위는 오래가지 못합니다. 타인의 잘못을 지적하고 자신의 주장을 강요하는 날카로움은 결국 부러지고 맙니다.
3. **금옥만당金玉滿堂**: 금金과 옥玉을 집안 가득히 채우는 일. 재물을 쌓아놓으면 오히려 재앙이 되어 돌아옵니다. 채움은 비움을 통해 확장될 수 있습니다.
4. **부귀이교富貴而驕**: 부귀富貴한 자로 교만驕한 것. 교만은 결국 재앙을 잉태하는 일입니다. 겸손은 재앙을 피할 수 있는 유일한 탈출구입니다.

공수신퇴 功遂身退

성공의 마지막 한 수는 '물러남'

성공에 대한 노자의 정의는 **'성공에 머물지 않는 것'**입니다. 성공하는 것이 어렵지만 성공을 잘 유지하기 위해서는 지금의 성공에 머물지 않고 과감하게 내려놓아야 한다는 노자의 언급 속에서 '반反'의 철학이 보입니다. 내려놓으면 거꾸로 얻을 것이고, 지키려 하면 거꾸로 잃을 것이라는 노자의 반전反 철학은 도道의 운동방식입니다. 수遂는 성취成한다는 뜻입니다. **공을 이루었으면 과감하게 내 몸이 그 성공에서 물러날 때 또 다른 성공의 길이 열립니다.** 노자는 성공을 부정하지 않고 오히려 장려합니다. 공功을 이루는成 성공이 죄악이 아닙니다. 다만 성공에 발목 잡혀 으스대다가 결국 나락의 길로 떨어질 수 있습니다.

한漢나라 고조高祖 유방劉邦을 도와 제국 건립에 결정적인 역할을 했던 한신韓信은 자신의 성공에 집착하여 권력을 탐하다가 결국 사형장의 이슬로 사라졌습니다. 반면 장량張良은 정권 창출에 성공하자마자 성공에서 물러나 천수를 누리며 살다 갔습니다. 성공 후에 어떻게 마무리했냐가 그들의 운명을 갈랐습니다.

부귀를 얻은 사람이 자신의 권력과 재산에 집착하지 않고 주변 사람과 나누는 것은 성공의 마무리입니다. 통장에 돈이 가득 차 있고, 자신의 명의로 된 물건이 널려 있지만, 주변 사람의 원수가 되고, 그들에게 상처를 주었다면 그것이야말로 상처뿐인 성공입니다.

◦천도天道: 하늘의 원리◦
성공成功: 이룸 → 신퇴身退: 물러남

성공과 신퇴는 성공의 양 날개입니다. 성공은 '이룸'과 '물러남'의 두 날개로 완성됩니다. 천지 만물을 낳고 키워도 소유하거나 주재하려 하지 않는 하늘의 도道는 성공과 소멸이라는 큰 두 기운에 의해 운행됩니다.

14장
황홀한 도

시 지 불 견 명 왈 이
視之不見名曰夷　보려고 해도 보이지 않으니 이(크다)라고 한다.

청 지 불 문 명 왈 희
聽之不聞名曰希　들으려 해도 들리지 않으니 희(작다)라고 한다.

박 지 부 득 명 왈 미
搏之不得名曰微　잡으려 해도 만질 수 없으니 미(적다)라고 한다.

차 삼 자 불 가 치 힐
此三者不可致詰　이 세 단어로도 설명할 수 없으니

고 혼 이 위 일
故混而爲一　모두 합쳐서 어떤 하나라고 한다.

기 상 불 교
其上不皦　도의 위에는 밝지도 않고

기 하 불 매
其下不昧　도의 아래는 어둡지 않다.

승 승 불 가 명
繩繩不可名　서로 꼬여 있어 밝음과 어둠으로 정의할 수 없다.

복 귀 어 무 물
復歸於無物　존재 이전의 상태로 존재한다.

시 위
是謂　이것은

무 상 지 상
無狀之狀　형상 없는 형상

무 물 지 상
無物之象　존재 없는 물상

시 위 홀 황
是謂惚恍　이것을 황홀이라 한다.

영 지 불 견 기 수 迎之不見其首	맞이하려 해도 그 앞이 보이지 않으며
수 지 불 견 기 후 隨之不見其後	쫓아가려 해도 그 뒤가 보이지 않는다.
집 고 지 도 執古之道	오랜 도의 원리를 잡고
이 어 금 지 유 以御今之有	지금의 문제를 풀어나가면
능 지 고 시 能知古始	옛 시작의 비밀을 알 것이니
시 위 도 기 是謂道紀	이것을 도기(도의 실마리)라고 한다.

이(夷) 크다 / 희(希) 작다 / 미(微) 적다 / 힐(詰) 묻다 / 교(皦) 밝다 / 승(繩) 이어지다 / 황(恍) 황홀하다 / 홀(惚) 황홀하다 / 어(御) 통솔하다 / 기(紀) 법

이희미夷希微

잡을 수 없는 그것

도道는 인간의 언어나 감각으로 설명하거나 느낄 수 없습니다. 인간의 출현 이전부터 존재했기 때문입니다. 만물의 근원이며 존재의 원천인 도를 억지로 정의하면 일一이라고밖에 할 수 없습니다. '그 하나'는 '궁극의 이론final theory'이라는 의미입니다. **눈으로 볼 수 없고夷, 귀로 들을 수 없고希, 손으로 잡을 수 없는微 존재로서 도道를 표현하는 말이 있다면 황홀恍惚입니다.** 황홀은 무엇이라 설명하거나 정의할 수 없는 상태의 감정입니다. 도道는 어둠과 밝음이 실타래처럼 꼬여 있어서 어느 한 가지로 정의할 수 없습니다. 형상狀, 물상象, 사물物은 인간의 언어로 존재를 설명하는 말입니다. 그런데 도道는 이런 인간의 언어로 정의할 수 없습니다. 존재 이전의 방식으로 존재無物할 뿐입니다. 앞과 뒤로도 구분할 수 없습니다.

그럼 도대체 이 애매曖昧한 도道는 뭘까요? 앞뒤도 없고, 명암明暗도 없고, 형상形狀도 없고 물상物象도 없는 도道를 왜 노자는 말하려고 하는 것일까요? 저는 노자가 이렇게 도의 모호함을 제시한 이유는 인간세계를 설명하기 위함이라고 생각합니다. 세상을 통치하는 지도자는 도의 모호함과 애매함을 그대로 실천해야 합니다. 시장주의자인지 간섭주의자인지, 자본주의인지 사회주의인지, 도저히 구분할 수 없는 통치력을 발휘하는 지도자라면 도의 모호함을 가장 잘 통치에 실현하고 있는 지도자입니다.

지도자가 어떤 개념으로 정의되는 순간 내 편과 네 편으로 갈라집니다. 시비是非가 생기고, 선악善惡이 구별됩니다. 이런 갈라치기 뒤에는 갈등과 반목이라는 후폭풍이 기다리고 있습니다. 모든 것을 포용하고 인정하는 다양성의 정치, 다름의 세상을 꿈꾸는 노자의 생각과 동떨어져 있습니다. 분명하고 선명한 것이 명백하기는 하지만 결코 지도자의 모습이 되어서는 안 됩니다. 무엇으로 정의되지 않는 도의 애매함과 모호성이 도기道紀입니다. 이런 도의 실마리를 잘 풀어내면 지금의 세상을 더욱 아름답게 만들 수 있습니다.

21장
도와 함께하는 기쁨

공 덕 지 용 孔德之容	큰 덕을 행하는 사람의 모습은
유 도 시 종 惟道是從	오직 도를 좇아 살아가나니
도 지 위 물 道之爲物	도라는 존재는
유 황 유 홀 唯恍唯惚	오직 황홀한 존재
홀 혜 황 혜 惚兮恍兮	황홀하구나!
기 중 유 상 其中有象	그 안에 물상이 있구나!
황 혜 홀 혜 恍兮惚兮	황홀하구나!
기 중 유 물 其中有物	그 안에 존재가 있구나!
요 혜 명 혜 窈兮冥兮	그윽하구나!
기 중 유 정 其中有精	그 안에 정기가 있구나!

기정심진 其精甚眞	그 정기는 매우 진실하니
기중유신 其中有信	그 안에 믿음이 있구나!
자고급금 自古及今	예로부터 지금까지
기명불거 其名不去	도의 이름은 우리에게 떠난 적 없나니
이열중보 以閱衆甫	그 도를 통해 만물의 시작을 볼 수 있다.
오하이지중보지상재 吾何以知衆甫之狀哉	내가 어떻게 만물의 시작을 알 수 있겠는가?
이차 以此	바로 이것을 통해서이다.

공(孔) 크다 / 황(恍), 홀(惚) 황홀하다, 명료하지 않다 / 요(窈) 그윽하다 / 명(冥) 그윽하다 / 열(閱) 보다 / 보(甫) 시초 부(父)와 같은 뜻

황홀恍惚

도의 느낌

도를 실천하며 느끼는 충만한 기쁨이 황홀恍惚입니다. 황홀은 무엇이라 말하거나 설명할 수 없는 감정입니다. 도道의 속성은 황홀입니다. 그래서 도를 실천하면 황홀함을 느끼게 됩니다. 도의 실천은 덕德입니다. 큰 덕孔德을 실천하며 사는 사람은 도를 좇아 살기에 황홀한 일상을 느끼며 살아갑니다. 도대체 도를 실천하며 사는 사람이 느끼는 황홀의 감정은 무엇일까요? 저는 그 감정이 엄청나거나 특별하다고 생각하지 않습니다. 상대방의 의견을 소중히 경청할 때 느끼는 황홀함, 욕망을 절제하고 소박함을 느끼며 살아가는 황홀함, 내가 입은 옷이 가장 예쁘고, 내가 먹고 있는 음식이 맛있고, 내가 사는 곳이 가장 편안하고, 내가 누리는 문화가 가장 즐겁다고 생각하며 느끼는 황홀함은 특별하거나 대단하지 않아 보입니다. 그렇습니다. **황홀함은 참 평범하고 소박한 것입니다.** 지식의 그물에서 벗어나 있는 그대로 볼 수 있는 안목이 황홀이며, 남과 경쟁하여 이기는 우월감이 아닌 나와 싸워 이기는 강함이 황홀입니다. **우리 주변에는 황홀함이 참 많습니다. 아침에 눈을 뜨고 숨을 쉬고 있다고 생각해도 황홀합니다. 나무와 새, 구름과 태양, 달빛과 가로등, 내가 오늘 만나는 모든 것과 모든 풍경이 황홀함입니다.** 경쟁과 비교를 통해 얻어지는 감정은 황홀이 아닙니다. 온전하게 나를 느끼고 나를 이해할 때 비로소 황홀의 감정이 나에게 다가옵니다.

노자는 이런 황홀의 감정을 느끼며 살아가는 사람이 세상을 이끌어나갈 때 비로소 세상은 바로 설 수 있다고 생각했습니다. 대단한 목표를 세우고, 그 목표를 달성하기 위해 장애가 되는 것을 제거하거나 핍박하는 사람은 황홀의 도를 이해하지 못하는 사람입니다. 폭력과 압제는 자신이 옳다고 생각하는 것이 확고할수록 더욱 거리낌 없이 자행됩니다. 때로는 이념으로 포장되기도 하고, 당위성으로 설명되기도 합니다. 지식인과 신학자는 아낌없이 자신의 지식과 믿음으로 폭력을 감싸주기도 합니다. 인간의 실존을 떠나 이념에 천착하는 지도력은 황홀과 멀리 있습니다. **공자는 이런 황홀의 감정을 열락悅樂이라고 말합니다. 기쁨과 즐거움, 노자의 황홀과 참 닮아 있는 인간이 느끼는 감정입니다.**

25장
도는 자연을 본받는다

유 물 혼 성
有物混成 태초에 모든 것이 섞여 있을 때

선 천 지 생
先天地生 하늘과 땅보다 먼저 존재하던 것이 있었다.

적 혜 료 혜
寂兮寥兮 소리도 없고 형체도 없이

독 립 불 개
獨立不改 홀로 우뚝 서서 흔들리지 않았다.

주 행 이 불 태
周行而不殆 사방에 넘쳐흘러도 위태롭지 않았으니

가 이 위 천 하 모
可以爲天下母 세상의 어머니라고 할 만하다.

오 부 지 기 명
吾不知其名 난 그 존재의 정확한 이름을 알지 못하겠다.

자 지 왈 도
字之曰道 별명을 지어 부르면 도라고 하고

강 위 지 명 왈 대
强爲之名曰大 억지로 이름 붙이면 크다고 한다.

대 왈 서
大曰逝 크면 떠나고

서 왈 원
逝曰遠 떠나면 멀리 가고

원 왈 반
遠曰反 멀리 가면 돌아온다.

고
故　　그러므로

도 대
道大　　도는 크고

천 대
天大　　하늘은 크고

지 대
地大　　땅은 크고

왕 역 대
王亦大　　왕 또한 크나니

역 중 유 사 대
域中有四大　　세상에 네 개의 큰 것이 있으니

이 인 거 기 일 언
而人居其一焉　　사람이 그중 하나를 차지한다.

인 법 지
人法地　　사람은 땅을 본받고

지 법 천
地法天　　땅은 하늘을 본받고

천 법 도
天法道　　하늘은 도를 본받고

도 법 자 연
道法自然　　도는 자연을 본받는다.

혼(混) 섞이다 / 적(寂) 고요하다 / 료(廖) 공허하다 / 태(殆) 위태롭다 / 서(逝) 가다

천하모天下母

도는 세상의 어머니

도道에 대한 가장 멋진 시적 표현입니다. 마치 우주의 빅뱅을 보는 것 같습니다. 카오스 혼돈의 세계混成, 우주는 아직 하늘과 땅이 분리되기 전이고 우주의 만물이 구체적으로 만들어지기 전에 도道는 존재하고 있었습니다. 적막寂하고 고요한寥 진공의 상태에서 도는 독립적으로 존재하며 자기의 운동방식을 바꾸지改 않고 흔들림 없이 지속했습니다. **우주의 어느 곳에서도 위태殆롭지 않게 존재하는 도道는 세상 창조의 어머니母라고 부를 만합니다.** 노자는 우주의 본질을 어머니母로 자주 표현합니다. 도가 세상의 어머니가 될 수 있는 네 가지 이유를 정리해봅니다.

1. **선천지생先天地生**: 하늘과 땅보다 먼저 존재했다. 도는 우리가 사는 세상이 만들어지기 이전부터 존재하고 있다.
2. **적혜료혜寂兮寥兮**: 소리도 없고寂 형체도 없이寥 존재한다. 도는 인간의 청각이나 시각으로 인지될 수 없는 존재다.
3. **독립불개獨立不改**: 홀로 우뚝 서서 흔들리지 않는다. 도의 운동성은 어떤 것에도 방해받지 않는 독립성을 갖고 있다.
4. **주행불태周行不殆**: 사방에 넘쳐흘러도 위태롭지 않다. 도는 세상의 모든 운동을 주재하며 끝이 없는 에너지를 갖고 있다.

도의 궁극적인 원리는 무엇일까요? 우리는 도道를 어머니라고 생각하고 따릅니다. 아이가 어머니를 따르듯이, 세상 사람들은 도를 실천하는 사람을 어린아이처럼 따릅니다. 그렇다고 해서 도가 어떤 존재하는 실체는 아닙니다. 인간이 마땅히 본받아야 할 원리입니다.

도법자연道法自然

도는 자연을 본받는다

도道는 인간이 붙인 이름입니다. 도는 인간의 언어가 만들어지기 이전부터 존재했기에 인간의 언어로 말할 수 없는 존재입니다. 도道는 일종의 별명字입니다. 인간의 언어로 표현하여 도道, 대大라고 한다는 것입니다. **'크면大 떠나고逝, 떠나면 멀리遠 가고, 멀리 가면 돌아온다反.'** 여기서 반反은 노자 철학의 핵심 중 하나입니다. 돌아온다는 뜻도 있지만, 반전하여 새로운 국면으로 변화하고 발전한다는 뜻이 더욱 강합니다. 어떤 존재든 어떤 변곡점을 지나면 새로운 모습으로 반전한다는 논리, 강하고 으스대고 자랑하다가 결국 어떤 점을 지나면 무너지고, 소멸하고, 낮추고 겸손하고 비우면 어떤 점을 지나 더욱 강해지고 단단해진다는 반전의 논리가 반反입니다. 노자는 우주의 존재 방식을 변화로 해석했습니다. 변화의 핵심은 반전입니다. 전혀 다른 모습이나 상황으로의 변화, 그 변화는 인간의 상식을 벗어나서 '거꾸로' 변화입니다. 세상에 영원한 것은 없으며, 결국 생로병사의 변화를 거부할 수 없다는 것이 반反의 철학입니다.

세상에는 큰大 것이 많습니다. 도道, 하늘天, 땅地, 사람人은 세상의 대표적인 큰 것입니다. 이런 큰 것들의 존재 원리는 자연自然입니다. 자연은 자율적으로 운행되는 우주의 존재 방식입니다. 역중域中은 인간 사회라는 공간을 말합니다. **도의 최종 운행방식은 '스스로 그렇게', 자연自然입니다.**

◦ **도법자연道法自然** ◦

인人 → 지地 → 천天 → 도道 → 자연自然

30장
강함의 종말

이도좌인주자 以道佐人主者	도의 정신으로 임금을 모시는 신하는
불이병강천하 不以兵强天下	전쟁으로 천하에 군림하지 않는다.
기사호환 其事好還	전쟁의 방법은 나에게로 그 피해가 돌아온다.

사지소처 師之所處	군대가 주둔한 곳에는
형극생언 荊棘生焉	가시밭이 무성하고
대군지후 大軍之後	대군이 지나간 뒤에는
필유흉년 必有凶年	반드시 흉년이 든다.

선유과이이 善有果而已	능숙하게 원하는 결과를 얻어낼 뿐
불감이취강 不敢以取强	힘으로 상대방을 누르지 않는다.

과 이 물 긍 果而勿矜	이겼다고 으스대지 않으며
과 이 물 벌 果而勿伐	이겼다고 자랑하지 않으며
과 이 물 교 果而勿驕	이겼다고 교만하지 않으며
과 이 부 득 이 果而不得已	이겼으면 어쩔 수 없이 이기며
과 이 물 강 果而勿强	이겼다고 강하다 하지 않는다.
물 장 즉 노 物壯則老	사물은 씩씩하면 늙게 되니
시 위 부 도 是謂不道	이는 도와 부합되지 않는다.
부 도 조 이 不道早已	도답지 않은 것은 일찍 소멸한다.

좌(佐) 돕다 / 형(荊) 가시나무 / 극(棘) 가시나무 / 과(果) (원하는 것을)이루다 / 긍(矜) 으스대다 / 벌(伐) 자랑하다 / 장(壯) 씩씩하다

물장즉노物壯則老

강한 것은 죽는다

전쟁은 노자가 살던 시대에 인간에게 가장 비극적 행위였습니다. 권력자는 그들의 권력을 강화하고, 영토 확장의 탐욕을 위해 백성을 전쟁터에 동원했고, 그 결과는 참혹했습니다. 노자는 이런 비극적인 전쟁을 반대합니다. 전쟁은 토지를 전쟁터로 만들어 흉년이 들게 하고, 백성은 전쟁터에서 죽음을 맞이하거나 굶어 죽는 결과를 만들어냅니다. 군대가 주둔한 곳에서는 가시나무만 무성하고, 전쟁을 벌인 장소에는 주검만 가득합니다. 그런데도 전쟁이 그치지 않은 이유는 권력자의 탐욕과 전쟁이 주는 이익 때문이었습니다. 그렇다면 노자는 전쟁을 반대만 했을까요? 타국의 침입에 그저 반전만 외치며 무기력하게 당하라고 했을까요? 노자는 어쩔 수 없는 전쟁이 벌어지면 충분한 방어력은 있어야 한다고 강조합니다. 적어도 타인의 공격에 대하여 충분히 방어할 수 있는 전쟁 억제력과 방어 능력만큼은 갖고 있어야 한다는 것입니다. 다만 전쟁에서 승리한다 해서 으스대거나, 자랑하거나, 교만해서는 안 되며, 전쟁의 승리를 통해 강자로 군림해서도 안 된다고 강조합니다. 전쟁에서 승리했더라도 축제를 벌이지 말고 죽음을 애도해야 한다는 것입니다. **전쟁의 승리를 통해 강대국으로 군림하려고 하면 결국 전쟁을 통해 무너지는 반전反轉이 있다는 것을 잊지 말아야 한다는 것이죠.**

노자는 강强의 역설을 통해 몰락을 이야기합니다. **강하고 힘센 자는 결국 그 강함으로 인해 몰락을 겪는다는 것입니다.** '강한 자는 제명에 죽지 못할 것이다!' 이런 노자의 명제 뒤에는 강함 뒤에 반전이 있습니다. 강함 뒤에 숨은 몰락, 행복 뒤에 엎드린 불행, 승리 뒤에 오는 패배의 과정은 우주의 운행방식입니다. 장壯은 씩씩하고 굳센 모습입니다. 모두가 원하는 모습이지만, 그 뒤에는 늙음과 소멸이 기다리고 있습니다. 도의 속성은 부드러움과 약한 것입니다.

세계 어느 제국도 영원하지 않았습니다. 전쟁을 통해 제국으로 성장한 나라는 결국 전쟁을 통해 그 몰락을 맞이했습니다. 방어력은 갖추되 전쟁의 주역이 되어서는 안 된다는 것이 노자의 전쟁 철학입니다.

32장
분수를 알고 그쳐라

도상무명 道常無名	도는 항상 자신의 이름을 드러내지 않느니,
박수소 樸雖小	무명의 통나무는 비록 작지만
천하막능신야 天下莫能臣也	세상 누구도 마음대로 부릴 수 없다.
후왕약능수지 侯王若能守之	제후와 왕이 소박한 정치를 한다면
만물장자빈 萬物將自賓	모든 것이 저절로 복종할 것이다.
천지상합 天地相合	하늘과 땅이 서로 만나
이강감로 以降甘露	저절로 단비가 내리듯이
민막지령이자균 民莫之令而自均	백성에게 명령하지 않아도 저절로 편안하게 될 것이다.
시제유명 始制有名	통나무가 쪼개지면 그릇이 만들어지나니,
명역기유 名亦旣有	그릇의 이름이 이미 정해지면
부역장지지 夫亦將知止	자신의 분수에 그칠 줄 알아야 한다.
지지불태 知止不殆	그쳐야 할 때 그칠 수 있다면 위태롭지 않을 것이다.
비도지재천하 譬道之在天下	통나무 도의 정치를 이 세상에 행하는 것을 비유하면
유천곡지어강해 猶川谷之於江海	마치 강과 바다에 시내와 계곡물이 모여드는 것과 같을 것이다.

박(樸) 통나무 / 후(侯) 제후 / 강(降) 내리다 / 태(殆) 위태롭다 / 비(譬) 비유하다

도상무명 道常無名

도는 특정한 이름이 없다

무명無名은 이름이 없다는 뜻입니다. 이름이 없다는 것은 어떤 특정한 실체가 아니라는 것입니다. 노자는 통나무樸와 그릇器으로 비유합니다. 옛날에 그릇은 주로 나무로 만들었습니다. 통나무 하나를 자르고 깎아서 그릇을 만듭니다. 밥그릇, 국그릇, 반찬그릇 등 다양한 이름의 그릇이 만들어집니다. 도는 그릇으로 만들어지기 전의 통나무와 같습니다. 아직 어떤 그릇으로 만들어지지 않았기 때문에 이름名을 붙일 수가 없습니다. 이름이 없다는 것은 어떤 특정한 용도로 사용할 수 없다는 것입니다. **무한한 가능성을 가진 통나무는 개별의 이름을 가진 그릇들을 통합해낼 수 있습니다. 왕은 통나무여야 합니다. 그래야 신하들을 통합하여 조직을 운영할 수 있습니다.** 현대사회에서도 법무, 교육, 통상, 경제, 이런 이름을 가진 장관들을 통합할 수 있으려면 특정한 이름이 있어서는 안 됩니다. 대통령大統領은 크게大 모두를 통합統하여 이끌어나가는 우두머리領입니다. 이름값 하는 사람을 적재적소에 임명해서 나라가 저절로 돌아가게 만들어내는 사람입니다.

도는 이름 없는 통나무이기에 누구도 함부로 부릴 수 없습니다. 어떤 특정한 이름이 없기 때문입니다. 신臣은 신하의 뜻이지만 부린다는 뜻으로 해석했습니다. 제왕은 통나무 정신을 가지고 나라를 이끌어야 합니다. 그래야 모든 백성이 스스로 복종하며 따라올 것입니다. 어떤 특정한 이념을 주장하지 않기 때문에 모두를 포용할 수 있습니다. 빈賓은 손님이란 뜻이지만 복종한다는 뜻으로 해석했습니다. 하늘과 땅이 만나 자연스럽게 비가 내리듯이, 통나무 정신으로 나라를 다스리면 백성은 저절로 감화感化되어 편안하게均 살 수 있습니다. 균均은 고르다, 균일하다는 뜻이지만 여기서 편안하다, 평화롭다는 의미로 해석했습니다. **군주의 명령令과 폭력 없이도 세상을 저절로 편안하게 할 수 있는 힘이 통나무 정치 방법입니다.** 하늘의 비가 때에 맞춰 자연스럽게 내리듯이, 강요하지 않고도 자연스럽게 평화를 만들어내는 것이 노자의 정치 철학입니다.

지지知止

멈춰야 할 자리에서 멈춰라!

자동차가 건널목에서 일단 정지하면 사고를 줄일 수 있습니다. 사람도 자신이 멈춰야 할 때 멈춰야 큰 화를 당하지 않습니다. 지지知止는 노자가 살던 시대에 사람들이 자주 사용한 경구였던 것 같습니다. 그칠 줄 알아야 한다! 《대학》에서도 '지지知止해야 방향이 정定해진다知止而後有定'고 합니다. 내가 멈춰야 할 자리를 정확히 알고 멈추면 무엇을 해야 할지가 방향이 확실해진다는 것입니다. 지금 내가 처한 상황에서 가용한 시간과 자원으로 할 수 있는 것, 또는 해야 할 것이 무엇인지를 정확히 알면 방향이 확실해집니다.

노자에게 지지知止란 통나무의 상태에서 그릇으로 만들어지려고 할 때 멈추는 것입니다. 통나무는 사실 재미가 없습니다. 권력을 행사하지도 못하고, 자신의 주장을 말하지도 못합니다. 나와 다른 사람을 거부할 수도 없고, 나서서 자신의 이름을 과시하거나 공을 자랑할 수도 없습니다. 통나무처럼 소박하게 자신의 자리를 지키는 것이 얼마나 힘든 일이겠습니까? 기업의 회장보다는 계열사 사장이 더 재미있는 일입니다. 회장은 자리도 높고 권한도 크지만 일일이 나서서 자신의 주장을 펼치기에는 어울리지 않는 모습입니다. 계열사 사장을 통해서 자기 생각을 관철해야지, 공장 현장에 가서 직원에게 이래라저래라 할 수는 없는 일입니다. 그러니 회장의 자리에서 회장의 역할을 해야 할 사람이 현장에 나서서 사장이 할 일을 한다면 그 조직은 뿌리부터 흔들리게 될 것이고, 회장 역시 모든 이의 존경을 받지 못할 것입니다. **'그쳐라! 그것은 네가 해야 할 일이 아니다!'**, **'지지불태知止不殆'**, **'그칠 줄 알아야 위기를 만나지 않을 것이다!'**

노자는 이 장에서 도를 통치에 적용하여 얻는 결과에 대하여 말하고 있습니다. 소박한 통나무 정신으로 내 자리를 지키고, 무위로 세상을 통치하면 세상은 저절로 돌아가고 세상의 백성은 나에게로 몰려들어 복종하게 될 것이란 노자의 통치 철학입니다. 계곡과 시냇물이 흘러서 강과 바다로 모여들 듯이 세상의 모든 존재가 도를 실천하는 지도자에게로 저절로 모여들 것입니다. 도의 실천 결과는 자연스럽게 다가오는 평화입니다.

34장
큰 공을 이루는 작은 방법

대도범해 大道氾兮	대도는 흘러넘쳐
기가좌우 其可左右	사방에 퍼지는구나!
만물시지이생 萬物恃之以生	만물이 도에 의지하여 잘 살아도
이불사 而不辭	자신의 공을 떠들지 않는구나!
공성불명 功成不名	공을 이루어도 자신의 이름을 내세우지 않는구나!
유의양만물 有衣養萬物	모든 만물을 입혀주고 길러주는데도
이불위주 而不爲主	자신을 주인이라 하지 아니하며
상무욕 常無欲	항상 무욕으로 살아가니
가명어소 可名於小	작다고 이름할 수도 있겠구나!
만물귀언 萬物歸焉	만물이 모두 귀의하는데도
이불위주 而不爲主	자신을 주인이라 하지 않으니,
가명어대 可名於大	진정 크다고 이름할 수 있겠구나!
이기종부자위대 以其終不自爲大	끝까지 자신을 크다 하지 않으니
고능성기대 故能成其大	그러므로 진정 큰 것을 이루었구나!

범(氾) 넘치다 / 시(恃) 의지하다

대도범혜 大道氾兮

위대한 도의 정치는 넘쳐흐르나니

하늘에서 비가 내리면 땅 위에 생명체는 그 비를 맞으며 새로운 생명의 힘을 얻습니다. 하늘의 비는 어느 한곳만 뿌려주지 않습니다. 대지 위에 골고루 뿌려져 아낌없이 자신의 덕을 나눕니다. 범氾은 넘쳐흐르는 것입니다. 대도大道가 온 세상에 넘쳐흘러 사람에게 은택을 베푸는 것을 물이 넘쳐흘러 세상의 생명체에게 힘을 주는 것과 비교했습니다. **대도의 정치는 살리는生 정치입니다. 백성의 배를 채우고, 백성의 뼈를 단단하게 하는 생명의 정치입니다. 머리를 비우고, 생각을 내려놓는 비움의 정치입니다.** 대지의 생명체가 물을 얻어 생명력을 꽃피우듯이, 세상 사람은 대도를 행하는 지도자를 만나 각자의 생명력을 발휘합니다. 소박한 삶을 사랑하고, 탐욕에 물들지 아니하고, 지식에 매이지 않는 삶을 살아갑니다.

그런데 이런 백성의 삶을 지도자가 가져다주는 것은 아닙니다. 지도자가 백성의 삶에 끼어들지 않는 것만으로도 백성의 소박한 삶이 저절로 이루어지는 것입니다. 간섭하지 않고 지켜봐 주기만 해도 사람은 행복할 수 있습니다. 전쟁을 일으켜서 사람을 동원하고, 이념을 만들어 사람의 정신을 마비시키고, 거대한 개인을 위한 구조물을 만들기 위하여 사람을 부역에 동원하지만 않으면 사람들은 저절로 평안해집니다. 그것이 대도大道의 정치이며, 무위無爲의 위대한 정치입니다.

노자는 당시 귀족의 탐욕과 욕망을 위하여 많은 사람이 자신의 삶을 제대로 누려보지도 못하고 생을 마감하는 현실을 보았습니다. 이런 불합리한 세상에 새로운 무위 정치를 실현할 수 있는 지도자를 노자는 갈망했습니다. 사람들의 배를 채워주어도 자신의 공을 자랑하지 않는不辭 겸손하고 따뜻한 지도자의 모습입니다. 의양衣養은 입혀주고 길러주는 것입니다. 사람들을 따뜻하게 하고 배를 채우는 정치입니다. **등 따뜻하게 하고 배부르게 하는 정치는 지금도 여전히 우리가 바라는 정치입니다.**

부자위대不自爲大

크다 하지 않으니 크게 되리라!

대도大道의 무위 정치를 실현하는 사람은 사私적인 명예와 욕망을 추구하지 않습니다. 사람들을 먹여주고 입혀주었으나 자신이 주인主이라고 하지 않습니다. 사람들이 모두 그에게 복종하나 군림하려 하지 않습니다. 그래서 남이 보기에는 별 볼 일 없다고 생각할 수 있습니다. 그렇기에 위대한 존재가 될 수 있는 것입니다.

기업의 대표가 직원을 배부르게 하고 따뜻하게 한다면 대도의 지도자입니다. 다만 자신의 공을 내세우고, 갑甲으로서 직원을 대하면 대도를 실천하는 지도자라고 할 수 없습니다. 참 어려운 일입니다. 내가 월급 주고, 내가 먹여주는데, 그 공을 잊으라고 하니 쉽게 할 수 없는 일입니다. 사람들은 공명심功名心에 흔들립니다. 내가 이룬 공功에 대하여 칭찬名받고 싶어 하는 것이 인간의 본성입니다. 물 한 그릇을 주어도 고맙다는 말을 기대하는 것이 사람입니다. 그런데 내가 베푼 것에 대하여 아무런 말辭도 하지 말라고 노자는 권고합니다. **공을 자랑하고 과시하는 순간, 그가 베푼 공은 허공 속으로 사라진다는 것입니다.** 종終은 마지막까지란 의미입니다. 마지막까지 자신의 공을 자랑하지 않고, 자신의 은덕이 크다고 하지 않아야 한다는 것입니다. 그런데 놀라운 결과가 기다리고 있습니다. 자신의 공이 크다고 하지 않았는데 결과는 크게 된다는 것입니다. '끝내 자신의 공이 크다고 하지 않았는데 결국은 크게 될 것이다!' 《도덕경》 7장의 '무사성사無私成私' 구절이 연상됩니다.

◦크게 이루는 비결◦

크다 하지 않으면不大 → 크게 될 것이다成大

사심이 없으면無私 → 성공이 온다成私

노자 철학 전반에 흐르는 반전의 역설이 잘 나타나고 있습니다.

35장
도의 맛은 싱겁다

집대상 執大象	도의 큰 형상을 잡고
천하왕 天下往	세상으로 나아가라!
왕이불해 往而不害	어디로 가도 해가 없으리니
안평태 安平太	천하가 태평하리라!
악여이 樂與餌	음악과 음식은
과객지 過客止	지나가는 나그네를 붙잡지만
도지출구 道之出口	도의 소리는
담호기무미 淡乎其無味	아무 맛 없이 담백하리니,
시지부족견 視之不足見	보려 해도 보이지 않고,
청지부족문 聽之不足聞	들으려 해도 들리지 않고,
용지부족기 用之不足旣	쓰려 해도 다 쓰지 못한다.

이(餌) 음식

담호무미淡乎無味

도는 아무 맛이 없어 싱겁다

세상에서 가장 맛있는 맛은 맛없는 맛입니다. 물과 공기는 특별한 맛이 없지만 아무리 먹어도 질리지 않습니다. 물에 맛이 있다면 얼마 안 가서 질릴 것입니다. 그래서 물은 생명의 근원이 될 수 있습니다. 공기는 특별한 냄새가 없지만, 공기가 없으면 생명체가 살 수 없습니다. 냄새가 없는 공기야말로 생명의 시작입니다. 도道도 특별한 맛이나 색이 없습니다. 싱겁고淡 맛없는無味 맛입니다. 그런데 이 도가 실현되는 세상은 태평太平의 시대입니다. 세상 만물이 도의 혜택을 입으면 모두가 편안安합니다. 무엇 때문에 이렇게 싱겁고 맛없는 도가 세상을 평안하고 태평하게 할 수 있을까요?

도를 실천하는 지도자는 톡 쏘는 맛은 없어도 은은하게 오래 맛이 남습니다. 간섭하지 않기에 일반 국민은 무게감을 느끼지 못합니다. 자기 생각을 강요하지 않기에 자유롭게 자신의 색깔대로 살 수 있습니다. 자신의 공을 자랑하거나 과시하지 않기에 피로감이 적습니다. 늘 겸손하게 처신하기에 오히려 다른 사람이 그를 밀어주고 앞에 서게 합니다. 욕망을 통제하기에 전쟁을 벌이지 않습니다. 그래서 전쟁터에 나가 목숨을 잃는 사람이 없습니다. 소박한 삶을 추구하기에 화려한 궁전이나 성을 쌓기 위하여 백성을 동원하지 않습니다. 지식을 숭상하지 않기에 사람은 경쟁하지 않습니다. 사람의 뼈를 튼튼히 해주고, 그들의 삶을 온전하게 살 수 있도록 도와줄 뿐, 어떤 작위나 강요도 하지 않습니다. 이런 도를 실천하는 사람은 겉으로 보기에 그리 멋있어 보이지 않습니다. 자신의 의견을 내세우지 않기에 더욱 존재감이 희박합니다. 그러나 보이지 않는 존재감이 오히려 더욱 그를 존경하고 사랑하게 만듭니다. 그러므로 맛없는 맛은 세상에서 가장 맛있는 맛입니다.

37장
이름 없는 소박함

도상무위이무불위 道常無爲而無不爲	도는 항상 무위하나 모든 것을 되게 하니,
후왕약능수지 侯王若能守之	제후와 왕이 이 도의 정신을 잘 지켜 정치를 한다면
만물장자화 萬物將自化	만물은 저절로 교화될 것이다.
화이욕작 化而欲作	잘살게 되는 과정에서 인위의 욕심이 일어난다면
오장진지이무명지박 吾將鎭之以無名之樸	나는 무명의 소박함으로 그 욕심을 누를 것이다.
무명지박 無名之樸	무명의 소박함은
부역장무욕 夫亦將無欲	나의 욕망을 제거할 것이니
불욕이정 不欲以靜	욕망하지 않고 고요하면
천하장자정 天下將自定	세상은 저절로 안정될 것이다.

진(鎭) 억누르다 / 박(樸) 통나무

무위이무불위無爲而無不爲

강요하지 않고 저절로 되기

이 장에는 《도덕경》의 중요한 개념이 많이 등장합니다. 무위無爲, 무불위無不爲, 자화自化, 무명無名, 박樸, 무욕無欲, 정靜, 자정自定은 노자가 자주 사용하는 단어입니다. 순서대로 이어보면 이런 문장으로 정리할 수 있습니다. **'억지로 강요하지 말고無爲, 이름을 드러내지 않고無名, 욕망을 조절하고無欲, 소박함樸과 고요함靜으로 다가가면 세상은 저절로 안정自定되고 변화되어 저절로 돌아가리라!'** 노자가 말하는 무위無爲 정치의 내용입니다. 내 생각을 관철하기 위해 백성을 몰아붙이고, 내 이름을 남기기 위해 위대한 업적을 만들려 하고, 내 욕망을 채우기 위해 백성을 전쟁과 부역에 동원하는 게 당시 지도자의 일반적인 모습이었습니다. 분주하게 돌아다니면서 백성의 삶에 끼어들고, 내 목표를 이루기 위하여 백성을 동원하는 것이 일상화되었던 시절, 백성은 통치자가 다스리는 대상이었을 뿐이었습니다. 이런 귀족侯王에게 노자의 무위 정치의 권유는 불편했을 것입니다. 이때 욕망의 억제鎭는 소박함樸을 통해 가능합니다. 초심을 잊지 않고 나의 욕망을 누를 때 비로소 무위無爲는 지속될 수 있을 것입니다.

소박한 초심을 유지하기 위한 장치로 역대 귀족은 검소한 차실茶室이나 거주지를 따로 마련하기도 했습니다. 호화로운 궁궐 구석에 조그맣고 허름한 집을 지어 틈틈이 거주함으로써 욕망을 누르는 장소로 활용했습니다. 일본 중세 귀족은 다다미 네 장 반 정도 크기의 차실茶室을 마련하고, 그 안에 쇠주전자, 다구茶具 등 기본 도구 이외의 모든 것을 치우고 검소함을 실천하기도 했습니다. 검소함과 소박함은 자신의 욕망을 통제하고, 초심을 잃지 않는 화두입니다. 무명지박無名之樸은 자신의 이름을 내세우지 않는 소박한 초심의 화두입니다. 아무것도 소유하지 않은 벌거벗은 사람으로 태어나 지금은 비록 권력과 돈을 소유했지만, 그것에 휘둘리지 않고 마음의 평정靜을 찾는 것은 오랫동안 지금의 상태를 지속하기 위한 실천입니다. 이런 초심의 실천이 저절로 교화되고自化 저절로 안정되는自定 결과를 가져올 것입니다.

42장
강한 자는 오래 살지 못한다

도 생 일 道生一	도에서 일이 창조되고
일 생 이 一生二	일에서 이가 생산되고
이 생 삼 二生三	이에서 삼이 생산되고
삼 생 만 물 三生萬物	삼에서 만물이 생산된다.

만 물 부 음 이 포 양 萬物負陰而抱陽	만물은 음의 기운을 등지고, 양의 기운을 안고 있으니
충 기 이 위 화 沖氣以爲和	두 기운이 상호작용하여 평형의 상태를 이룬다.

인 지 소 오 人之所惡	사람이 싫어하는 것은
유 고 과 불 곡 唯孤寡不穀	고독한, 부족한, 못난이란 말인데
이 왕 공 이 위 칭 而王公以爲稱	왕과 귀족은 이런 단어로 자신을 부른다.

故物 (고물)	그러므로 사물의 이치는
或損之而益 (혹손지이익)	덜어내면 오히려 늘어나고
或益之而損 (혹익지이손)	늘리면 오히려 덜어진다.
人之所教 (인지소교)	사람의 가르침을
我亦教之 (아역교지)	나 또한 가르치려 하나니,
强梁者 (강량자)	'강하고 센 사람은
不得其死 (부득기사)	제명에 죽지 못할 것'이란 말,
吾將以爲教父 (오장이위교부)	나는 이 말을 가르침의 으뜸으로 삼겠다.

충(沖) 부딪히다 / 고(孤) 고독한 / 과(寡) 덕이 부족한 / 곡(穀) 좋다

부음포양負陰抱陽

음을 등에 지고 양을 껴안고

이 장을 마치 **도가의 창세기처럼 해석해서는 안 됩니다.** '우주 창조의 주체는 도道이고, 도가 일一을 창조했으니, 그 일一은 태극太極이고, 태극인 일一은 이二를 낳았으니 이二는 음양陰陽이고, 음양이 삼三을 낳았으니 그 삼은 태극과 음양이다. 그 삼이 만물萬物을 만들어낸다.' 이렇게 풀면《도덕경》은 그야말로 소설이나 종교가 됩니다. 갑자기 우주의 창조와 만물의 탄생을 설명하는 책이 되기 때문입니다.

제 관점에서 보면 노자는 우주 창조의 원리와 만물의 생성 원리를 설명하려 한 것이 아닙니다. 이 세상의 지도자에게 어떻게 세상을 대하느냐에 대한 답을 찾기 위하여 도道의 속성을 끌어낸 것입니다. **도의 중요성을 강조하기 위하여 만물 위에 도가 존재한다고 가설을 만든 것입니다.** 인간은 그 도의 속성을 따라야 할 의무가 있다는 것입니다. 우주는 도의 작용을 통해 운행되고 있고, 그 운행의 방식은 **부음포양**負陰抱陽과 **충기위화**沖氣爲和입니다. 음의 속성과 양의 속성의 적절한 상호작용, 두 에너지의 조화로운 상태가 바로 도의 상태입니다.

강하고 센 것은 노자에게 금기입니다. 강한 것은 결국 부러지고, 오래 지속되지 못한다는 것입니다. 채우려 하면 결국 손해 나고, 비우면 오히려 채워진다는 노자의 역설입니다. 역대 제왕은 자신을 칭할 때 고독한孤, 부족한寡, 못난不穀이라고 자신을 부르는 것은 낮추면 더욱 높아진다는 도의 운동방식을 따르는 것입니다. 채움益보다 비움損이 강한 경쟁력이며 지속 생존의 비결입니다.

51장
낳았으나 소유하지 않는다

도 생 지
道生之　　도는 창조했고

덕 휵 지
德畜之　　덕은 길러주었다.

물 형 지
物形之　　모습은 갖추어졌고

세 성 지
勢成之　　존재는 완성되었다.

시 이
是以　　그래서

만 물 존 도 이 귀 덕
萬物尊道而貴德　　만물은 도와 덕을 존귀하게 여긴다.

도 지 존 덕 지 귀
道之尊德之貴　　도와 덕은 존귀함에도

부 막 지 명 이 상 자 연
夫莫之命而常自然　　명령하지 않고 언제나 저절로 되게 한다.

고
故　　그러므로

도 생 지
道生之　　도는 창조했고

덕 휵 지
德畜之　　덕은 길러주었다.

장 지 육 지 長之育之	성장하고 육성했고
성 지 숙 지 成之熟之	완성하고 성숙시켰고
양 지 부 지 養之覆之	길러주고 안아주었다.

생 이 불 유 生而不有	낳았으나 소유하지 않고
위 이 불 시 爲而不恃	주었으나 자랑하지 않고
장 이 부 재 長而不宰	길렀으나 주재하지 않으니
시 위 현 덕 是謂玄德	이것을 현덕이라 한다.

휵(畜) 기르다 / 숙(熟) 익히다 / 부(覆) 덮어주다 / 시(恃) 자랑하다 / 재(宰) 주재하다

상자연常自然

언제나 절로 절로

도와 덕은 창조와 생육의 기원입니다. 특정한 창조자는 아니지만, 세상의 모든 것이 있게 된 원리입니다. 도道는 창조자, 덕德은 육성자로서 사물을 만들고 길러내는 두 원리입니다. 이런 과정을 통해 존재는 모습形을 갖추고, 동력勢을 얻게 됩니다. 세상의 모든 존재는 결국 도와 덕이 창조하고 기른 존재라는 것입니다. 그러니 모든 존재가 존귀하게 여기며 떠받들어야 할 도덕입니다. 그러나 도덕은 그런 높은 지위에도 불구하고 지시하지 않습니다. 항상 스스로 자신의 존재 방식대로 살게 합니다. 세상의 모든 존재를 창조하고 길러주었음에도 간섭하거나 명령하지 않고 있는 그대로 보아주고, 지켜줍니다. 저는 이 글을 읽을 때마다 미국의 시인 스티븐 크레인Stephen Crane의 시구가 떠오릅니다.

> A man said to the universe: / "Sir, I exist!" / "However," replied the universe. / "The fact has not created in me. / A sense of obligation."
> 한 남자가 하늘에게 물었다. / "신이여! 제가 여기 있습니다." / "그렇긴 한데," 하늘이 답했다. / "그 사실이 내게 의무감을 만들게 하지는 않네."

인간의 존재 방식에 끼어들지 않겠다는 하늘의 대답은 노자의 도덕과 닮았습니다. 하늘은 세상을 창조했으나 아무런 간섭과 의무를 갖지 않고 바라봅니다. 자신의 위대함을 과시하거나, 창조적 행위에 대한 찬양을 바라지도 않습니다. 언제나常 자연自然의 상태로 지켜볼 뿐입니다.

여기서 중요하게 봐야 할 것은 도와 덕이 창조자나 육성자임을 설명하기 위한 글이 아니라는 것입니다. 노자가 말하고 싶은 것은 인간세계의 지도자입니다. 낳고, 기르고, 보호해준다는 명목으로 사람 위에 군림하지 말라는 것입니다. 있는 그대로 보아주고, 있는 그대로 살 수 있도록 해주는 것이 위대한 도덕을 본받는 지도자의 모습입니다. 이런 상자연常自然의 지도자를 현덕玄德이라고 정의합니다. 현덕은 도를 가장 잘 구현하는 지도자의 능력입니다.

62장
세상에서 귀한 존재

道者 (도 자)	도는
萬物之奧 (만 물 지 오)	만물이 모여드는 곳
善人之寶 (선 인 지 보)	잘난 사람에게는 보물이 되고
不善人之所保 (불 선 인 지 소 보)	못난 사람에게는 보호가 된다.
美言可以市 (미 언 가 이 시)	꾸미는 말은 시장에서 쓰이고
尊行可以加人 (존 행 가 이 가 인)	잘난 행동은 사람에게 쓰이니
人之不善 (인 지 불 선)	사람의 못난 것을
何棄之有 (하 기 지 유)	어찌 버릴 수 있겠는가?
故立天子 (고 입 천 자)	그러므로 천자를 세우고
置三公 (치 삼 공)	삼공 제도를 운영함에
雖有拱璧以先駟馬 (수 유 공 벽 이 선 사 마)	비록 한 아름 되는 보석으로 수레에 앞서 밝히더라도
不如坐進此道 (불 여 좌 진 차 도)	앉아서 이 도를 올리는 것만 못하나니

고 지 소 이 귀 차 도 자 하 古之所以貴此道者何	옛날에 이 도를 귀하게 여긴 이유는 무엇인가?
불 왈 이 구 득 不曰以求得	구하면 얻게 되고
유 죄 이 면 사 有罪以免邪	죄가 있으면 용서를 받아서 그런 것이 아니겠는가?
고 위 천 하 귀 故爲天下貴	그러므로 (도는) 세상에 귀한 존재가 되는 것이다.

오(奧) 아랫목 / 공(拱) 바치다 / 벽(璧) 구슬, 옥

만물지오萬物之奧

만물이 모여드는 아랫목

도道는 어머니의 품과 같습니다. 어머니는 밥, 품, 생명, 안식입니다. 배고픈 자식에게 먹을 것을 주고, 못난 자식에게는 용기를 줍니다. 어머니 품은 잘남도 못남도 모두 인정되는 공간입니다. 가르지 않기에, 나누지 않기에, 그 품 안에서 모두 행복과 안식을 느낍니다. 오奧는 아랫목입니다. 방에서 가장 따뜻한 곳입니다. 아랫목은 아낌없이 온기를 사람에게 나눠줍니다. 그가 잘났든 못났든 따지거나 구별하지 않습니다. 이런 어머니의 품 같은 도를 실천하는 사람이 노자가 바라던 지도자의 모습입니다. 선인善人은 잘난 사람입니다. 불선인不善人은 못난 사람입니다. 미언美言은 말을 잘 꾸미는 사람입니다. 존행尊行은 행동을 꾸미는 사람입니다. 말을 잘하는 사람은 시장에서 물건 파는 데 쓰이고, 행동을 잘 꾸미는 사람은 다른 사람에게 영향을 주어 그들의 행동을 돌아보는 역할을 합니다. 세상에는 참 다양한 사람이 있습니다. **그 다양한 사람을 어머니의 품처럼, 아랫목처럼 모두 안아주고 품어주는 것이 도道의 정신입니다.** 도가 있는 곳에서는 쓸모없는 것이 없습니다. 각자 자신이 생긴 대로, 가진 대로 역할을 할 뿐입니다. 버려진 사람이 있는 사회는 암울합니다. 내가 하는 일을 사랑하고, 내가 사는 모습에 만족하고, 내가 처한 상황을 이해하며 살아갈 수 있는 세상이 도道가 있는 세상입니다.

세상은 권력구조로 존재합니다. 최고 상층부에는 천자天子가 있고, 그 밑에는 삼공三公이 있어 관료들을 지휘합니다. 천자의 권위를 높이고, 더 좋은 세상을 만들기 위해서는 말 네 마리가 끄는 마차 앞에 한 아름 되는 보석을 줄지어 세워 놓는 것보다 어머니의 품 같은 도를 실천하는 것이 더 효과적입니다. 세상에서 도보다 더 귀한 존재는 없습니다. 아무리 귀한 보석이 집 안에 가득해도 다 지킬 수 없고, 아무리 얻기 힘든 보화로 창고를 채워도 결국 시간이 지나면 무너지게 됩니다. 지속적인 생존은 채우고, 가르고, 가지는 것에 있지 않습니다. **안아주고, 품어주고, 이해하고, 공감하는 도의 실천이 지속적인 생존의 열쇠입니다.** 도가 세상에서 가장 귀한 존재, 천하귀天下貴가 되는 이유입니다.

| 5부 |

덕

德

드러내지 않는 빛

덕德

덕은 노자가 살던 시대 다른 철학자도 모두 강조한 지도자의 덕목德目입니다. 인간이 태어날 때부터 갖고 태어난 위대한 본성이 **덕성德性**이고, 그 본성의 덕을 밝히는 것이 **명덕明德**, 덕을 완성하는 것이 **성덕成德**입니다. 지도자의 위대한 덕은 **성덕聖德**이고, 그 덕을 최대한 베푸는 것이 **성덕盛德**입니다. 우리는 상대방이 나에게 베푼 덕을 '**덕분德分**입니다, **덕택德澤**입니다'라고 감사를 표하고, '**은덕恩德**을 못 잊는다'라고 말하기도 합니다. 사람에게 잘 베푼 덕을 공덕功德, **미덕美德**이라고 하고, 자신의 덕을 더럽히고 잘못 베푸는 것을 악덕惡德, **패덕悖德**이라고 합니다. 유교는 덕으로 세상을 통치하는 덕을 **덕치德治**라고 하여 강조합니다. 법이나 형벌이 아닌 지도자의 인격과 포용으로 세상에 이끌어나간다는 것입니다. 덕은 동양의 오랜 역사 기간, 많은 철학자와 사상가에게 중요한 지도자의 덕목으로 사용되었습니다.

노자는 덕德을 도道의 원칙으로 현실 사회에 실현하는 지도자의 행위라고 말합니다. 덕은 노자《도덕경》에 마흔네 번이나 반복해서 나옵니다. 도道가 일흔여섯 번 나오니까 도 다음으로 가장 많이 나오는 단어입니다. 덕은 타인에게 베푸는 선한 마음이며 행위입니다. 지도자가 탐욕을 줄이고, 전쟁을 멈추고, 강요와 압박을 풀어 백성의 삶을 더욱 높은 차원에서 영위할 수 있게 하는 것이 노자의 덕德입니다. 그러나 노자의 덕은 확실하게 차별화되는 점이 있습니다. 그것은 **드러내지 않는 행위**로서 덕입니다. 자신이 베푼 덕을 드러내거나 과시하지 않을 때 비로소 덕은 완전해집니다. 자신이 베푼 덕을 과시하지 않고, 남과 공덕을 다투지 않는 덕을 **부쟁지덕不爭之德**이라고 합니다. 남과 경쟁하지 않는 덕이란 뜻입니다. 자연계에서 부쟁지덕을 실천하는 물질을 물水로 비유합니다. 세상의 만물을 키워주고 길러주지만, 자신의 공을 드러내지 않고 오히려 낮은 곳으로 흐르는 물이야말로 노자가 제안하는 부쟁지덕의 모습입니다. 노자의 덕을 몇 가지로 정리해봅니다.

현덕玄德: 도를 실천하는 지도자의 덕
원덕元德: 도를 실천하는 최상의 덕
공덕孔德: 덕을 실천하는 사람이 느끼는 황홀恍惚한 감정의 덕
상덕上德: 자신의 덕을 드러내지 않는 최상의 덕
하덕下德: 자신의 덕을 남에게 보이려 하고 과시하려는 덕
광덕廣德: 세상에 넓게 퍼지는 확장성의 덕
건덕建德: 덕의 실천을 통해 잘 뿌리 내린 덕

38장
드러내지 않는 덕

상 덕 부 덕
上德不德　　높은 덕은 베푼 덕을 드러내지 않는다.

시 이 유 덕
是以有德　　그래서 덕이 있다.

하 덕 불 실 덕
下德不失德　　낮은 덕은 베푼 덕을 잃지 않고 드러내려 한다.

시 이 무 덕
是以無德　　그래서 덕이 없다.

상 덕 무 위
上德無爲　　높은 덕은 강요하지 않으며,

이 무 이 위
而無以爲　　베푸는 의도도 없다.

하 덕 위 지
下德爲之　　낮은 덕은 강요하고,

이 유 이 위
而有以爲　　베푸는 의도가 있다.

상 인 위 지
上仁爲之　　높은 인은 강요하나,

이 무 이 위
而無以爲　　의도는 없다.

상 의 위 지
上義爲之　　높은 의는 강요하고,

이 유 이 위
而有以爲　　의도도 있다.

상 례 위 지
上禮爲之　　높은 예는 강요하고,

이 막 지 응
而莫之應　　따르지 않으면

즉 양 비 이 잉 지
則攘臂而仍之　　팔뚝을 걷어붙이고 억지로 따르게 한다.

고 실 도 이 후 덕 故失道而後德	그러므로 도를 잃자 덕이 나왔고,
실 덕 이 후 인 失德而後仁	덕을 잃자 인이 나왔고,
실 인 이 후 의 失仁而後義	인을 잃자 의가 나왔고,
실 의 이 후 예 失義而後禮	의를 잃자 예가 나왔다.
부 예 자 夫禮者	예라는 것은
충 신 지 박 忠信之薄	진심과 믿음의 얇은 껍질이며
이 란 지 수 而亂之首	혼란의 시작이다.
전 식 자 前識者	남보다 많이 아는 것은
도 지 화 道之華	도의 관점에서 화려한 꽃일 뿐이고,
이 우 지 시 而愚之始	어리석음의 시작이다.
시 이 대 장 부 是以大丈夫	그래서 큰사람은
처 기 후 處其厚	그 두꺼운 실속에 처하지
불 거 기 박 不居其薄	그 얇은 껍질에 머물지 않는다.
처 기 실 處其實	그 내실 있는 열매에 처하고
불 거 기 화 不居其華	그 화려한 꽃에 머물지 않는다.
고 거 피 취 차 故去彼取此	그래서 저 허상을 버리고 이 실재를 취한다.

양(攘) 걷어 올리다 / 비(臂) 팔뚝 / 잉(仍) 거듭하다 / 박(薄) 엷다 / 화(華) 화려하다

상덕부덕上德不德

높은 덕은 베푼 덕을 드러내지 않는다

"덕분德分입니다!" 우리가 자주 사용하는 인사말입니다. '당신 덕분德分에'라는 말은 당신의 덕德을 나누어分 주어서 나에게 도움이 되었다는 뜻입니다. 덕택德澤은 덕의 은택恩澤이란 뜻입니다. 당신의 덕이 넘쳐 나에게 연못澤처럼 흘렀다는 것입니다. 옛날 어른들은 덕을 많이 베풀고 살라고 했습니다. 덕을 베푸는 것은 성숙한 사람의 생활방식입니다. 그런데 내가 베푼 덕에 감사하다고 말을 하지 않으면 섭섭해하기도 합니다. 은덕을 모른다느니, 누구 덕택인 줄 모른다느니, 섭섭함을 토로하기도 합니다. 이렇게 자신이 베푼 덕에 상대방이 감사하지 않는다고 화를 낸다면 베푼 덕이 물거품처럼 사라집니다. **덕을 베풀었으면 베푼 순간 잊어야 합니다.** 자신이 덕을 베풀었다는 의식 자체를 버려야 합니다. 그러면 그 덕은 영원히 기억될 수 있습니다. **덕을 베풀고 자신의 덕을 드러내지 않는 덕을 상덕上德이라고 합니다.** 자신의 베푼 덕을 강조하고 보답을 기대하는 것을 하덕下德이라고 합니다. 똑같은 덕이지만 그 과정과 결과는 완전히 다릅니다.

노자의 중요한 논리 중 하나가 **반**反입니다. '거꾸로反'는 노자 철학을 이해하는 열쇠 중 하나입니다. 섬기면 더 존경받고, 강요하지 않으면 저절로 되고, 비우면 채워지고, 남보다 우뚝 서려 하면 넘어진다는 '거꾸로'의 알고리즘이 《도덕경》 전반에 배어 있습니다. 덕을 베풀고 덕을 베풀었다고 하지 않으니 거꾸로 그 덕은 오래간다는 것입니다. 반면 내가 베푼 덕을 자랑하고, 드러내면 오히려 베푼 은덕이 사라지는 경우가 많습니다.

◦상덕上德과 하덕下德◦

높은 덕上德 → 부덕不德 → 유덕有德
높은 덕은 → 덕이라 하지 않기에 → 덕이 있다.

낮은 덕下德 → 부실덕不失德 → 무덕無德
낮은 덕은 → 덕을 기억하려 하니 → 덕이 없다.

거피취차去彼取此

화려함을 버리고 소박함을 선택한다

무엇을 버리고 무엇을 선택할 것인가? 늘 고민하는 문제입니다. 두터움厚과 얇음薄, 꽃華과 열매實 중에 무엇을 선택할 것인가? 노자는 얄팍한 것보다는 중후함, 화려함보다는 내실에 집중하라고 주장합니다. 버려라去! 너의 껍질과 내실 없는 화려함을! 선택取하라! 무게감厚 있는 실속實을!

지식識과 예의禮는 타인을 타이르고 인도하는 수단입니다. 많이 알고 있는 사람이라고 타인의 삶에 끼어들 권리는 없습니다. **누구도 어떻게 살아야 한다며 훈계하거나 지적해서도 안 됩니다. 그 훈계와 지적 속에는 편견과 선입견이 가득하기 때문입니다.** 노자는 누가 누구를 훈계하고 가르치는 것에 대하여 부정합니다. 나아가 누구를 동정하거나 옳고 그른 것을 가르쳐줄 아무런 이유가 없다고 말합니다. 세상의 존재는 그 자체로 위대하며, 각자의 색깔과 향기를 갖고 살기에 그 삶에 끼어들어서는 안 된다는 것입니다. 지식과 예의로 타인의 삶에 끼어드는 행위의 덕목이 인의예지仁義禮智입니다. 인의예지는 질서정연한 세상을 만들기 위한 유교의 방법론입니다. 그러나 노자는 이것이 타인의 삶을 억압하는 윤리라고 지적합니다. 이런 윤리가 발생하기 이전의 사회는 도道와 덕德으로 구동되었습니다. 도덕의 세상은 무위의 세상입니다. 억지로 강요하지 않는 세상無爲, 자신의 권력을 유지하려는 의도以爲가 없는 세상이 도덕 정치철학이 구동되는 사회입니다. 사람들은 자유의지를 보장받고, 국가는 권력을 행사하지 않습니다. 최소한의 간섭을 통해 자율적으로 움직이는 세상이 도道와 덕德이 구동되는 세상입니다.

우리의 삶을 돌아봅니다. 자신의 가치를 타인에게 강요하고, 화려한 외적 수식으로 자신의 만족감을 찾고, 지식과 학벌로 상대방을 누르려는 우리의 모습 속에서 노자가 지적했던 혼탁한 세상을 보게 됩니다. 청정淸靜의 삶 속에서 내적 충만함을 만끽하고, 타자가 아닌 내면의 나와 더 많은 대화를 나누고, 외부의 평가보다는 내실 있는 삶을 살아가는 것이 노자가 꿈꾸었던 도덕의 세상입니다.

6장
골짜기의 영원함

곡 신 불 사 谷神不死	골짜기의 정신은 죽지 않는다.
시 위 현 빈 是謂玄牝	이것을 그윽한 여성성이라고 한다.
현 빈 지 문 玄牝之門	그윽한 여성의 자궁
시 위 천 지 근 是謂天地根	이것을 하늘과 땅의 뿌리라 한다.
면 면 약 존 綿綿若存	끊임없이 이어져 존재하니
용 지 불 근 用之不勤	아무리 사용해도 지치지 않는다.

빈(牝) 여성 / 면(綿) 이어지다

곡신불사谷神不死

골짜기의 정신은 죽지 않는다

노자는 덕을 골짜기谷에 비유합니다. 텅 비어 있는 포용력, 마르지 않는 생존력, 목마른 자에게 물을 주는 나눔의 정신, 낮은 곳에 임하는 겸손함, 생명을 잉태하고 키워내는 생명력은 계곡의 정신입니다. 노자는 골짜기야말로 도의 본질을 가장 잘 보여주는 장소이며, 도를 따르는 성인의 덕에 가장 부합된다고 보았습니다. 골짜기는 여성성牝이며 색으로는 검은색玄입니다. 여성은 생명을 잉태하고 출산하는 근원입니다. 검은색은 모든 색을 다 받아들여 만들어지는 포용의 색입니다. 이런 골짜기의 덕을 검은 어머니, 현빈玄牝이라고 합니다. 이런 어머니의 골짜기 정신을 곡신谷神이라고 합니다. 골짜기의 정신은 불멸不死입니다. 세상이 가물어도 골짜기만은 물기를 보존하고 있습니다. 만물이 모여들고, 목마른 자에게 물을 주는 나눔의 정신입니다. 골짜기는 만물의 근원이며 우주의 시작부터 면면히 이어져 존재합니다. 아낌없이 주는 골짜기, 끈질긴 생명력, 만물 생성의 근원으로서 곡신谷神의 덕德이 도道의 정신입니다.

10장
검은 덕

재 載	아!
영 백 포 일 營魄抱一	정신과 육체가 도와 하나 되어
능 무 리 호 能無離乎	내 곁에서 떠나지 않을 수 있을까?
전 기 치 유 專氣致柔	기를 모아 부드러움에 이르러
능 영 아 호 能嬰兒乎	어린아이처럼 될 수 있을까?
척 제 현 람 滌除玄覽	마음의 거울을 깨끗이 닦아
능 무 자 호 能無疵乎	한 점 때가 끼지 않을 수 있을까?
애 민 치 국 愛民治國	백성을 아끼고 나라를 다스림에
능 무 위 호 能無爲乎	무위의 정치를 할 수 있을까?

천 문 개 합
天門開闔
내 감정의 문이 열리고 닫힘에

능 위 자 호
能爲雌乎
포용의 태도를 유지할 수 있을까?

명 백 사 달
明白四達
세상의 지혜를 밝게 깨우침에

능 무 지 호
能無知乎
순수의 지혜로 할 수 있을까?

생 지 휵 지
生之畜之
만물을 살게 하고 길러주나니

생 이 불 유
生而不有
살게 했으나 소유하려 하지 않고

위 이 불 시
爲而不恃
베풀었으나 과시하려 하지 않고

장 이 부 재
長而不宰
길렀으나 주재하려 하지 않으니

시 위 현 덕
是謂玄德
이것을 현덕이라 한다.

재(載) 비로소(어조사) / 영(營) 영혼이 깃드는 집, 육체 / 백(魄) 넋, 정신 / 자(疵) 허물, 때 / 개(開) 열리다 / 합(闔) 닫다 / 휵(畜) 기르다 / 시(恃) 과시하다

현덕玄德

드러내지 않는 검은 덕

삼국지의 주인공 유비劉備의 자는 현덕玄德입니다. 현덕은 노자의 이 장에서 유래되었습니다. 유비가 현덕을 자로 사용한 것은 노자 철학에 대한 긍정적인 생각이 작용했을 것입니다. 주변 사람들에게 역할과 힘을 부여하고, 스스로 낮추고 겸손하겠다는 생각입니다. 현덕의 현玄은 검은색입니다. 검은색은 물水을 상징합니다. 세상 만물을 키워주고 자신을 낮추고 낮은 곳으로 흐르는 물의 모습은 현덕의 모습입니다. 현玄은 '깊고', '그윽하다'라는 뜻으로 도道를 표현하는 단어입니다. 검은색은 모든 색을 다 합쳐서 만들어지는 색입니다. 모든 것을 다 포용하고 받아들인다는 의미입니다. 그러나 자신의 색을 드러내지 않는 것이 검은색입니다. 검은색은 도道를 상징하는 색입니다. 현덕玄德은 도덕道德입니다. 도의 철학을 갖고 덕을 세상에 실천한다는 의미입니다. **현덕의 네 가지 의미**를 정리해봅니다.

1. **생지휵지生之畜之: 살려生주고 길러畜준다.** 세상의 모든 생명을 낳아주고 길러주는 어머니 같은 존재입니다. 어머니는 노자가 꿈꾸는 성인의 모습과 닮았습니다. 낳아주고, 살게 해주고, 길러주는 어머니의 모습이 현덕입니다.

2, **생이불유生而不有: 살렸生으나 소유有하려 하지 않는다.** 보통 사람은 내가 낳았고 길렀으면 내 소유라고 생각합니다. 현덕을 실천하는 사람은 내가 낳았어도 내 것이라고 주장하지 않습니다.

3. **위이불시爲而不恃: 베풀었으나爲 자랑恃하지 않는다.** 자신이 베푼 덕을 과시하지 않습니다. 조용히 자신이 해야 할 일을 했을 뿐, 그것을 드러내지 않습니다.

4. **장이부재長而不宰: 길렀으나長 주재宰하지 않는다.** 주도권은 인간의 욕망입니다. 내가 마음대로 주인이 되어 좌지우지하고 싶은 것입니다. 주도권을 포기하는 것은 어려운 일입니다. 현덕을 실천하는 사람은 주인이 되지 않고 객客이 됩니다. 낮은 자세로 상대방을 대합니다.

포일抱一

도와 함께 행군하라!

그 하나一와 함께抱 하는 일상을 만들며 살아야 합니다. 어린아이의 부드러움, 깨끗하고 단아한 삶, 욕망의 통제, 부드럽고 유연한 생각, 지식에 얽매이지 않는 자세를 수련의 목표로 삼아야 합니다. 포일抱一은 그 하나道를 껴안는抱 것입니다. **도와 함께 정신營과 육체魄가 하나 되어 살아가면 늘 편안합니다. 도와 함께 하며 사는 삶의 자세를 노자는 다섯 가지로 제안합니다.**

1. **전기치유專氣致柔**: 몸의 기운氣을 집중專하여 부드럽게柔 하는 것입니다. 부드러움softness과 유연함flexibility은 어린아이嬰兒의 모습입니다. 부드러움은 삶이고, 딱딱함은 죽음입니다. 정신과 육체를 부드럽게 유지해야 합니다.
2. **척제현람滌除玄覽**: 내 안에 있는 도玄의 거울覽을 세척洗滌하고 제거除去하여 깨끗하게 유지합니다. 마음의 거울에 때疵가 끼면 흐려집니다. 세속과 영욕에 흐려진 거울은 나의 삶을 도와 멀어지게 합니다. 내 안의 청정함을 유지하기 위하여 쉬지 않고 수양해야 합니다.
3. **애민치국愛民治國**: 이웃을 사랑하고 나라를 위하는 마음을 가져야 합니다. 억지로 나서서 간섭하는 것이 아니라 있는 그대로 보아주고 손뼉만 쳐도 충분히 이웃 사랑, 나라 사랑이 됩니다. 함부로 나서서 무엇을 한다고 하는 것이 오히려 이웃과 나라에 해가 될 수 있습니다.
4. **천문개합天門開闔**: 천문天門은 인간 감각기관의 문입니다. 입, 귀, 코, 눈의 문이 열리고開 닫힘闔에 여성雌의 포용성을 유지해야 합니다. 낮추고, 받아들이고, 귀 기울이고, 섬기고, 나누는 것은 여성적인 감각 운용 방법입니다.
5. **명백사달明白四達**: 동서남북, 네 방향四達에서 일어나는 일들을 명확히 아는 방법明白은 무지無知로 해야 합니다. 선입견과 편견의 지식이 아닌 참 지식으로 다가가야 비로소 정확히 실체를 알 수 있습니다. 미디어와 주변 사람의 이야기 속에는 음모와 편향된 의견이 숨어 있기 쉽습니다.

11장
비움의 유용함

삼 십 폭 공 일 곡 三十輻共一轂	서른 개 바큇살이 하나의 바퀴통에 모이니
당 기 무 當其無	바퀴통 속이 비어 있기에
유 거 지 용 有車之用	수레의 쓰임이 생긴다.
선 식 이 위 기 埏埴以爲器	진흙을 빚어 그릇을 만듦에
당 기 무 當其無	그릇 속이 비어 있기에
유 기 지 용 有器之用	그릇의 쓰임이 생긴다.
착 호 유 이 위 실 鑿戶牖以爲室	들창문을 뚫어 방을 만듦에
당 기 무 當其無	방 안이 비어 있기에
유 실 지 용 有室之用	방의 쓰임이 생긴다.
고 유 지 이 위 리 故有之以爲利	그래서 채움은 이익이 되지만
무 지 이 위 용 無之以爲用	비움은 쓰임이 된다.

선(埏) 진흙을 빚다 / 식(埴) 진흙 / 착(鑿) 뚫다 / 유(牖) 들창

무지이위용無之以爲用

비움이 쓰임이다

채움有은 이익利이고 비움無이 쓰임用입니다. 우리는 이용利用한다는 말을 자주 합니다. 노자는 이利와 용用은 다른 개념이라고 정리합니다. **무엇을 가지고 있는有 것은 이利이고, 가진 것을 비우는 것을 용用이라고 합니다.** 이와 용은 동전의 양면 같습니다. 가지고 있지 않으면 비울 수 없고, 비우지 않으면 쓸모가 없습니다. 돈을 통장에 가지고有 있는 것은 이利입니다. 통장에 돈을 비우는無 것이 용用입니다. 이利 없이 용用이 없고, 용用 없이 이利가 소용없습니다. 중요한 것은 비움을 통해 쓸모가 만들어진다는 노자의 철학입니다. 돈을 아무리 많이 가지고 있어도 써야 돈의 효용이 생깁니다. 그러나 쓰려면 무엇인가를 가지고 있어야 합니다. **노자는 비움만을 강조하지 않고 채움과 비움이 조화롭게 운용되었을 때 이용利用의 가치가 만들어진다고 생각한 것입니다.** 장식장에 가득 진열해놓은 예쁜 그릇은 꺼내서 사용할 때 비로소 제대로 된 가치를 발휘할 수 있습니다.

노자는 비움의 가치를 설명하면서 세 가지 예를 들고 있습니다. 수레바퀴車, 그릇器, 방室입니다. 수레바퀴는 중심축이 비어야 바큇살 서른 개가 들어갈 수 있습니다. 시안의 병마용에 갔을 때 발굴된 마차의 바큇살이 서른 개임을 확인할 수 있었습니다. 수레는 그 당시 가장 발달한 과학 문명을 반영합니다. 수레바퀴의 축이 비어야 바큇살이 들어갈 수 있다는 원리에서 비움의 쓰임을 발견한 것입니다. 그릇은 속이 비어야 무엇을 채울 수 있는 쓰임이 만들어지고, 방은 속이 비어야 사람이 들어갈 수 있는 쓰임이 만들어집니다. 채움에 비움이 없으면 아무 소용없는 무용지물입니다. 채움을 더욱 활성화하고 가치를 높이는 것이 비움입니다.

요즘 비움이 더욱 절실한 시대입니다. 사람들은 돈을 많이 벌어 통장에 쌓아놓고 죽는 것보다 잘 비우고 쓰고 가는 것에 관심을 두기 시작했습니다. **채움보다 비움이 훨씬 높은 가치의 삶을 살다 가는 것이라고 인정하기 시작했습니다.** 잘 채우고 비우는 일, 인생의 두 날개입니다.

16장 비움과 고요함의 덕

치허극 致虛極	최대한 마음을 비우고
수정독 守靜篤	진실한 고요함으로 살아가라.
만물병작 萬物竝作	만물이 생동함에
오이관기복 吾以觀其復	나는 만물이 원래 상태로 돌아감을 본다.
부물운운 夫物芸芸	모든 것이 살아 있음에
각복귀기근 各復歸其根	제각기 자신의 뿌리로 돌아간다.
귀근왈정 歸根曰靜	뿌리로 돌아감이 고요함이니
시위복명 是謂復命	이것을 복명이라 한다.
복명왈상 復命曰常	복명은 진리이며
지상왈명 知常曰明	진리를 아는 것이 현명함이다.

부지상 不知常	진리를 모르면
망작흉 妄作凶	제멋대로 나쁜 행동을 할 것이다.
지상용 知常容	진리를 알면 모든 것을 받아들이고,
용내공 容乃公	받아들임이 공평함이다.
공내왕 公乃王	공평하면 왕이 되고,
왕내천 王乃天	그런 왕은 하늘이다.
천내도 天乃道	하늘은 도이고
도내구 道乃久	도는 영원하니
몰신불태 沒身不殆	이 몸 다할 때까지 위태롭지 않을 것이다.

병(竝) 나란히 / 운(芸) 많다

치허수정致虛守靜

비우고 고요하라!

비움虛과 고요함靜은 성인의 중요한 덕목입니다. 성인은 자신의 마음을 비우고 고요한 일상으로 세상을 이끌어가는 사람입니다. 비움은 세상을 받아들이는 포용의 자세입니다. **내 고집을 비우고, 내 편견을 비우고, 내 주장을 비우면 사람들의 이야기가 비로소 귀에 들어옵니다.** 고요함은 나에게로 돌아가는 것입니다. 나서서 간섭하고, 지시하고, 가르치지 않고 조용히 내 자리로 돌아가 고요함으로 나를 대하는 것입니다.

세상의 만물은 모두 자신의 근원으로 돌아갑니다. 만물이 처음 나왔던 세계는 고요함의 세계입니다. 태초의 시작은 텅 빈 고요함의 세계입니다. 그 세계로 돌아가는 것이 복명復命입니다. 명命은 만물이 처음 세상에 나올 때의 상태입니다. 그 상태로 복귀復歸하는 것이 복명입니다. 복명의 상태는 고요함靜입니다. 이 상태로 돌아가는 것이 진리常입니다. 상常은 누구에게나 인정되는 상식의 진리입니다. 그 상식을 앎이 현명明함이고, 상식을 저버리고 살면 제멋대로妄 살게 됩니다. 상식을 알면 세상의 모든 것을 받아들일容 수 있고, 그런 사람이 왕이 될 수 있으며, 그 왕은 도道에 부합되는 지도력을 발휘하기에 영원히 그 자리에 있을 수 있습니다.

저는 이 장을 읽다 보면 다소 당황스럽습니다. 글자 하나하나가 정확하게 머리에 들어오지 않기 때문입니다. **허虛, 정靜, 복명復命, 귀근歸根, 상常, 용容, 공公의 단어 뜻을 정확히 해석하기에는 너무 많은 해석이 가능합니다.** 그러나 큰 뜻으로 보면 성인 지도자는 비움과 고요함으로 돌아가 세상과 마주해야 하며, 그런 포용력과 자율성으로 세상을 이끌어나가면 도의 원리에 부합되고, 영원할 수 있다는 것입니다. 문장의 첫 구절과 끝 구절을 연결하면 **'비워라虛! 고요하라靜! 그러면 천도天道에 부합되는 지도자가 되어 영원히歿身 위태殆롭지 않으리라!'**입니다. 이 문장을 갖고 특별하고 숨겨진 뜻이 있다고 생각해서 아무리 파 보아도 특별한 뜻이 나오지 않는다는 것이 저의 소견입니다.

28장
성인의 소박한 덕

지 기 웅 知其雄	남성의 웅장함을 알지만
수 기 자 守其雌	여성의 부드러움을 지켜나간다면
위 천 하 계 爲天下谿	세상의 계곡이 될 것이다.
위 천 하 계 爲天下谿	세상의 계곡이 되면
상 덕 불 리 常德不離	영원한 덕은 너를 떠나지 않을 것이니
복 귀 어 영 아 復歸於嬰兒	어린아이 상태로 돌아가리라!
지 기 백 知其白	태양의 화려함을 알지만
수 기 흑 守其黑	달빛의 어둠을 지켜나가면
위 천 하 식 爲天下式	세상의 모범이 될 것이다.
위 천 하 식 爲天下式	세상의 모범이 되면
상 덕 불 특 常德不忒	영원한 덕이 어긋남 없이 완전할 것이니
복 귀 어 무 극 復歸於無極	가르지 않는 무한의 상태로 돌아가리라!

지 기 영
知其榮 화려한 영광도 알지만

수 기 욕
守其辱 어두운 치욕으로 지켜나가면

위 천 하 곡
爲天下谷 세상의 골짜기가 될 것이다.

위 천 하 곡
爲天下谷 세상의 골짜기가 되면

상 덕 내 족
常德乃足 영원한 덕이 풍족할 것이니

복 귀 어 박
復歸於樸 쪼개지 않은 소박한 통나무의 상태로 돌아가리라!

박 산 즉 위 기
樸散則爲器 통나무를 쪼개면 쓸모 있는 그릇이 만들어지나니

성 인 용 지
聖人用之 성인이 그릇을 잘 이용하면

즉 위 관 장
則爲官長 신하들의 우두머리가 될 것이다.

고 대 제 불 할
故大制不割 그러므로 위대한 정치는 가르지 않는 통나무 정치다.

특(忒) 어긋나다 / 박(樸) 통나무 / 할(割) 쪼개다

상덕불리 常德不離

영원한 덕이 떠나지 않을 것이다

웅장雄하고, 드러白나고, 영예榮로운 것이 좋다는 것은 누구나 알고 있습니다. 그런데도 수수雌하고, 보이지 않고黑, 힘든辱 삶을 선택하는 이유는 무엇일까요? 멋진 집에 화려한 내부 장식을 하고 사치스러운 삶을 사는 것이 인간의 욕망입니다. 좋은 것, 맛난 것, 화려함이 좋다는 것을 알지만, 덕을 가진 사람은 그 결과를 너무나 잘 알고 있기에 그런 선택을 하지 않습니다. 세상의 성공한 사람은 두 가지 부류로 나뉩니다. 성공을 누리려 하고, 사치와 방탕을 일삼다가 쓸쓸한 몰락을 맞이하는 사람, **성공에 안주하지 않고 소박하고 검소한 생활로 자신의 성공을 유지하며 세상 사람들의 존경을 받는 사람,** 이 두 부류의 성공한 사람의 결과를 놓고 보면 노자는 후자의 삶을 살라고 제안합니다.

남성雄은 웅장하고 강한 것의 상징입니다. 모든 사람이 웅장雄壯하게 살고 싶어 합니다. 그러나 덕德을 실천하는 성인 지도자는 여성雌의 부드러움을 선택守합니다. 백白은 환하게 드러나는 것이고, 흑黑은 어둠 속에 감추는 것입니다. 사람은 자신의 존재감을 남에게 드러내고 싶어 합니다. 그러나 자신을 드러내지 않는 지도자는 세상의 모범式이 됩니다. 성인 지도자는 영광榮과 치욕辱 중에 치욕을 선택합니다. 칭찬받는 지도자보다는 욕먹는 지도자가 되겠다는 것입니다. 모든 것이 다 내 탓이라고 하고 기꺼이 사람들의 불만을 다 안을 수 있는 지도자입니다.

◦ **알고 있는 것知 → 지켜야 할 것守** ◦

웅雄/웅장 → 자雌/소박

백白/화려 → 흑黑/어둠

영榮/영광 → 욕辱/치욕

대제불할大制不割

통합의 세상은 가르지 않는다

통나무樸를 쪼개어割 가공하면 나무 그릇器이 만들어집니다. 그릇은 어떤 특정의 물건을 담을 수 있지만 모든 것을 담아내지 못합니다. 통나무는 아직 쪼개지지 않은 상태입니다. 무엇이든 만들어질 가능성을 갖고 있습니다. 큰 지도자는 어느 한 가지만 담을 수 있는 그릇이 아니라 무엇이든 담을 수 있는 통나무의 모습이어야 합니다. 큰 지도자는 모든 것을 담을 수 있는 통나무의 모습으로 다양한 기능을 담당하는 그릇官을 총괄長하는 것입니다. 기器는 전문성을 가진 신하를 은유하고, 통나무樸는 그 신하들을 총괄하는 군왕을 은유합니다.

《논어》에서 공자도 군자는 그릇이 되어서는 안 된다고 강조합니다. '군자불기君子不器' 군자는 어느 한 가지만 담을 수 있는 그릇이 아니라 통합의 밥상이 되어야 한다는 것입니다. **지도자는 한 가지 능력만 갖추고 있는 사람이 아니라 여러 능력을 포용하여 이끌어나갈 수 있는 사람이라는 것입니다.** 공자와 노자는 이 면에서 합의를 본 것 같습니다. 조직의 큰 지도자는 다양한 기능을 담당하는 사람을 통합하여 이끌어야 합니다.

노자와 공자가 똑같이 원했던 세상은 통일된 나라였습니다. 매일같이 전쟁이 빈번했던 시대, 혼란과 고통이 고스란히 민중에게 전가되던 시대에 노자와 공자는 하루빨리 혼란을 종식하고 통일된 세상이 되기를 바랐습니다. 통일 왕국은 다양한 다름을 모두 통합하는 철학이 필요합니다. **여러 나라의 다양성을 인정하고 그들을 수용할 수 있는 큰 그릇, 그것이 통나무樸 철학입니다.** 가르고, 자르고, 분할分割하는 정치는 통일 왕국을 지속시킬 수 없습니다. 통합된 왕국에서 다름이 인정되고 보존되는 세상이 노자가 바라던 세상이었습니다.

노자의 분권 정치는 다양성을 인정하고, 그 다양성을 총괄하는 기능만 하는 것이 중앙 권력이어야 한다는 것입니다. 미국의 연방제도는 노자의 정치사상과 많이 닮았습니다. 각 주州의 다양성을 인정하고 중앙에서는 다양성이 부딪혀 갈등이 일어나는 것만 통제하는 것입니다. 사사건건 모든 일에 간섭하고 통제해서는 안 된다는 것입니다.

52장
세상의 어머니

천하유시 天下有始	세상이 시작하던 태초에
이위천하모 以爲天下母	세상의 어머니가 있었다.
기득기모 旣得其母	그 어머니의 마음을 알면
이지기자 以知其子	그 아들의 모습을 알 수 있다.
기지기자 旣知其子	그 아들의 모습을 알고
복수기모 復守其母	그 어머니의 마음으로 돌아가 지키면
몰신불태 沒身不殆	죽을 때까지 위태롭지 않을 것이다.
색기태 塞其兌	너의 욕망의 구멍을 막고
폐기문 閉其門	너의 번뇌의 문을 닫으면
종신불근 終身不勤	평생 힘들지 않을 것이다.

개기태 開其兌	너의 욕망의 문을 열고
제기사 濟其事	네 앞의 일에 집착하면
종신불구 終身不救	한평생 구원받지 못할 것이다.
견소왈명 見小曰明	조그만 것을 볼 수 있는 능력이 현명이고
수유왈강 守柔曰强	부드러움을 지키는 능력이 강함이다.
용기광 用其光	내 안의 빛을 사용하여
복귀기명 復歸其明	현명함으로 복귀하라!
무유신앙 無遺身殃	내 몸에서 재앙이 멀어질 것이니
시위습상 是爲襲常	이것을 습상이라고 한다.

태(殆) 위태롭다 / 색(塞) 막다 / 태(兌) 신체의 구멍 / 앙(殃) 재앙 / 습(襲) 익숙해지다

천하모天下母

어머니 마음으로 살아가기

덕德의 실천은 세상의 어머니와 닮았습니다. 그리스 신화의 대지의 여신 가이아Gaia가 있고, 한국 신화의 마고麻姑 할미가 있다면 노자에게는 천하모天下母가 있습니다. 태초에 모든 만물을 처음 낳은 만물의 여성이며 어머니입니다. **그 어머니의 마음이 도道이고, 그 마음의 실천이 덕德입니다.** 모든 존재를 잉태하여 출산한 대지의 여신이 천하모天下母라면 세상의 모든 존재는 그 천하모의 자식子입니다. 어머니의 마음을 알면 자식을 알 수 있습니다. 자식은 어머니의 마음을 그대로 갖고 태어났기 때문입니다. 연어가 태어난 곳으로 회귀하여 돌아가듯이 우리는 어머니의 마음으로 돌아가야 합니다. 그 마음으로 돌아가서 살면 어려움 없이 살 수 있습니다. 인생에서 어려운 상황을 만나는 이유는 우리의 삶이 어머니의 마음에서 이탈했기 때문입니다. 욕망과 세속에 끼어들면 평생 어려운 상황에서 벗어나지 못할 것입니다. 천하모天下母의 마음을 살펴봅니다.

1. **색태폐문**塞兌閉門: '욕망의 구멍兌을 막고塞 정신의 문門을 닫아라!' 욕망과 욕심을 내려놓았을 때 비로소 평안의 상태에 이를 수 있습니다.
2. **견소왈명**見小曰明: '조그만小 것에서 위대함을 볼見 수 있는 능력이 현명明함이다.' 우리의 일상에서 만나는 조그만 일에서 행복을 느끼고 산다면 현명한 사람입니다.
3. **수유왈강**守柔曰强: '부드러움柔을 지키며 사는 것이 진정한 강함이다.' 부드러운 물이 강하고 센 바위를 이기듯이, 부드러운 풀이 강한 바람에 견디듯이, 부드러움은 위대한 강자의 정신입니다.

천하모에서 태어난 자식들은 어머니의 마음을 갖고 태어났습니다. 그 마음의 빛光을 발휘하여 어머니의 마음으로 돌아가야 합니다. 욕망을 다스리고, 정신의 번뇌를 줄이고, 작은 것의 위대함을 볼 수 있고, 부드러움 속에 강함을 드러내며 사는 사람의 모습을 습상襲常이라고 합니다.

54장
덕을 잘 닦은 자

선 건 자 불 발
善建者不拔
덕으로 나라를 잘 세운 자는 빼앗기지 않는다.

선 포 자 불 탈
善抱者不脫
백성을 잘 품은 자는 백성이 떠나지 않는다.

자 손 이 제 사 불 철
子孫以祭祀不輟
자손의 제사가 끊이지 않고 영원할 것이다.

수 지 어 신 기 덕 내 진
修之於身 其德乃眞
내 몸에 수양하면 그 덕이 진실할 것이오

수 지 어 가 기 덕 내 여
修之於家 其德乃餘
내 집에 수양하면 그 덕이 넉넉할 것이오

수 지 어 향 기 덕 내 장
修之於鄕 其德乃長
내 마을에 수양하면 그 덕이 오래갈 것이오

수 지 어 국 기 덕 어 풍
修之於國 其德乃豊
내 나라에 수양하면 그 덕이 풍족할 것이오

수 지 어 천 하 기 덕 내 보
修之於天下 其德乃普
내 세상에 수양하면 그 덕이 퍼질 것이다.

고
故
그러므로

이 신 관 신
以身觀身
사람을 보면 그 사람의 덕이 보이고

이 가 관 가
以家觀家
가정을 보면 그 가정의 덕이 보이고

이향관향 以鄕觀鄕	마을을 보면 그 마을의 덕이 보이고
이국관국 以國觀國	나라를 보면 그 나라의 덕이 보이고
이천하관천하 以天下觀天下	천하를 보면 그 천하의 덕이 보인다.
오하이지천하연재 吾何以知天下然哉	내가 어찌 세상의 원리가 그렇다는 것을 아는가?
이차 以此	이 때문이다.

발(拔) 빼앗다 / 포(抱) 껴안다 / 탈(脫) 벗어나다 / 철(輟) 그치다

수덕修德

덕을 닦은 자

덕德을 닦는修 것을 '수덕修德'이라고 합니다. **부드럽고, 포용하는 어머니의 마음을 그대로 실천하며 사는 것이 수덕修德의 삶입니다.** 덕德은 유교와 불교에서도 모두 중요하게 여기는 덕목입니다. 덕산德山의 수덕사修德寺의 명칭도 덕을 닦는다는 의미입니다. 유교에서는 '덕을 밝힌明德다'라고 하고 도교에서는 '덕을 닦는修德다'라고 합니다. 덕을 잘 닦고 베풀면 그 성과는 크게 나타납니다. 내 몸에 덕이 진실眞하게 되고, 집안에 여유餘가 생기고, 마을이 번창長하고, 나라가 풍요豐롭게 되고, 세상이 두루普 평안해지는 효과가 나타납니다. 이 모든 효과는 나의 덕을 닦아 진덕眞德의 상태에 이르는 것으로부터 시작됩니다.

진덕眞德 → 여덕餘德 → 장덕長德 → 풍덕豐德 → 보덕普德

노자에게 덕德의 실천은 큰 성과를 가져다주는 행위입니다. 욕망의 조절, 조건 없는 사랑, 의도와의 결별, 드러내지 않는 나눔, 부드러움의 실천, 조그만 것의 배려 등이 덕을 실천하고 닦는 행위입니다. 그런데 이런 덕의 수양은 참된 덕眞德을 만나게 하고, 넉넉함, 번창, 풍요, 평안을 가져다줍니다. 이렇게 덕의 뿌리를 잘 내린 자는 누구도 그를 멸할 수 없고, 덕의 가지로 세상을 품은 자는 누구도 그의 품을 떠날 수 없습니다. **노자에게 덕은 그저 수양으로만 그침이 아니라 지속적인 생존과 번영의 기틀입니다.** 물론 그 목적을 위해서 덕을 닦고 베푸는 것은 아니지만, 좋은 결과를 가져오게 됩니다.

아무런 조건 없이 베푼 덕은 결국 좋은 결과로 나에게 돌아옵니다. 돈을 벌려고 하기 전에 덕을 먼저 닦는 것이 순서입니다. 덕德은 근본本이고 돈財은 말단末이니, 덕을 닦고 베풀면 돈이 반드시 들어온다는 '덕본재말德本財末'의 유교 철학과 상통하는 대목입니다. 덕德은 동양사상사에서 모든 철학자가 긍정하는 인간의 위대한 실천입니다.

55장
어린아이의 덕

함덕지후 含德之厚	덕을 가득 품은 사람은
비어적자 比於赤子	갓난아이에 비유한다.
독충불석 毒蟲不螫	독충도 쏘지 않고
맹수불거 猛獸不據	맹수도 덤비지 않고
확조불박 攫鳥不搏	독수리도 잡아채지 않는다.
골약근유이악고 骨弱筋柔而握固	뼈는 약하고 근육은 부드러우나 쥐는 힘은 강하고
미지빈모지합이최작 未知牝牡之合而朘作	남녀의 결합을 알지도 못하면서 단단하게 발기하니
정지지야 精之至也	정기의 극치이다.
종일호이불사 終日號而不嗄	종일 울어도 목이 쉬지 않으니
화지지야 和之至也	조화의 극치이다.

지 화 왈 상 知和曰常	조화를 아는 것을 상식이라 하고
지 상 왈 명 知常曰明	상식을 아는 것이 현명함이라 한다.
익 생 왈 상 益生曰祥	생명을 연장하려는 것을 재앙이라 하고
심 사 기 왈 강 心使氣曰强	머리가 몸을 부리는 것을 헛된 센 것이라 한다.
물 장 즉 노 物壯則老	사물이 씩씩하면 늙게 되니
위 지 부 도 謂之不道	이것을 도에 부합되지 않는다고 한다.
부 도 조 이 不道早已	도에 부합되지 않으면 일찍 생을 마치게 된다.

석(螫) 벌레가 쏘다 / 거(據) 덤비다 / 확(攫) 붙잡다 / 박(搏) 잡다 / 빈(牝) 여성 / 모(牡) 남성 / 최(朘) 갓난아이의 음부 / 사(嗄) 목이 쉬다

적자지심赤子之心

어린아이의 마음

노자는 가장 이상적인 사람을 갓난아이赤子에 비유합니다. 부드럽고 약하지만 그 부드러움과 약함이 도道의 정신과 부합됩니다. 부드러워서 상대와 맞서지 않고 문제를 해결하고, 유연해서 어떤 변화도 받아들이며 수용하고, 선입견과 의도가 없어서 옳고 그름의 나눔과 경계도 없다는 것입니다. 함덕含德은 덕을 품은含 사람입니다. 갓난아이는 어머니 품속에서 바로 나온 상태의 아이입니다. 선입견이 없어서 무엇이든 있는 그대로 봅니다. 지식에 오염되지 않았기에 편견 없이 세상을 받아들입니다. 노자는 갓난아이의 포용 능력을 다음과 같이 여섯 가지로 설명합니다.

1. **독충불석**毒蟲不螫: 독충이 다가와도 놀라지 않기에 독충이 쏘지螫 않는다.
2. **맹수불거**猛獸不據: 맹수를 보아도 두려워하지 않기에 맹수가 덤비지據 않는다.
3. **확조불박**攫鳥不搏: 두려움이 없기에 독수리가 잡아채지搏 않는다.
4. **악고**握固: 몸은 부드러워도 쥐는 힘은 강하다.
5. **최작**朘作: 남녀牝牡 간의 결합도 모르지만 만지면 단단하게 발기한다.
6. **불사**不嗄: 운다는 의식을 하지 않기에 종일 울어도 목이 쉬지嗄 않는다.

갓난아이가 어른의 손가락을 쥐면 쥐는 힘이 보통이 아닙니다. 본능적으로 악력握力이 세지는 것입니다. 어린 남자아이의 성기도 오줌이 마렵거나 만지면 단단해지는 것을 봅니다. 어른 같으면 한 시간만 울어도 목이 쉴 텐데 어린아이는 종일 울어도 목이 쉬지 않습니다. 독충과 맹수와 독수리 같은 맹금류가 갓난아이를 쏘거나 물지 않는 것은 갓난아이의 천진난만함 때문일 것이란 생각을 해봅니다. 경계심 없이 다가가기에 상대방도 적개심을 내려놓고 아이를 대하기 때문일 것입니다. 노자는 세상의 모든 존재를 아무런 편견 없이 대하는 덕을 실천하는 지도자의 마음이 곧 갓난아이의 마음과 같다고 표현하고 있습니다.

56장
도와 함께하는 귀한 존재

지 자 불 언 知者不言	깨달은 자는 말하지 않고
언 자 부 지 言者不知	말하는 자는 깨닫지 못했나니
색 기 태 폐 기 문 塞其兌 閉其門	너의 욕망의 구멍을 막고, 너의 정신의 문을 닫아라!
좌 기 예 해 기 분 挫其銳 解其紛	너의 날카로움을 꺾고, 너의 복잡함을 풀어라!
화 기 광 동 기 진 和其光 同其塵	너의 빛을 줄이고, 네가 사는 세속을 품어라!
시 위 현 동 是謂玄同	이것을 도와 함께하는 현동이라고 한다.
고 故	그러므로 이런 현동의 사람은
불 가 득 이 친 불 가 득 이 소 不可得而親 不可得而疏	가까이도 할 수 없고, 멀리도 할 수 없고
불 가 득 이 리 불 가 득 이 해 不可得而利 不可得而害	이롭게도 할 수 없고, 해롭게도 할 수 없고
불 가 득 이 귀 불 가 득 이 천 不可得而貴 不可得而賤	귀하게도 할 수 없고, 천하게도 할 수 없으니
고 위 천 하 귀 故爲天下貴	그러므로 천하의 가장 귀한 존재가 된다.

색(塞) 막다 / 폐(閉) 닫다 / 좌(挫) 꺾다 / 분(紛) 어지럽다 / 진(塵) 속세

화광동진和光同塵

나의 빛을 줄이고 세속을 품어라!

도道를 체득하고 덕德을 실천하는 사람을 현동玄同이라고 합니다. 현동은 세상과 하나가 된다는 뜻입니다. 욕망의 구멍을 닫고, 정신의 작용을 멈추고, 자신의 날카로움을 버리고, 복잡한 의도를 풀어내고, 자신의 빛을 줄이고, 세속에 눈높이를 맞추는 사람을 현동玄同이라고 합니다. **현덕玄德, 현통玄通, 현람玄覽, 현빈玄牝**은 노자《도덕경》에서 표현되는 단어입니다. 노자의 현玄은 가장 높은 단계의 개념입니다. 도道와 덕德을 표현하기도 하고, 높은 수준에 도달한 사람을 표현할 때 사용합니다.

깨달은 자는 언어로 자신의 깨달음을 이야기하지 않습니다. 언어로 설명이 되지 않을 뿐만 아니라 사람들에게 자신의 깨달음을 자랑할 이유도 없기 때문입니다. 언어는 진실과 부합되지 않은 인간의 소통부호라고 노자는 말합니다. 언어는 진실을 호도하기도 하고, 왜곡하기도 합니다. 언어로 도道를 설명할 때 도의 본질이 흐려질 수 있다는 것이 노자의 생각입니다.

노자는 도를 체득하고 덕을 실천하는 현동玄同의 사람은 누구의 칭찬과 비난에도 연연하지 않기 때문에 귀천貴賤과 이해利害 친소親疏의 평가에 자유로울 수 있다고 말합니다. 누구도 함부로 현동의 사람을 좌지우지할 수 없기에 완전한 자유를 얻어 세상에 가장 귀한 존재, 천하귀天下貴가 될 수 있다는 것입니다. 진정한 자유는 남보다 우위에 서고 군림하는 것이 아닙니다. **누구의 평가에도 흔들리지 않고, 타인과의 경쟁이 아닌 화합 속에 자유가 있습니다.** 자유인은 온전하게 홀로 설 수 있는 사람이며, 자신을 과시하거나 드러내지 않는 평범하게 보이는 사람입니다. 평범하기에 세상에서 가장 귀한 사람이 될 수 있습니다.

타인의 평가와 비교에 마음이 흔들릴 때가 있습니다. 때로는 중심을 잃고 쓰러지기도 합니다. 모두가 자신의 중심축이 무너졌기 때문입니다. 고독을 힘들어하고, 칭찬에 목말라하고, 비난에 평상심을 잃고, 욕망에 흔들리는 시대, 노자의 현동玄同은 독립적 자존감을 유지하는 사람의 모습입니다. 도玄와 함께同하는 삶을 살아가는 귀한 사람입니다.

65장
지식이 권력이 되지 않는 세상

고 지 선 위 도 자 古之善爲道者	옛날 도를 잘 실천하는 지도자는
비 이 명 민 非以明民	똑똑함으로 백성을 대하지 않았고
장 이 우 지 將以愚之	우직함으로 백성을 대했다.
민 지 난 치 民之難治	백성을 다스리기 어려운 이유는
이 기 지 다 以其智多	지도자의 통치 지식이 너무 많기 때문이다.
고 故	그러므로
이 지 치 국 국 지 적 以智治國 國之賊	지식으로 나라를 다스리는 것은 나라의 해가 되고
불 이 지 치 국 국 지 복 不以智治國 國之福	지식으로 나라를 다스리지 않는 것은 나라의 복이 된다.
지 차 양 자 知此兩者	이 두 가지 원리를 아는 것이
역 계 식 亦稽式	또한 통치 원칙이 되니
상 지 계 식 常知稽式	항상 통치 원칙을 알고 있는 것
시 위 현 덕 是謂玄德	이것을 현덕이라 한다.

현덕 玄德	현덕이여!
심의원의 深矣遠矣	깊고도 원대하구나!
여물반의 與物反矣	사물의 기본 상식과 반대이니
연후내지대순 然後乃至大順	이런 연후에 대순의 시대를 열 수 있을 것이다.

稽(계) 상고(詳考)하다 / 稽式(계식) 준칙, 상식

선위도자善爲道者

도를 잘 실천하는 사람

똑똑하고 머리 좋은 사람과 우직하고 성실한 사람, 어떤 사람이 성공할 확률이 높을까요? 쉽지 않은 질문입니다. 시험 성적이나 개별적 성과에서는 지능이 높은 사람이 월등하지만, 인간관계나 사업의 성공 같은 분야에서는 우직하고 성실한 사람이 더욱 성공할 확률이 높아집니다.

노자는 지식과 머리로 세상을 대하는 것은 국가의 재앙을 부르는 길이라고 말합니다. 지도자가 지식을 이용하여 계산하고, 백성을 그들의 탐욕에 동원하고 전쟁터에서 죽음으로 내몰아서는 안 된다고 합니다. 지도자는 소박함으로 세상을 이끌어야 하며, 어린아이의 마음으로 백성을 대해야 합니다. **지식이 아닌 순수한 마음으로 세상을 이끌고 대하는 지도자의 모습을 현덕玄德이라고 합니다.**

'백성에 똑똑함明으로 접근하지 말라! 우직愚한 자세로 세상을 대하라!' 이 구절을 '백성을 똑똑하게 만들어서는 안 되고, 백성을 어리석은 백성으로 만들어야 한다'고 해석하기도 합니다. 그래서 노자의 정치철학을 우민愚民 정치라고 비난하는 사람도 있습니다. 이렇게 해석하면 노자는 오로지 백성의 지적 능력을 떨어트려 권력에 도전하지 않는 바보로 만들어야 한다고 주장한 사람이 됩니다. 뒤에 나오는 지식으로 세상을 다스리지 말라不以智治國는 말과 어긋납니다. 노자는 **지도자가 너무 지식에 집착하여 백성을 다스리면 결국 백성 역시 지도자를 지식으로 대응하여 지도자의 권력에 도전할 것이라 말하고 있는 것입니다.** 제가 중국에서 공부할 때 중국 지식인이 이런 말을 자주 했습니다. '상유정책上有政策 하유대책下有對策: 당에서 정책을 만들면 인민들은 대책을 만들어 대응한다!' 당 상부에서 중국 인민을 속박하는 규칙과 법규를 만들면 하층부의 백성은 그것에 대응하는 대책을 만들어서 빠져나간다는 뜻입니다. 국가가 지식으로 국민을 구속하면, 국민 역시 지식으로 그 법망을 빠져나갈 것입니다. 지식과 계산과 머리를 통한 규제는 지속될 수 없습니다. 진심만이 사람에게 감동을 주는 최고의 덕목입니다. 순수함과 우직함이 오히려 상대방에게 더욱 감동을 줄 수 있습니다.

여물반의 與物反矣

세상은 반대로 진행된다

현덕玄德은 노자가 줄기차게 강조하는 지도자의 덕목입니다. **지식이 아닌 마음으로, 이론이 아닌 덕성으로 백성을 대하고, 교화가 아닌 감화로 백성을 이끄는 사람을 현덕玄德의 지도자라고 합니다.** 계식稽式은 준칙이나 원칙입니다. 나라를 다스리는 바른 원칙입니다. 지식으로 다가가면 나라의 재앙이 되고, 지식을 버리고 다가가면 나라의 복이 된다는 원칙이 '계식稽式'입니다.

지식이 아닌 현덕의 통치不以智治國 → 나라의 행복國之福 → 평화의 세상大順

포용과 화합의 현덕玄德 정치는 심원深遠한 정치철학입니다. 지식이 아닌 소박함으로 다스리는 것이 오히려 더 나은 정치를 만들어낼 수 있다는 생각은 일반적인 생각과 반대反입니다. 노자는 일반적인 상식과 반대反의 답을 찾고자 했습니다. 머리를 쓰지 않고 다가갔는데 상대가 오히려 더 감동하고, 의도가 없이 행했는데 오히려 더 목표에 다가갈 때, 우리는 세상이 거꾸로 움직인다고 생각하게 됩니다. 지식智과 의도爲는 원하는 방향대로 이루어지지 않습니다.

오늘 오는 손님들이 내가 만든 음식을 먹고 행복했으면 좋겠다는 식당 주인의 생각, 맛있는 것을 먹게 해야겠다는 생각이 오히려 돈을 버는 방법입니다. 이런 거꾸로反 원칙이 계식稽式입니다. 물론 고도의 마케팅 전략이 단기간에는 효과가 있을 수 있습니다. 그러나 장기적인 관점에서는 '**마케팅 전략 없는 마케팅**'이 계식稽式의 마케팅입니다. 계식의 마케팅을 실행에 옮기는 것이 현덕玄德입니다. 물론 이런 계식의 마케팅은 자신감이 있어야 하고, 장기적인 안목과 긴 시간을 견뎌내는 힘이 있어야 합니다. 비웃거나 현실 물정 모른다는 비난과 조소를 견뎌낼 수 있는 뚝심이 현덕玄德입니다. 아무나 가질 수 있는 덕德이 아닙니다. 포용玄의 근력이 있어야 합니다. 이런 현덕을 통해 도달하는 세상이 대순大順의 세상입니다.

68장
싸우지 않고 이기는 덕

선 위 사 자 불 무
善爲士者不武　잘 싸우는 전사는 무용을 자랑하지 않는다.

선 전 자 불 노
善戰者不怒　잘 싸우는 군대는 감정적으로 분노하지 않는다.

선 승 적 자 부 쟁
善勝敵者不爭　잘 이기는 사람은 상대방과 직접 싸워 이기지 않는다.

선 용 인 자 위 지 하
善用人者爲之下　잘 부리는 지도자는 자신을 낮추고 부하를 섬긴다.

시 위 부 쟁 지 덕
是謂不爭之德　이것을 싸우지 않고 상대방을 이기는 덕성이라고 한다.

시 위 용 인 지 력
是謂用人之力　이것을 강요하지 않고 사람을 부리는 능력이라고 한다.

시 위 배 천
是謂配天　이것을 하늘의 도와 부합되는 것이라 하니

고 지 극
古之極　오래된 표준이다.

배(配) 짝하다 / 극(極) 표준

선승적자부쟁善勝敵者不爭

고수는 싸우지 않고 이긴다

《손자병법》에서 말하는 전쟁에서 최고의 승리는 싸우지 않고 이기는 승리입니다. 백 번 싸워 백 번 이기는 승리百戰百勝보다 싸우지 않고 이기는 승리不戰而勝가 위대한 승리입니다. **'백 번 싸워 백 번 이기는 것은 최상의 승리가 아니다. 싸우지 않고 상대방을 굴복시키는 것이 최고 중 최고이다.'** 《손자병법》〈모공謀功〉 편에 나오는 글입니다. 고수는 손에 피를 묻히거나 상대와 직접적인 전투를 통해 승리를 얻지 않습니다. 노자는 전쟁의 고수를 통해 자신의 고수高手 이론을 펼치고 있습니다. 백 번 싸워서 백 번 이긴다 한들, 내 병사가 많이 죽고, 상대방의 감정에 상처를 내고 이겼다면 그 승리는 영원히 지속될 수 없다는 것입니다.

1. 불무不武: 최고의 전사는 무용武勇을 과시하지 않습니다. 겉으로 보기에는 허술하고 나약해 보이기도 합니다. 그러나 전투가 벌어지면 단칼에 상대방을 제압합니다. 겉으로 강하다고 으스대는 사람치고 잘 싸우는 고수는 없습니다.

2. 불노不怒: 잘 싸우는 군대는 분노忿怒하지 않습니다. 분노는 감정을 드러내는 것입니다. 함부로 자신의 감정을 드러내서 무모한 공격을 하거나, 상대방의 전략에 말려들면 결국 패배의 결과밖에 없습니다.

3. 부쟁不爭: 싸움에 잘 이기는 사람은 직접적인 싸움을 하지 않습니다. 전략을 잘 세워 쉽게 승리를 얻어냅니다. 직접적인 충돌은 결국 후유증이 남습니다.

4. 위하爲下: 사람을 잘 부리는 사람은 자신을 낮추고 상대방을 높입니다. 상대방을 존중하여 나를 위해 전력을 다하게 합니다. 진정 용인用人의 고수입니다.

노자는 전쟁에서 승리하는 고도의 전략을 나열하여 부쟁不爭의 탁월함을 강조하고 있습니다. 노자는 이런 싸우지 않고 이기는 위대한 능력을 부쟁지덕不爭之德이라고 정의하고 있습니다. 이것이 하늘의 도와 가장 부합配天하는 방법이며, 옛날 태평 시대에 사용했던 정치 방법極이었다고 합니다.

81장
아낌없이 베푸는 덕

신 언 불 미 信言不美	진실의 말은 꾸미지 않고,
미 언 불 언 美言不信	꾸민 말은 진실하지 않다.
선 자 불 변 善者不辯	능력 있는 자는 변명하지 않고,
변 자 불 선 辯者不善	변명하는 자는 능력이 없다.
지 자 불 박 知者不博	깨달은 자는 박식하지 않고,
박 자 부 지 博者不知	박식한 자는 깨달음이 없다.
성 인 부 적 聖人不積	성인은 쌓아놓지 않으니
기 이 위 인 旣以爲人	이미 남을 위해 사용하나
기 유 유 己愈有	자신은 더욱 가지게 되고
기 이 여 인 旣以與人	이미 남을 위해 주었으나
기 유 다 己愈多	자신은 더욱 많아지게 된다.
천 지 도 天之道	하늘의 도는
리 이 불 해 利而不害	이롭게 하고 손해를 끼치지 않는다.
성 인 지 도 聖人之道	성인의 도는
위 이 부 쟁 爲而不爭	베풀고 공을 과시하지 않는다.

선(善) 잘하다, 능력 있다 / 변(辯) 말 잘하다, 설명하다 / 유(愈) 더욱

위이부쟁爲而不爭

베풀지만 그 공을 과시하지 않는다

자신의 능력을 베풀고, 진리를 말하고, 깨달음을 전하는 사람을 성인이라고 합니다. **성인은 자신이 가진 것을 자신의 울타리에 쌓아놓지 않습니다.** 소유에 대한 집착은 파멸을 가져올 뿐이라는 것을 잘 알고 있기 때문입니다. 성인은 타인의 불행에 공감하고, 자신의 능력을 발휘하고, 깨달음을 전하지만 오히려 자신에게 큰 복이 되어 돌아옵니다. 주었지만與 더 많아多지고, 베풀었지만爲 더 갖게有 된다는 노자의 논리 속에는 쌓지 말고 베풀라는 성인의 삶이 있습니다. 통장에 돈을 쌓아놓아도 내가 다 쓸 수 있는 것은 아닙니다. 통장에 인자印字된 숫자와 금의 무게만큼 삶은 더 짓눌리고 고통스러울 수 있습니다. 그래서 노자는 성인은 쌓아놓지 않는 사람聖人不積이라고 정의합니다.

언言, 선善, 지知는 성인의 덕목입니다. 진실한 말, 뛰어난 능력, 깨달음입니다. 그런데 이런 덕목은 겉으로 보기엔 그리 뛰어나 보이지 않습니다. 예쁘게美 수식된 말이 아니고, 논리辯로 무장된 능력도 아니고, 이것저것 다 아는 박식博한 깨달음이 아니기 때문입니다. 노자의 이런 생각은 역설적 글쓰기 방법입니다. 우리는 그럴듯하게 포장된 진실, 능력, 깨달음에 미혹되어 있습니다. 진실을 보지 못하는 눈으로 보면 잘 꾸며진 것에 마음이 홀리게 됩니다. 진실과 본질을 볼 수 있는 안목을 길러야 합니다.

자연天은 세상을 이롭게 합니다. 비를 내려 만물을 생육하게 하고, 적당한 온도로 세상을 품어줍니다. 나무와 숲은 사람들에게 산소를 내뿜고, 사계절은 만물의 생존에 리듬을 만들어줍니다. 자연의 그 어느 하나도 우리에게 베풀지 않음이 없습니다. 이렇게 아낌없이 베푸는 천도天道의 특징은 베푼 것에 대한 보답을 바라지 않는다는 것입니다.

권력자는 국가라는 것을 만들어 세금, 부역, 전쟁의 의무 같은 것을 바랍니다. 자연의 원리와는 전혀 다른 모습입니다. 성인은 자연의 원리를 본받기에 자연의 아낌없이 주는 모습을 그대로 실천합니다. 자신의 공을 과시하고 자랑하지 않기에 영원히 지도자로 존경받을 수 있는 것입니다. 이것이 성도聖道입니다.

시詩로 읽는
도덕경

도덕경은 시詩

《도덕경》은 산문이 아니라 시입니다. 절제된 언어 선택과 운율, 대구와 은유, 글자 수數의 정렬은《도덕경》이 가지고 있는 특징입니다. 그래서《도덕경》을 읽을 때 시처럼 읽어야 맛이 납니다.《도덕경》을 산문처럼 해석하면 본래 의미가 퇴색됩니다. 저는 원문을 번역하면서 가능한 시처럼 번역하려고 노력하였습니다. 특히 시가 가지고 있는 압축된 언어 속에 담겨 있는 의미를 어떻게 전달할 것인가 많이 고민하였습니다. 가능한《도덕경》의 시적인 의미를 번역하되 시적인 느낌이 들도록 하였습니다.

《논어》는 확실히 구어체입니다.《논어》의 구절 속에는 두 사람 이상이 존재합니다. 공자가 '배움이 세상에서 가장 큰 기쁨'이라고 독백처럼 이야기한 내용도 그 말을 한 공자가 있고, 그 말을 듣고 있는 제자나 누군가가 있는 것입니다.《논어》는 시나리오처럼 번역해야 그 맛이 살아납니다. 어떤 장면이 있고, 배경이 있고, 사람들이 있고, 그들 간의 대화가 담겨 있는 것이《논어》입니다.

《도덕경》이란 시집을 낸 사람을 상상해봅니다. 초나라 정치가이자 시인이었던 굴원屈原의 〈이소離騷〉는 초나라 문학을 대표하는 낭독시朗讀詩입니다. 추방당한 굴원이 자신의 비통한 감정을 시처럼 불러서 초사楚辭 문학의 꽃을 피운 것입니다. 시는 노래입니다. 자신의 감정이나 생각을 노래처럼 부르는 내용이 시가 됩니다. 노래는 운율과 비유와 은유가 담겨 있습니다. 저는《도덕경》을 쓴 사람도 시인이었을 것으로 생각합니다. 자기 생각을 시처럼 노래한 것입니다. 세계의 기원과 존재 방식, 정치적 이상, 세상을 이끌어나가는 지도자의 철학, 험한 세상을 살아가는 지혜, 타인에 대한 존중과 배려, 다양성과 나답게 살려는 의지 등을 시처럼 노래한 것이《도덕경》입니다. 내용은 무겁지만, 번역은 경쾌하게 해야 하는 이유입니다.

제가 이번에 쓴 책은 노자가 부르는 시詩를 5개 주제로 나누어 새롭게 편집하였고, 여기서는 기존의《도덕경》81편의 시를 순서대로 모아 번역하여 보았습니다. 시를 좋아하는 독자가 노자의 의도를 정확히 파악하고, 더 좋은 시어가 있다면 추천해주십시오. 개정판에 반영하겠습니다. 하루 한 수首씩 읽으며 감상하면 더욱 좋겠다고 생각해봅니다.

1장

경계 너머의 길

도道는 특정한 도라고 말하는 순간
온전한 도가 아니다.

이름名은 특정한 이름으로 불리는 순간
온전한 이름이 아니다.

무無는 천지 창조의 이름
유有는 만물 생산의 이름

그러므로
항상 무無는 우주의 숨겨진 운행 원리를 보여주고,
항상 유有는 우주의 드러난 운행 모습을 보여준다.
이 두 가지는
함께 존재하며 이름만 다를 뿐.
합쳐서 '검음'이라 한다.

검고 또 검음
모든 신비한 우주 작용의 문.

2장
말 없는 가르침

세상에
모든 사람이 아름답다고 알고 있는 아름다움,
다른 면에서 보면 추악함일 뿐
모든 사람이 좋다고 알고 있는 훌륭함,
다른 면에서 보면 못난 것일 뿐

그러므로
있음과 없음은 상대적 존재 방식
어려움과 쉬움은 상대적 생성 방식
길고 짧음은 상대적 비교 방식
높음과 낮음은 상대적 높이 방식
음악과 소리는 상대적 화음 방식
앞과 뒤는 상대적 거리 방식

그래서 성인인 지도자는
강요하지 않는 무위無爲의 일 처리를 한다.
간섭하지 않는 불언不言의 지도력을 발휘한다.

만물을

만들었으나 말하지 않고

살렸으나 소유하지 않고

베풀었으나 자랑하지 않는다.

공을 이루어도 집착하지 마라!

성공에 집착하지 않으니

그래서 성공이 떠나지 않는다.

3장

하지 않음의 힘

똑똑한 사람을 우대하지 않아야,
백성이 경쟁하지 않는다.

구하기 힘든 보화를 귀하게 여기지 않아야,
백성이 도둑질하지 않는다.

욕심낼 만한 물건을 내보이지 않아야,
백성의 마음이 혼란스럽지 않다.

그래서
성인이 다스리는 정치는

백성의 마음을 비우고 그들의 배를 든든히 채우는 정치
백성의 욕망을 줄이고 그들의 몸을 단단하게 하는 정치
늘 백성을 선입관과 탐욕에서 벗어나게 하는 정치
똑똑하다고 하는 자들이 감히 나서지 않게 하는 정치
그런 무위의 정치를 하면 저절로 좋은 세상이 된다.

4장

세상을 품어주는 길

도는 텅 비어 있어,
아무리 채워도 가득 차지 않으니
깊구나! 만물의 으뜸인 듯

날카로움을 꺾고 복잡함을 풀고
빛을 줄이고 세속을 품어주니
맑구나! 내 앞에 있는 듯.

나는 도가 누구의 자식인지 모르겠다.
아마도 하늘의 상제보다 앞선 듯.

5장

사랑은 무심한 것

하늘과 땅은 사랑의 감정이 없다.
만물을 풀과 개처럼 무심하게 대한다.
성인도 사랑의 감정이 없다.
백성을 풀과 개처럼 무심하게 대한다.

하늘과 땅 사이는
아마도 풀무와 피리와 같은 것.
비어 있지만 소멸하지 않고
움직일수록 더욱 바람이 세게 나온다.
말을 많이 하면 사람이 자주 궁지에 몰린다.
내 자리 중심을 지키고 있어야 한다.

6장

골짜기의 정신

골짜기의 정신은 죽지 않는다.
이것을 그윽한 여성성이라고 한다.

그윽한 여성의 자궁
이것을 하늘과 땅의 뿌리라 한다.

끊임없이 이어져 존재하니
아무리 사용해도 지치지 않는다.

7장

천지가 장구한 이유

천지는 장구長久하다.
천지가 장구한 이유는
스스로 드러내려 하지 않았기 때문이니
그래서 오래 살 수 있는 것이다.

그래서 성인은
몸을 뒤로 하면 몸이 앞에 서게 되고
몸을 버리면 몸을 보존하게 된다.

이것은 사私를 버렸기 때문이 아닐까?
그러므로 사私를 이룰 수 있는 것이다.

8장

물처럼 산다는 것

최고의 선善은 물과 같은 것
물은 만물을 이롭게 하나 공을 과시하지 않고
사람이 싫어하는 낮은 곳에 머문다.
그래서 도道와 가깝다.

거함에 낮은 곳에
마음은 연못처럼
줄 때는 아낌없이
언행은 신뢰 있게
정치는 질서 있게
일할 때 능력 있게
거동은 때를 아니

아! 공을 다투지 않으니 원망이 없다.

9장

물러남은 성공의 완성

쌓고 가득 채우는 것
그만두느니만 못하다.

두들겨 날카롭게 만드는 것
오래가지 못한다.

금과 옥을 집에 쌓아놓은 것
모두 지켜내지 못한다.

부귀한 자가 되어 교만한 것
스스로 죄과를 짓는다.

공을 이루었으면 몸은 물러나는 것
하늘의 운행 원리

10장

검은 덕을 품은 자

아!

정신과 육체가 도道와 하나 되어

내 곁에서 떠나지 않을 수 있을까?

기氣를 모아 부드러움에 이르러

어린아이처럼 될 수 있을까?

마음의 거울을 깨끗이 닦아

한 점 때가 끼지 않을 수 있을까?

백성을 아끼고 나라를 다스림에

무위無爲의 정치를 할 수 있을까?

내 감정의 문이 열리고 닫힘에

포용의 태도를 유지할 수 있을까?

세상의 지혜를 밝게 깨우침에

순수의 지혜로 할 수 있을까?

만물을 살게 하고 길러주나니
살게 했으나 소유하려 하지 않고
베풀었으나 과시하려 하지 않고
길렀으나 주재하려 하지 않으니
이것을 현덕玄德이라 한다.

11장

비움의 쓰임

서른 개 바큇살이 하나의 바퀴통에 모이니
바퀴통 속이 비어 있기에
수레의 쓰임이 생긴다.

진흙을 빚어 그릇을 만듦에
그릇 속이 비어 있기에
그릇의 쓰임이 생긴다.

들창문을 뚫어 방을 만듦에
방 안이 비어 있기에
방의 쓰임이 생긴다.

그래서 채움은 이익이 되지만
비움은 쓰임이 된다.

12장

욕망의 종말

다섯 가지 화려한 색은 인간의 눈을 멀게 한다.
다섯 가지 아름다운 소리는 인간의 귀를 먹게 한다.
다섯 가지 맛있는 음식은 인간의 입을 상하게 한다.
말 달리고 사냥하는 것은 인간의 마음을 미치게 한다.
얻기 힘든 보화는 인간의 행동을 방종하게 한다.

그래서 성인 지도자는
배를 위한 정치를 하지 눈을 위한 정치를 하지 않는다.

그러므로
저 허상을 버리고 이 실제를 추구한다.

13장

칭찬과 비난

칭찬을 받든 비난을 받든 모두 깜짝 놀란 듯이 받아들여라!
큰 근심을 내 몸처럼 소중히 생각하라!

무엇을 칭찬이든 비난이든 놀란 듯 받아들이란 것인가?
칭찬은 인생에서 불필요한 것이니
얻어도 놀란 것처럼 하고
잃어도 놀란 것처럼 하라.
이것을 칭찬이든 비난이든 놀란 듯 받아들이라는 것이다.

무엇을 큰 근심을 내 몸처럼 소중히 생각하라는 것인가?
내가 큰 환란을 겪는 것은
내 몸이 있기 때문이니
만약 내 몸이 없다면
나에게 무슨 근심이 있겠는가?

그러므로
내 몸을 천하처럼 귀하게 여기는 자라면
천하를 맡길 수 있고
내 몸을 천하처럼 사랑하는 자라면
천하를 위탁할 수 있다.

14장

황홀한 하나

보려고 해도 보이지 않으니 이夷(크다)라고 한다.

들으려 해도 들리지 않으니 희希(작다)라고 한다.

잡으려 해도 만질 수 없으니 미微(적다)라고 한다.

이 세 단어로도 설명할 수 없으니

모두 합쳐서 어떤 하나一라고 한다.

도의 위에는 밝지도 않고

도의 아래는 어둡지 않다.

서로 꼬여 있어 밝음과 어둠으로 정의할 수 없다.

존재 이전의 상태로 존재한다.

이것은

형상 없는 형상

존재 없는 물상

이것을 황홀이라 한다.

맞이하려 해도 그 앞이 보이지 않으며

쫓아가려 해도 그 뒤가 보이지 않는다.

오랜 도의 원리를 잡고

지금의 문제를 풀어나가면

옛 시작의 비밀을 알 것이니

이것을 도기道紀(도의 실마리)라고 한다.

15장

도를 닦은 사람

옛날 도를 잘 닦은 사람은
미묘하고 도통하여
깊이를 알 수 없다.
도무지 알 수 없기에
억지로 다음과 같이 설명해본다.

코끼리가 겨울 살얼음 내 건너듯이 늘 조심스럽고
원숭이가 사방을 두리번거리듯 늘 경계하고
점잖기는 마치 손님처럼 의젓하고
따뜻하기는 마치 얼음이 녹아내리듯 부드럽고
돈독하기는 마치 통나무처럼 순박하고
포용력은 마치 골짜기처럼 넓고
다양하기는 마치 섞여 있는 물처럼 모두 받아들인다.

누가 흙탕물을 가라앉혀 서서히 맑게 할 수 있을까?
누가 가라앉은 것을 움직여 서서히 생기를 돌게 할까?

이 도를 잘 보존하고 있는 사람은
가득 채우기를 원치 않는다.
오직 채우기를 원치 않기에
자신을 내려놓고 새것을 얻으려 하지 않는다.

16장

고요함으로의 회귀

최대한 마음을 비우고
진실한 고요함으로 살아가라.

만물이 생동함에
나는 만물이 원래 상태로 돌아감을 본다.
모든 것이 살아 있음에
제각기 자신의 뿌리로 돌아간다.
뿌리로 돌아감이 고요함이니
이것을 복명復命이라 한다.

복명은 진리이며
진리를 아는 것이 현명함이다.
진리를 모르면
제멋대로 나쁜 행동을 할 것이다.
진리를 알면 모든 것을 받아들이고,
받아들임이 공평함이다.
공평하면 왕이 되고,
그런 왕은 하늘이다.

하늘은 도道이고
도는 영원하니
이 몸 다할 때까지 위태롭지 않을 것이다.

17장

산소 같은 지도자

최고의 지도자는 백성이 존재감만 느끼는 사람
그 아래 지도자는 백성이 사랑하고 칭찬하는 사람
그 아래 지도자는 백성이 두려워하는 사람
그 아래 지도자는 백성이 욕하는 사람

믿음이 부족하여
불신이 생기는 것.

깊구나! 이 말을 소중하게 간직하라!
공을 이루고 일이 잘 풀리면
백성이 모두 내가 잘나서 그렇게 되었다고 말하게 하라.

18장

효도의 기원

대도가 무너지자
인의가 생겼다.

지혜가 출현하자
위선이 생겼다.

가족이 불화하자
효도와 자애가 생겼다.

국가가 혼란하자
충신이 생겼다.

19장

소박함의 실천

성인의 지혜를 끊어버리면
백성의 이익이 백 배가 된다.
인의의 윤리를 끊어버리면
백성은 효도와 자애로 돌아간다.
기교와 이익을 끊어버리면
도적이 없어진다.

이 세 가지로는
표현이 부족하다.
그래서 몇 가지를 더 붙이면,

소박을 추구하고 실천하라!
사욕을 줄이고 덜어내라!

20장

밥 주는 어머니

배움을 버려야 분별의 걱정이 없어진다.
'예'와 '응'이라는 대답에
서로 무슨 차이가 있겠는가?
'좋은 것'과 '나쁜 것'에
서로 무슨 구별이 있겠는가?
사람들이 두려워하는 것을
지도자는 두려워해야 한다.

저 끝도 없는 황량한 대지여!
사람들은 희희낙락거리며
살진 짐승을 잡아 잔치를 벌이고
봄날 높은 누각에 올라가며 노는데
나만 홀로 조용히 아무런 움직임도 없구나.
마치 어린아이가 옹알이도 못 하는 것처럼
고달프구나! 돌아갈 곳이 없구나!
사람들은 모두 여유가 있어 보이는데
나만 홀로 버려진 듯하구나.
나는 어리석은 사람의 마음을 가졌나 보다.

어지럽구나!

일반 사람은 밝은데

나만 홀로 어둡구나.

일반 사람은 따지는데

나만 홀로 어리숙하구나.

조용히 넘실대는 바다와 같이

분주히 부는 바람과 같이

사람은 모두 이유가 있어 움직이는데

나만 홀로 미련하고 어리석구나.

나만 홀로 사람과 다르구나.

그러나 나는 밥 주는 어머니를 소중히 여기니까

21장

황홀의 기원

큰 덕을 행하는 사람의 모습은
오직 도를 좇아 살아가나니

도라는 존재는
오직 황홀한 존재

황홀하구나!
그 안에 물상이 있구나!

황홀하구나!
그 안에 존재가 있구나!

그윽하구나!
그 안에 정기가 있구나!
그 정기는 매우 진실하니
그 안에 믿음이 있구나!

예로부터 지금까지
도의 이름은 우리에게 떠난 적 없나니
그 도를 통해 만물의 시작을 볼 수 있다.

내가 어떻게 만물의 시작을 알 수 있겠는가?

바로 이것道을 통해서이다.

22장

굽히면 얻는 것

굽히면 온전하고
휘어지면 펴지고
패이면 채워지고
낡으면 새로워지고
줄이면 얻게 되고
늘리면 번뇌한다.

그래서 성인은
이 하나의 원리를 실천하여 천하의 모범이 된다.

자신을 드러내지 않기에 밝아지고
자신을 옳다 하지 않기에 빛이 나고
자신을 자랑하지 않기에 공이 있고
자신을 으스대지 않기에 오래간다.

오직 다투려 하지 않기에,
세상에 누구도 그와 맞설 수 없다.
옛말에 '굽히면 온전해진다'라는 말이
어찌 헛된 말이겠는가?
진실로 온전히 그 말에 귀의歸依한다.

23장

자연은 말이 없다

자연은 말을 많이 하지 않는다.

그러므로
회오리바람도 아침나절을 넘기지 않고
소나기도 종일 내리지 않는다.
누가 이렇게 하는가?
하늘과 땅이다.
하늘과 땅도 오래하지 않는데
하물며 사람에게 있어서랴.

그러므로
도를 좇아 사는 자가 있다.
도를 좇아 사는 자는 도에 동화되고
덕을 좇아 사는 자는 덕에 동화되고
(도덕을) 잃고 사는 자는 잃음에 동화된다.
도에 동화된 자는
도道 역시 즐겁게 그를 받아들이고
덕에 동화된 자는
덕德 역시 즐겁게 그를 받아들이고
잃음에 동화된 자는
잃음失 역시 즐겁게 그를 받아들인다.

믿음이 부족하기에

불신이 생긴다.

24장

먹다 남은 밥

까치발 하는 자는 오래 서지 못하고
뛰어넘어 가는 자는 멀리 가지 못하고

자신을 드러내는 자는 밝지 못하고
자신만 옳다 하는 자는 빛나지 않고
자신을 자랑하는 자는 공이 없고
자신을 으스대는 자는 오래가지 않는다.

이런 것들은 도의 관점에서 보면
먹다 남은 밥, 쓸모없는 행동이라 말한다.
모든 존재가 싫어하는 것이니
그러므로 도를 따르는 자는 이런 행동을 하지 않는다.

25장

세상의 어머니

태초에 모든 것이 섞여 있을 때
하늘과 땅보다 먼저 존재하던 것이 있었다.

소리도 없고 형체도 없이
홀로 우뚝 서서 흔들리지 않았다.
사방에 넘쳐흘러도 위태롭지 않았으니
세상의 어머니라고 할 만하다.

난 그 존재의 정확한 이름을 알지 못하겠다.
별명을 지어 부르면 도道라고 하고
억지로 이름 붙이면 크다大고 한다.

크면 떠나고
떠나면 멀리 가고
멀리 가면 돌아온다.

그러므로
도는 크고
하늘은 크고
땅은 크고
왕 또한 크나니

세상에 네 개의 큰 것이 있으니
사람이 그중 하나를 차지한다.

사람은 땅을 본받고
땅은 하늘을 본받고
하늘은 도를 본받고
도는 자연을 본받는다.

26장

소박한 삶

중후함은 가벼움의 뿌리
고요함은 조급함의 주인

그래서 성인은 종일 먼 길을 가더라도
왕의 수레에서 나오지 않는다.
비록 아름다운 궁전이 있더라도
평상시에 초연히 소박하게 산다.

어찌 만승의 나라 군주가 되어
자신의 몸 때문에 천하를 가벼이 여기겠는가?

가벼운 처신은 근본의 자리를 잃을 것이오,
조급한 행동은 임금의 지위를 잃을 것이다.

27장

성인의 능력

행군을 잘하는 군대는 흔적을 남기지 않고
협상을 잘하는 외교관은 말에 실수가 없고
전략을 잘 짜는 장군은 주책을 사용하지 않고
성문을 잘 잠그는 문지기는 빗장 없이도 못 열게 하고
결박을 잘 묶는 사람은 끈으로 묶지 않아도 못 풀게 한다.

그래서 성인은
항상 사람을 잘 구제하여
버려진 사람이 없게 한다.
항상 물건을 잘 사용하여
버려진 물건이 없게 한다.
이것을 몸에 밴 현명함, 습명襲明이라고 한다.

그러므로 능력 있는 사람은
능력 없는 사람의 스승이 되고
능력 없는 사람은
능력 있는 사람의 자산이 된다.

그 스승을 귀하게 여기지 않고
그 자산을 아끼지 않는다면
비록 지혜로운 사람이라도 크게 어리석을 것이니
이것을 오묘한 진리, 요묘要妙라고 한다.

28장

통나무처럼

남성의 웅장함을 알지만
여성의 부드러움을 지켜나간다면
세상의 계곡이 될 것이다.
세상의 계곡이 되면
영원한 덕은 너를 떠나지 않을 것이니
어린아이 상태로 돌아가리라!

태양의 화려함을 알지만
달빛의 어둠을 지켜나가면
세상의 모범이 될 것이다.
세상의 모범이 되면
영원한 덕이 어긋남 없이 완전할 것이니
가르지 않는 무한의 상태로 돌아가리라!

화려한 영광도 알지만
어두운 치욕으로 지켜나가면
세상의 골짜기가 될 것이다.
세상의 골짜기가 되면
영원한 덕이 풍족할 것이니
쪼개지 않은 소박한 통나무의 상태로 돌아가리라!

통나무를 쪼개면 쓸모 있는 그릇이 만들어지나니
성인이 그릇을 잘 이용하면
신하들의 우두머리가 될 것이다.
그러므로 위대한 정치는 가르지 않는 통나무 정치다.

29장

버려야 할 세 가지

천하를 얻고자 억지로 일을 벌인다면
난 그것이 불가능하다는 것을 안다.
천하라는 신비로운 그릇은
억지로 일을 벌여 얻을 수 있는 것이 아니다.
일 벌이는 자 실패할 것이오
억지로 잡으려는 자 잃게 될 것이다.

그래서 만물은
남보다 앞서려고 하면 뒤에 서게 되고
상대에게 숨을 내뱉으면 나에게 더 센 바람이 되어 돌아오고
강해지려고 하면 약하게 되고
상대를 꺾으려 하면 내가 무너지게 된다.

그래서 성인 지도자는
지나침, 사치, 태만을 멀리한다.

30장

강함의 종말

도의 정신으로 임금을 모시는 신하는
전쟁으로 천하에 군림하지 않는다.
전쟁의 방법은 나에게로 그 피해가 돌아온다.

군대가 주둔한 곳에는
가시밭이 무성하고
대군이 지나간 뒤에는
반드시 흉년이 든다.

능숙하게 원하는 결과를 얻어낼 뿐
힘으로 상대방을 누르지 않는다.

이겼다고 으스대지 않으며
이겼다고 자랑하지 않으며
이겼다고 교만하지 않으며
이겼으면 어쩔 수 없이 이기며
이겼다고 강하다 하지 않는다.

사물은 씩씩하면 늙게 되니
이는 도와 부합되지 않는다.
도답지 않은 것은 일찍 소멸한다.

31장

승리를 슬퍼하며

어떤 강한 군대도 불행의 수단
모두가 증오하니
도를 실천하는 자가 운용해서는 안 될 일
군자는 평소에 왼쪽을 높이는데
군대를 움직일 때는 오른쪽을 높인다.

무기는 불행의 수단
군자가 사용해선 안 될 도구
어쩔 수 없이 사용한다면
조용하고 담박하게 운용하라.
이겨도 찬미하지 말라!
승리를 찬미하는 자는
사람을 죽이길 좋아하는 자
사람을 죽이길 좋아하는 자는
천하를 얻으려는 뜻을 이루지 못할 것

좋은 일은 왼쪽을 숭상하고,
나쁜 일은 오른쪽을 숭상한다.
전쟁에서 부사령관은 왼쪽에 앉고,
총사령관은 오른쪽에 앉는다.
이것은 전쟁을 죽음의 예로 처리하라는 말
많은 사람을 죽였다면
비통함으로 울며 애도하라!
전쟁에 이겼어도
죽음의 예로 맞이하라!

32장

통나무처럼

도는 항상 자신의 이름을 드러내지 않느니,
무명의 통나무는 비록 작지만
세상 누구도 마음대로 부릴 수 없다.
제후와 왕이 소박한 정치를 한다면
모든 것이 저절로 복종할 것이다.

하늘과 땅이 서로 만나
저절로 단비가 내리듯이
백성에게 명령하지 않아도 저절로 편안하게 될 것이다.

통나무가 쪼개지면 그릇이 만들어지나니,
그릇의 이름이 이미 정해지면
자신의 분수에 그칠 줄 알아야 한다.
그쳐야 할 때 그칠 수 있다면 위태롭지 않을 것이다.

통나무 도道의 정치를 이 세상에 행하는 것을 비유하면
마치 강과 바다에 시내와 계곡물이 모여드는 것과 같을 것이다.

33장

너 자신을 알라

타인을 아는 자를 똑똑하다 하지만
자신을 아는 자는 현명하다 한다.

남을 이기는 자를 힘이 있다 하지만
자신을 이기는 자를 강하다고 한다.

만족을 아는 자가 부자이다.
억지로 일 벌이는 자는 마음만 앞서는 자이다.

내가 있어야 할 자리를 잊지 않는 자가 오래간다.
몸은 죽어도 기억되는 자가 장수하는 사람이다.

34장

드러내지 않는 빛

대도는 흘러넘쳐
사방에 퍼지는구나!
만물이 도에 의지하여 잘 살아도
자신의 공을 떠들지 않는구나!
공을 이루어도 자신의 이름을 내세우지 않는구나!

모든 만물을 입혀주고 길러주는데도
자신을 주인이라 하지 아니하며
항상 무욕無欲으로 살아가니
작다고 이름할 수도 있겠구나!

만물이 모두 귀의하는데도
자신을 주인이라 하지 않으니,
진정 크다고 이름할 수 있겠구나!

끝까지 자신을 크다 하지 않으니
그러므로 진정 큰 것을 이루었구나!

35장

소리도 형상도 없는

도의 큰 형상을 잡고
세상으로 나아가라!
어디로 가도 해가 없으리니
천하가 태평하리라!

음악과 음식은
지나가는 나그네를 붙잡지만
도의 소리는
아무 맛 없이 담백하리니,

보려 해도 보이지 않고,
들으려 해도 들리지 않고,
쓰려 해도 다 쓰지 못한다.

36장

미묘한 지혜

장차 거두려면 먼저 펼쳐라!
장차 약하게 하려면 먼저 강하게 하라!

장차 없애려면 먼저 잘되게 하라!
장차 뺏으려면 먼저 주어라!

이것을 미묘微妙한 지혜, 미명微明이라 한다.

부드럽고 약한 것은 강하고 센 것을 이긴다.
물고기가 연못에서 벗어나면 안 되듯이
나라의 날카로운 무기는 상대방에게 보여서는 안 된다.

37장

무명의 소박함

도는 항상 무위하나 모든 것을 되게 하니,
제후와 왕이 이 도의 정신을 잘 지켜 정치를 한다면
만물은 저절로 교화될 것이다.

잘살게 되는 과정에서 인위의 욕심이 일어난다면
나는 무명無名의 소박함으로 그 욕심을 누를 것이다.

무명의 소박함은
나의 욕망을 제거할 것이니

욕망하지 않고 고요하면
세상은 저절로 안정될 것이다.

38장

드러내지 않는 덕

높은 덕은 베푼 덕을 드러내지 않는다.
그래서 덕이 있다.
낮은 덕은 베푼 덕을 잃지 않고 드러내려 한다.
그래서 덕이 없다.

높은 덕은 강요하지 않으며
베푸는 의도도 없다.
낮은 덕은 강요하고,
베푸는 의도가 있다.

높은 인仁은 강요하나,
의도는 없다.
높은 의義는 강요하고,
의도도 있다.
높은 예禮는 강요하고,
따르지 않으면
팔뚝을 걷어붙이고 억지로 따르게 한다.

그러므로 도道를 잃자 덕德이 나왔고,
덕을 잃자 인仁이 나왔고,
인을 잃자 의義가 나왔고,
의를 잃자 예禮가 나왔다.

예라는 것은
진심과 믿음의 얇은 껍질이며
혼란의 시작이다.
남보다 많이 아는 것은
도道의 관점에서 화려한 꽃일 뿐이고,
어리석음의 시작이다.

그래서 큰사람은
그 두꺼운 실속에 처하지
그 얇은 껍질에 머물지 않는다.
그 내실 있는 열매에 처하고
그 화려한 꽃에 머물지 않는다.

그래서 저 허상을 버리고 이 실재를 취한다.

39장

단단한 돌멩이처럼

옛적에 하나道를 얻은 것들이 있었다.

하늘은 하나를 얻어 맑아졌고
땅은 하나를 얻어 편안해졌고
신은 하나를 얻어 신령스러워졌고
골짜기는 하나를 얻어 가득 찼고
만물은 하나를 얻어 생명을 얻었고
왕은 하나를 얻어 천하의 모범이 되었으니
그들이 그렇게 된 것은 하나를 얻었기 때문이다.

하늘이 맑지 않으면 장차 찢어질 것이고
땅이 편안하지 않으면 장차 폭발할 것이고
신이 신령하지 않으면 장차 힘을 다할 것이고
계곡이 가득 차지 않으면 장차 마를 것이고
만물이 생명력이 없으면 장차 소멸할 것이고
제왕이 귀하고 높지 않으면 장차 넘어질 것이다.

그러므로
귀한 것은 천한 것을 기본으로 삼고
높은 것은 낮은 것을 기초로 삼는다.

이러므로
제왕은 자신을 고독孤, 부족寡, 못난不穀이라고 부른다.
이것은 비천한 것을 근본으로 삼기 때문 아닌가?
안 그런가?

그러므로 늘 명예를 좇는 사람은 명예가 없을 것이다.
빛나는 옥이 되려 하지 말고
투박한 돌멩이처럼 살아야 한다.

40장

거꾸로 가는 길

반反은 도의 운동 방식
약弱은 도의 운용 방식

세상 만물은 유有에서 생산되고
유는 무無에서 창조된다.

41장

큰 그릇은 완성이 없다

훌륭한 선비는 도를 들으면
부지런히 행동에 옮기고
중간 선비는 도를 들으면
그럴까? 아닐까? 의심하고
하류 선비는 도를 들으면
크게 비웃는다.
하류 선비가 비웃지 않으면 도라고 하기엔 부족할 것이다.

그러므로 옛말에도 있나니
밝은 도는 어두워 보이고
앞선 도는 뒤처진 것 같고
평탄한 도는 어그러져 보이고
높은 덕은 텅 빈 골짜기처럼 보이고
아주 깨끗한 것은 더러운 것처럼 보이고
넓은 덕은 부족해 보이고
건실한 덕은 구차해 보이고
질박한 진리는 변덕스러워 보이고

큰 네모는 모퉁이가 없고

큰 그릇은 완성이 없고

큰 소리는 소리가 없고

큰 모습은 형체가 없고

도는 숨어 자신의 이름을 드러내지 않나니

오직 도만이

잘 베풀고 이루어준다.

42장

강한 것의 종말

도에서 일이 창조되고
일에서 이가 생산되고
이에서 삼이 생산되고
삼에서 만물이 생산된다.

만물은 음의 기운을 등지고, 양의 기운을 안고 있으니
두 기운이 상호작용하여 평형의 상태를 이룬다.

사람이 싫어하는 것은
고독한, 부족한, 못난이란 말인데
왕과 귀족은 이런 단어로 자신을 부른다.

그러므로 사물의 이치는
덜어내면 오히려 늘어나고
늘리면 오히려 덜어진다.

사람의 가르침을
나 또한 가르치려 하나니,

'강하고 센 사람은
제명에 죽지 못할 것'이란 말,
나는 이 말을 가르침의 으뜸으로 삼겠다.

43장

부드러움의 능력

천하의 가장 부드러운 것이
천하의 가장 단단한 것을 부린다.

형체가 없는 것은 틈이 없는 곳에도 들어간다.
나는 이것으로
무위의 유익함을 안다

말하지 않는 가르침
간섭하지 않는 유익함
세상 사람이 실천하는 자가 드물구나.

44장

무엇이 더 중요한가?

명예와 내 몸 중에 무엇이 더 중요한가?
내 몸과 보물 중에 무엇이 더 소중한가?
소유와 나눔 중에 무엇이 더 괴로운가?

그런 까닭에
애착이 클수록 반드시 큰 대가를 치르고
많이 가지려 할수록 반드시 많이 잃게 된다.

그래서
만족을 알면 치욕이 없을 것이고
그칠 줄 알면 위기가 없을 것이니
영원히 장구할 수 있을 것이다.

45장

맑고 고요함

큰 완성은 모자란 듯하나,
그 작용은 영원하다.

큰 채움은 빈 듯하나,
그 작용은 끝이 없다.

큰 곧음은 구부러진 것 같고
큰 재주는 못난 것 같고
큰 논리는 어눌한 것 같다.

추위를 이기려면 움직여라!
더위를 이기려면 고요하라!

맑고 고요함은 천하의 바른 모범이 된다.

46장

불행의 기원

도가 있는 세상은
전투용 말이 고향으로 돌아가 농사에 쓰이고

도가 없는 세상은
전쟁용 말이 전쟁터에서 태어난다.

불행은 만족을 모르는 것보다 더 큰 것이 없고
허물은 더 가지려는 것보다 더 큰 것이 없다.

그러므로
만족을 알고 만족하면
언제나 만족할 것이다.

47장

세상을 보는 지혜

문밖을 나서지 않아도 천하를 알 수 있고
창문 밖을 보지 않아도 하늘의 운행을 알 수 있다.

밖으로 나다니는 것이 멀어질수록
참된 지혜는 더욱더 적어질 것이다.

그래서 성인 지도자는
나다니지 않아도 세상을 알고
드러내지 않아도 이름이 나고
억지하지 않아도 성공을 한다.

48장

비움의 실천

배움의 행위는 날마다 더하는 것
도의 실천은 날마다 덜어내는 것

덜어 내고 또 덜어내서
더는 덜어낼 것이 없는 무위에 상태에 이르러라!
무위의 정치는 세상을 저절로 돌아가게 할 것이다.

천하를 얻으려면 항상 일을 벌이지 말아야 한다.
일을 벌이기 시작하면 천하를 얻는 데 모자람이 있을 것이다.

49장

마음 비우기

성인은 고정된 자기 마음이 없다.
백성의 마음을 자기 마음으로 생각한다.
잘난 자는 잘났다고 해주고
못난 자도 잘났다고 해준다.
그래서 잘난 자를 얻는다.

믿는 자는 믿어주고
믿지 않는 자도 믿어준다.
그래서 믿는 자를 얻는다.

성인은 세상에서
자기 생각을 거두어들이고
세상과 자기 마음을 섞는다.

백성은 성인의 눈과 귀를 주목하나니
성인은 그들을 어린아이처럼 대해준다.

50장

죽음으로 가는 길

인간은 누구나 태어나서 죽음으로 들어간다.
사는 길로 가는 무리가 열에 셋,
죽는 길로 가는 무리가 열에 셋,
사는 길로 가다 죽는 길로 가는 무리가
또한 열에 셋.
무슨 이유로 죽음의 길로 가는 사람이 많을까?
자기 생에 대한 집착이 많기 때문이다.

내가 듣기로
생을 잘 보존하는 자는
산길에 다녀도 코뿔소와 호랑이를 만나지 않고
전쟁에 참전해도 무기를 들지 않는다.
코뿔소는 그 뿔을 들이받을 곳이 없고,
호랑이는 그 발톱을 할퀼 곳이 없고,
칼은 그 칼날을 집어넣을 곳이 없다.

무슨 이유인가?
죽음의 땅에 애초부터 들어가지 않기 때문이다.

51장

낳아주고 길러주었으나…

도道는 창조했고
덕德은 길러주었다.

모습은 갖추어졌고
존재는 완성되었다.

그래서
만물은 도와 덕을 존귀하게 여긴다.
도와 덕은 존귀함에도
명령하지 않고 언제나 저절로 되게 한다.

그러므로
도는 창조했고
덕은 길러주었다.

성장하고 육성했고
완성하고 성숙시켰고
길러주고 안아주었다.

낳았으나 소유하지 않고
주었으나 자랑하지 않고
길렀으나 주재하지 않으니
이것을 현덕玄德이라 한다.

52장

욕망으로부터의 자유

세상이 시작하던 태초에
세상의 어머니가 있었다.
그 어머니의 마음을 알면
그 아들의 모습을 알 수 있다.

그 아들의 모습을 알고
그 어머니의 마음으로 돌아가 지키면
죽을 때까지 위태롭지 않을 것이다.

너의 욕망의 구멍을 막고
너의 번뇌의 문을 닫으면
평생 힘들지 않을 것이다.

너의 욕망의 문을 열고
네 앞의 일에 집착하면
한평생 구원받지 못할 것이다.

조그만 것을 볼 수 있는 능력이 현명賢明이고

부드러움을 지키는 능력이 강함强이다.

내 안의 빛을 사용하여

현명함으로 복귀하라!

내 몸에서 재앙이 멀어질 것이니

이것을 습상襲常이라고 한다.

53장

쉽고 편한 길

나에게 큰 지혜가 주어져
대도의 정치를 실행할 수 있다면
탐욕을 경계할 것이다.
대도의 길은 매우 평탄한데 사람은 샛길을 좋아한다.

지도자의 조정은 매우 깨끗한데
백성의 농토는 매우 황폐하고
백성의 창고는 매우 비어 있다.
귀족은 화려한 옷을 입고
날카로운 칼을 차고
음식을 질리도록 먹고
재물은 넘쳐나고 있으니

이것을 도둑의 사치라 한다.
도가 실현되는 정치가 아니다.

54장

덕으로 세운 세상

덕으로 나라를 잘 세운 자는 빼앗기지 않는다.
백성을 잘 품은 자는 백성이 떠나지 않는다.
자손의 제사가 끊이지 않고 영원할 것이다.

내 몸에 수양하면 그 덕이 진실할 것이오
내 집에 수양하면 그 덕이 넉넉할 것이오
내 마을에 수양하면 그 덕이 오래갈 것이오
내 나라에 수양하면 그 덕이 풍족할 것이오
내 세상에 수양하면 그 덕이 퍼질 것이다.

그러므로
사람을 보면 그 사람의 덕이 보이고
가정을 보면 그 가정의 덕이 보이고
마을을 보면 그 마을의 덕이 보이고
나라를 보면 그 나라의 덕이 보이고
천하를 보면 그 천하의 덕이 보인다.

내가 어찌 세상의 원리가 그렇다는 것을 아는가?
이 때문이다.

55장

어린아이의 힘

덕을 가득 품은 사람은
갓난아이에 비유한다.

독충도 쏘지 않고
맹수도 덤비지 않고
독수리도 잡아채지 않는다.

뼈는 약하고 근육은 부드러우나 쥐는 힘은 강하고
남녀의 결합을 알지도 못하면서 단단하게 발기하니
정기의 극치이다.

종일 울어도 목이 쉬지 않으니
조화의 극치이다.

조화를 아는 것을 상식이라 하고
상식을 아는 것이 현명함이라 한다.
생명을 연장하려는 것을 재앙이라 하고
머리가 몸을 부리는 것을 헛된 센 것이라 한다.

사물이 씩씩하면 늙게 되니
이것을 도에 부합되지 않는다고 한다.
도에 부합되지 않으면 일찍 생을 마치게 된다.

56장

눈부시지 않은 빛

깨달은 자는 말하지 않고
말하는 자는 깨닫지 못했나니
너의 욕망의 구멍을 막고, 너의 정신의 문을 닫아라!
너의 날카로움을 꺾고, 너의 복잡함을 풀어라!
너의 빛을 줄이고, 네가 사는 세속을 품어라!
이것을 도와 함께하는 현동玄同이라고 한다.

그러므로 이런 현동의 사람은
가까이도 할 수 없고, 멀리도 할 수 없고
이롭게도 할 수 없고, 해롭게도 할 수 없고
귀하게도 할 수 없고, 천하게도 할 수 없으니
그러므로 천하의 가장 귀한 존재가 된다.

57장

천하를 얻는 방법

나라는 정법正으로 통치하고
군대는 변칙奇으로 운용하고
천하는 무사無事로 얻는다.

내가 그렇다는 것을 어찌 알겠는가?
다음과 같은 이유 때문이다.

세상에 금기사항이 많으면
백성은 더욱 가난해지고
백성이 무기를 많이 소유하면
국가는 더욱 혼란에 빠지고
사람의 기술이 발달하면
이상한 물건이 더욱 생겨나고
법령이 더욱 많아지면
도둑은 더욱 많아진다.

그러므로 성인 지도자는 말한다.
내가 무위의 정치를 하면 백성은 저절로 교화되고
내가 고요함을 좋아하면 백성을 저절로 바르게 되고
내가 일을 벌이지 않으면 백성은 저절로 부자가 되고
내가 욕망을 버리면 백성은 저절로 소박해진다.

58장

정답은 없다

정치가 느슨하면 백성은 순박해진다.
정치가 빡빡하면 백성은 교활해진다.

재앙이여! 행복이 기대고 있구나!
행복이여! 재앙이 엎드려 있구나!

누가 그 끝을 알겠는가?
세상에 정답은 없구나.

바른 것은 다시 틀린 것이 되고
좋은 것은 다시 나쁜 것이 된다.

사람이 헤맨 그 시간이 참으로 오래되었구나!

그래서 성인 지도자는
반듯하나 자르지 않고
예리하나 찌르지 않고
정직하나 뽐내지 않고
빛이 나나 눈부시지 않다.

59장

절제의 미학

백성을 통치하고 세상을 경영함에
절제가 중요하다.
오직 절제하는 것
이것을 (일찌감치 도에 복종한다는) 조복早服이라 한다.

조복은 덕을 거듭 쌓는 일이다.
덕을 거듭 쌓으면 이루지 못할 것이 없다.
이루지 못함이 없으면 그 끝을 아무도 알 수 없다.
그 끝을 알 수 없으니 나라를 소유하게 될 것이다.

나라를 소유하는 근본을 알면 장구할 수 있다.
이것을 뿌리와 근본을 깊게 다지고,
오랫동안 천하를 얻어 통치하는 도라고 한다.

60장

생선구이 리더십

큰 나라를 통치함에
작은 생선 요리하듯 하라!

이런 원리로 천하를 통치하면
그 귀신은 더는 신령이 없을 것이다.

그 귀신이 신령이 없을 뿐만 아니라
그 신령이 사람을 해치지 않을 것이다.

그 신령이 사람을 해치지 않을 뿐만 아니라
지도자인 성인도 사람을 해치지 않을 것이다.

두 존재가 서로 사람을 해치지 않는다면
덕이 모두 그 지도자에게 돌아갈 것이다.

61장

낮추면 얻는 것

큰 나라는 하류니
천하의 모든 것이 모여들게 되고
천하를 품는 어미가 된다.
어미는 항상 고요함으로 아비를 이기나니
고요함으로 낮추기 때문이다.

그러므로
큰 나라는 작은 나라에 낮추니 작은 나라를 품게 되고
작은 나라는 큰 나라에 낮추니 큰 나라에 안기게 된다.

그러므로
어떤 나라는 낮추어 안기게 되고, 어떤 나라는 낮추어 품게 된다.
큰 나라는 세상 사람을 두루 보살피는 마음만 가져야 하고
작은 나라는 큰 나라에 들어가 섬기는 마음만 가져야 한다.
둘은 각자 자신이 원하는 것을 얻을 것이니
큰 나라가 마땅히 낮추어야 한다.

62장

모든 것을 품어주는

도는
만물이 모여드는 곳
잘난 사람에게는 보물이 되고
못난 사람에게는 보호가 된다.

꾸미는 말은 시장에서 쓰이고
잘난 행동은 사람에게 쓰이니
사람의 못난 것을
어찌 버릴 수 있겠는가?

그러므로 천자를 세우고
삼공 제도를 운영함에
비록 한 아름 되는 보석으로 수레에 앞서 밝히더라도
앉아서 이 도를 올리는 것만 못하나니

옛날에 이 도를 귀하게 여긴 이유는 무엇인가?
구하면 얻게 되고
죄가 있으면 용서를 받아서 그런 것이 아니겠는가?
그러므로 (도는) 세상에 귀한 존재가 되는 것이다.

63장

작은 것의 소중함

무위無爲를 실천하고,
무사無事로 일하고,
무미無味를 맛보라!

작은 것을 크게 여기고, 적은 것을 많게 여기며
원망을 덕으로 갚아라!
어려운 문제는 쉬운 것부터 풀고,
큰일을 하려면 작은 것부터 하라.
세상의 힘든 일은
반드시 쉬운 것에서 터지고,
세상의 큰일은
반드시 작은 데서 이루어진다.

그래서 성인 지도자는
죽을 때까지 한 번에 크게 되려 하지 않으니,
그래야 큰일을 완수할 수 있는 것이다.

고민 없는 가벼운 승낙은 반드시 신뢰를 잃고,
대충하는 쉬운 일 처리는 어려운 일이 많이 생겨난다.

그래서 성인은 모든 일을 어렵게 생각하니,
그러므로 어려운 일이 생기지 않는 것이다.

64장

천 리 길도 한 걸음부터

편안할 때 유지하기 쉽고
터지기 전 해결하기 쉽고
취약할 때 풀어내기 쉽고
미세할 때 해산하기 쉽다.
일 터지기 전에 해결하고
혼란하기 전에 다스려라.

한 아름 나무도 한 그루 묘목 끝에서 자라고
구 층의 누각도 한 덩이 흙에서 쌓이고
천 리 길 먼 길도 한 걸음 걷는 데서 시작하니
억지로 하면 실패하고, 집착하면 잃을 것이다.

그래서 성인 지도자는
억지하지 않기에 실패가 없고
집착하지 않기에 실수가 없다.
사람이 일을 할 때
늘 거의 완성될 때 실패하니
끝까지 처음처럼 신중하면 실패하지 않을 것이다.

그래서 성인 지도자는
욕망을 버리고 구하기 힘든 보물을 귀하게 여기지 말고
배움을 버리고 사람의 잘못을 돌이킨다.
만물의 자연스러운 변화를 도와줄 뿐
감히 나서서 억지로 하지 않는다.

65장

지식으로부터 자유

옛날 도를 잘 실천하는 지도자는
똑똑함으로 백성을 대하지 않았고
우직함으로 백성을 대했다.
백성을 다스리기 어려운 이유는
지도자의 통치 지식이 너무 많기 때문이다.

그러므로
지식으로 나라를 다스리는 것은 나라의 해가 되고
지식으로 나라를 다스리지 않는 것은 나라의 복이 된다.

이 두 가지 원리를 아는 것이
또한 통치 원칙이 되니
항상 통치 원칙을 알고 있는 것
이것을 현덕玄德이라 한다.

현덕이여!
깊고도 원대하구나!
사물의 기본 상식과 반대이니
이런 연후에 대순大順의 시대를 열 수 있을 것이다.

66장

무겁지 않은 그대

강과 바다가 모든 계곡의 왕이 되는 이유는
자신을 잘 낮추어 아래로 흘렀기 때문이다.
그래서 모든 계곡의 왕이 된 것이다.

그래서 백성 윗자리에 있으려 한다면
반드시 말로 자신을 낮춰야 한다.
백성들 앞자리에 있으려 한다면
반드시 몸으로 뒤에 있어야 한다.

그래서 성인은
위에 있어도 백성이 무겁다고 하지 않고
앞에 있어도 백성이 손해라고 하지 않는다.

그래서 천하의 사람이 즐겁게 그를 추대하는 데 주저하지 않으니,
그가 세상 사람과 맞서려 하지 않았기 때문이다.
그래서 세상 누구도 그와 맞설 수 없는 것이다.

67장

사랑·검소·겸손

세상 사람은 내가 말하는 도가 너무 커서
진리가 아닌 것처럼 보인다고 말한다.
아주 크기 때문에 진리가 아닌 것처럼 보이는 것이다.
만약 진리처럼 보인다면 오래전에 사그라졌을 것이다.

나에게는 세 가지 보물이 있어 잘 간직하고 귀하게 여긴다.
첫째는 사랑
둘째는 검소
셋째는 세상에 함부로 앞서지 않기

사랑하기에 사람들의 용기를 얻을 수 있고
검소하기에 영토를 넓힐 수 있고
세상에 함부로 앞서지 않기에 여러 신하의 수장이 된다.

요즘 사람은 사랑을 버리고 용맹만 강요하고
검소함을 버리고 영토를 넓히려고만 하고
겸손을 버리고 남보다 앞서려고만 하니
결국 죽음에 이를 것이다.

사랑의 마음으로 싸우면 승리할 것이고,

사랑의 마음으로 지키면 튼튼하게 방어할 것이니

하늘이 장차 그 사람을 구하려 하면

사랑의 마음이 있어야 지켜줄 것이다.

68장

오래된 진실

잘 싸우는 전사는 무용武勇을 자랑하지 않는다.
잘 싸우는 군대는 감정적으로 분노하지 않는다.
잘 이기는 사람은 상대방과 직접 싸워 이기지 않는다.
잘 부리는 지도자는 자신을 낮추고 부하를 섬긴다.

이것을 싸우지 않고 상대방을 이기는 덕성이라고 한다.
이것을 강요하지 않고 사람을 부리는 능력이라고 한다.
이것을 하늘의 도와 부합되는 것이라 하니
오래된 표준이다.

69장

승리의 원천

병법에 이런 말이 있다.
먼저 기동하지 말고 맞이하여 싸워라!
한 치 앞으로 나서려 하지 말고 한 자 뒤로 물러서라!

이것은
흔적 없이 행군하고
으스대지 않고 물리치고
교만하게 하여 깨뜨리고
무기를 들지 않는 듯 싸우라는 것이다.

상대방을 가볍게 여기는 것이 가장 큰 재앙이니
적을 가볍게 여기면 나의 귀중한 보물을 잃게 될 것이다.
그러므로 상대방과 전쟁하여 서로 싸울 때
병사의 죽음을 애도하는 자가 이길 것이다.

70장

옥을 품은 사람

내가 하는 말은
매우 알기 쉽고
매우 행하기 쉬우나
세상 사람은
알지도 못하고
행하지도 못하는구나

말에는 요지가 있고,
일에는 중심이 있다
그런데 사람이 무지하니
그래서 내 말을 잘 알지 못하는 것이다.

내 말을 아는 자는 드물고
내 말을 본받으려는 자는 귀하니

그래서 성인은
거친 베옷을 걸치고 속에는 옥을 품고 있다.

71장

성인이 병이 없는 이유

알면서도 앎을 내세우지 않는 것은 최상이고
모르면서 앎을 뽐내는 것은 병이다.
병을 병이라고 인정하면
이것은 병이 되지 않는다.

성인은 그런 병이 없다.
그것을 병이라고 인정하니
그래서 그런 병이 없다.

72장

큰 권위를 얻는 방법

백성이 지도자의 위엄을 두려워하지 않아야
진정한 큰 위엄이 이른다.
백성의 거처를 업신여기지 말라!
백성의 인생을 힘들게 하지 말라!
그들을 힘들게 하지 않아야
그들도 싫어하지 않을 것이다.

그래서 성인 지도자는
자신의 지식을 드러내지 않고
자신의 사랑을 소중하다 않으니
그래서 저것을 버리고 이것을 선택한다.

73장

하늘의 그물은 넓고 넓어

과감한 용기는 죽고
절제된 용기는 산다.
이 두 가지는
이익과 손해가 된다.
하늘이 싫어하는 것이니
누가 그 연고를 알겠는가?
그래서 성인은 늘 어렵게 생각한다.

하늘의 도는
싸우지 않고도 잘 이기고
말하지 않고도 잘 응하게 하고
부르지 않고도 잘 오게 하고
서두르지 않고 잘 계획한다.

하늘의 그물은 넓고 넓어
틈이 있는 것 같지만 실수가 없다.

74장

목수일은 목수에게

백성은 죽음을 두려워하지 않는데
어떻게 죽임으로 그들을 두렵게 만들 것인가?
만약 백성이 죽음을 두려워하기 위하여
이상한 짓을 하는 자가 있다면
내가 그를 잡아서 죽이리라!
그러면 누가 감히 그런 짓을 하겠는가?

항상 사형집행인이 있어 사형을 담당하게 해야 한다.
사형집행인을 대신하여 감정적으로 사람을 죽이면
이것을 목수를 대신하여 나무를 깎는다고 한다.
목수를 대신하여 나무를 깎는 자치고
그 손 다치지 않는 자 없을 것이다.

75장

나라가 혼란한 이유

백성이 굶주리는 것은
통치자가 세금으로 걷는 것이 많기 때문이니
그래서 굶주리는 것이다.

백성을 통치하기 어려운 것은
통치자가 일을 벌이기 때문이니
그래서 통치하기 어려운 것이다.

백성의 죽음이 하찮아지는 것은
통치자가 자신의 삶을 사치스럽게 하기 때문이니
그래서 죽음이 하찮아지는 것이다.

아! 자신의 삶을 위해 일 벌이지 않는 통치자가
자신의 삶을 귀하게 여기는 자보다 더 훌륭하다.

76장

강하면 부러진다

인간이 태어날 때는 부드럽고 약하지만
인간이 죽을 때는 딱딱하고 강하다.
만물초목도 생겨날 때는 부드럽고 연하지만
그것들이 죽을 때는 마르고 딱딱해진다.
그러므로 딱딱하고 강한 것은 죽는 것이고
부드럽고 약한 것은 사는 것들이다.

그래서
군대가 강하면 이기지 못하고
나무가 강하면 부러진다.
강하고 큰 것은 결국 아래로 내려가고
부드럽고 약한 것이 위로 올라간다.

77장

활쏘기와 도

하늘의 도는
아마도 활을 당기는 것과 같을 것이다.

높은 것을 맞추려면 활을 낮추고,
낮은 것을 맞추려면 활을 들어야 한다.
사정거리가 넉넉하면 힘을 빼고,
사정거리가 부족하면 힘을 준다.

하늘의 도는
남는 것을 덜어 내고 부족한 것은 채워준다.
인간의 도는 그렇지 않으니
부족한 것을 덜어내어 넉넉한 것에 보태준다.

누가 넉넉한 것을 덜어내어 천하를 받들 수 있을까?
오직 도를 체득한 자만이 할 수 있다.

그래서
성인은 베풀어도 자랑하지 않고
공을 이루어도 성공에 머물지 않는다.
그것은 자신의 잘남을 보이려 하지 않는 것이다.

78장

내 탓이오!

천하에 물보다 부드러운 것이 없지만
딱딱하고 강한 것을 공격함에
물을 이길 존재가 없는 것은
자신을 비우고 상대방의 모습으로 바꾸기 때문이다.

약한 것이 강한 것을 이기고
부드러운 것이 센 것을 이기는 것
세상에 모두 알고 있지만
실천하는 자는 없다.

그래서 성인이 말하기를
나라의 모든 허물을 자신이 받는 사람
이 사람이 사직의 진정한 주인이 되고
나라의 모든 재앙을 자신이 받는 사람
이 사람이 천하의 진정한 군왕이 되니
바른말은 반대처럼 들린다.

79장

하늘은 친한 사람이 없다

큰 원한은 아무리 풀었다 해도
반드시 남은 원한이 있기 마련이다.
그러니 원한을 만드는 것이 어찌 잘하는 일이겠는가?

그래서 성인은
채권자의 권리만 가질 뿐
상대방에게 채무를 독촉하지 않는다.
덕이 있으면 채권만 주장하고
덕이 없으면 상환을 독촉한다.

하늘의 도는 원래 친애하는 사람이 없으니
늘 선한 사람에게 복을 준다.

80장

내가 살고 싶은 세상

나라는 작고 인구는 적은 세상
온갖 기계가 있어도 사용할 필요가 없는 세상
백성의 목숨이 소중하여 멀리 끌려다닐 필요가 없는 세상
배와 수레가 있어도 탈 일이 없는 세상
갑옷과 무기가 있어도 쓸 일이 없는 세상
사람이 결승문자만으로도 충분히 의사소통이 되는 세상

내가 지금 먹는 음식이 맛있고,
내가 지금 입은 옷이 예쁘고
내가 지금 사는 곳이 편안하고,
내가 지금 누리는 문화가 즐거운
이웃 나라가 서로 가까워 닭울음 개 짖는 소리가 서로 들려도
백성이 죽을 때까지 서로 다닐 필요가 없는 그런 세상을 꿈꿉니다.

81장

성인의 길

진실의 말은 꾸미지 않고,
꾸민 말은 진실하지 않다.
능력 있는 자는 설명하지 않고,
설명 많은 자는 능력이 없다.
깨달은 자는 박식하지 않고,
박식한 자는 깨달음이 없다.

성인은 쌓아놓지 않으니
이미 남을 위해 사용하나
자신은 더욱 가지게 되고
이미 남을 위해 주었으나
자신은 더욱 많아지게 된다.

하늘의 도는
이롭게 하고 손해를 끼치지 않는다.
성인의 도는
베풀고 공을 과시하지 않는다.